未央续集
许嘉璐文化论说

WEIYANG XUJI
XUJIALU WENHUA LUNSHUO

许嘉璐 著

中国社会科学出版社

图书在版编目(CIP)数据

未央续集／许嘉璐著．—北京：中国社会科学出版社，2012.1（2012.8 重印）
ISBN 978 – 7 – 5161 – 0495 – 8

Ⅰ.①未… Ⅱ.①许… Ⅲ.①社会科学 – 文集 Ⅳ.①C53

中国版本图书馆 CIP 数据核字（2012）第 005282 号

出 版 人	赵剑英
责任编辑	任　明
责任校对	刘晓红
责任印制	李　建

出　　版	中国社会科学出版社
社　　址	北京鼓楼西大街甲 158 号　（邮编 100720）
网　　址	http：//www.csspw.com.cn
	中文域名：中国社科网　　010 – 64070619
发 行 部	010 – 84083685
门 市 部	010 – 84029450
经　　销	新华书店及其他书店

印　　刷	北京奥隆印刷厂
装　　订	北京市兴怀印刷厂
版　　次	2012 年 1 月第 1 版
印　　次	2012 年 8 月第 2 次印刷

开　　本	710 × 1000　1/16
印　　张	18.25
字　　数	294 千字
定　　价	42.00 元

凡购买中国社会科学出版社图书，如有质量问题请与本社联系调换
电话：010 – 64009791
版权所有　侵权必究

2008年10月9日，在北京师范大学为学生授课。

2009年7月13日，在从教50周年庆祝大会上。

2010年4月16日，参加辛卯年黄帝故里拜祖大典。

2009年12月1日，在第四届孔子学院大会孔子学院院长研修班上演讲。

2011年9月14日,参加"马克思主义与儒学"课题研讨会。

2011年10月15日,为山东大学中华传统文化研究与体验基地揭牌。

2011年4月22日,在南京"王道思想的当代意义研讨会"上与台湾中华文化总会会长刘兆玄先生亲切交流。

2011年12月2日,在台湾"王道文化与公益社会"研讨会上演讲。

2009年10月28日,出席长安佛教世纪论坛。

2010年9月9日,与出席"首届中华佛教宗风论坛"代表合影。

2008年10月11日,在崂山论道暨首届玄门讲经活动上讲话。

2010年9月18日,在第三届中国(成都)道教文化节"中华之道——道教与中国传统文化论坛"上演讲。

2010年9月9日，与饶宗颐先生亲切交谈。

2011年8月16日，会见夏威夷大学终身哲学教授成中英先生。

2009年3月23日,会见台湾济慈功德会证严法师。

2011年6月13日,与北京大学高等人文研究院院长杜维明先生在希腊。

自　序

感谢北京师范大学人文宗教高等研究院的同人，经他们辛苦的工作，《未央续集》和《三集》即将付印了。本来我想，既然要出版，就应该把稿子至少再看一遍，回忆写此文、讲此话时的情景（或曰语境），当时自己的所察所思、所喜所忧，并和眼前的情景对比，再想一想，现在应该何察何思、何喜何忧。——此之谓反思或曰反省。但是，力不从心，稿子发过来的时候正遇上接连出差；付印在即，也就只好拜托我的学生们了。我对疾速出书是不以为然的：太快了，能出好活儿么？我怀疑。这次自己却触犯了自设的禁忌。不啻此也，进而又想到，集子里的不少篇什，其实也是急就章，这更"坐实"了我一再感慨的"我也变得浮躁了"一语之不虚。现在想想，当时的"急就"，常常是环境所"逼"，彼景触我此情，不吐不快。但愿以后能有那种看似闲暇散荡，实则"仰望星空"，沉思、反刍、回味乃至冥想的时候，那时可能会"逼"我"吐"出稍深刻一些的对一己喜和忧的表达。我当以我之今日为未来之鉴。

看到随写随丢的文章和讲稿集中起来了，当然高兴：可以听到更多的批评和建议。对于我自己，虽然在书稿编辑、打印过程中来不及回顾，却也便于日后稍暇时看看曾经的思维历程。检讨既往，是以后落脚更扎实的必要条件。

"自知者明"。从实质上讲，自知靠的就是反思。个人是如此，国家和民族也是如此。中华民族是最重视而又最善于反思的民族，哺育出了历代无数的反思之士，因而得以虽经屡挫而愈盛。反思的热情总会时高时低，往往是困难的时候高涨，顺利的时候低落。如果能够在蓬勃向上的时候也不忘往昔，即所谓居安思危，则属上上。我国改革开放三十多年来的迅速发展，总体说不可谓不顺利，但是中华民族并没有停止时时反思，而当前则正出现高潮——虽不能说是人人参与，至少是各个领域、各个层次都在反思。这是民族必将更加辉煌的征兆。

近年来，我也加入到反思且进行论说的队伍中来了。因此在这两本集子里的一些文章或许在某种程度上能够折射时代的反思。

宏观地看，对民族过往的回顾，其实也包含着回顾者个体对自身昨日的回忆。

无论意识没意识到，承认不承认，所有个体都站在民族的历史之中，都是历史事件的参与者，而不是旁观者；特别是对于知识分子来说，历史并不只是"对象"，也是我们自身。因此，个体的自我回顾和民族的反思本不可以分离，否则就把自己摆在了"看客"或"食客"的位置上了。我时刻在提醒自己：莫只作看客或食客！

进入 2012 年，全国的文化气氛正在逐渐浓郁，喜悦之情和进一步的忧虑又不禁油然而生。这种感受已经形之于近日的几篇论说，但来不及收进《续集》和《三集》了，或有待"四集"之类的书再收入吧。而两书仍冠以"未央"二字，已经是此时心境的某些流露：喜的是中华文化正在走向高峰，忧的是仍"未"达到应有的目标，而且爬坡将会很艰难。

两个集子里所收的，是自 2008 年至 2011 年的文章和讲话，其中大部分在各种报刊中刊登过。如上所述，结集的时候只由编辑人员改正了一些误笔误排；学生们把文章分了几类，虽未必准确，但也大体反映了我在这四年里所关注的几个方面。其中有些并非我原来从事的行当，"外行话"在所难免，在这方面尤其希望获得指正。

参与两书搜集整理的友生为：朱瑞平、张春、张学涛、方旭、刘光洁，中国社会科学出版社以极大的热情和超常的效率支持书的出版，在此，谨致最诚挚的谢意！

2012 年 1 月 6 日夜

目 录

儒学论说

释"和"——附：释"齊" ……………………………… (3)
释"修齐治平" ……………………………………… (8)
《论语》"学而时习之"章解读 …………………… (23)
训诂学与经学、文化 ……………………………… (50)
小学与儒学 ………………………………………… (74)
庚寅年黄帝故里拜祖大典拜祖文 ………………… (94)
辛卯拜祀始祖轩辕黄帝文 ………………………… (96)
二零一零年祭孔文 ………………………………… (98)
一个中国人心目中的孔子 ………………………… (100)
探究"王道"原旨，关怀世界当下 ……………… (104)
再谈"王道"思想与中国企业管理 ……………… (110)
"王道"应该走向世界 …………………………… (116)

佛教论说

忆念太虚大师，营建人间净土 …………………… (127)
消除贪欲，回归平淡 ……………………………… (136)
惟贤讲堂记 ………………………………………… (149)
动静皆修，释儒圆融 ……………………………… (150)

因缘殊胜，携手精进 …………………………………………（173）
弘扬玄奘精神当今尤显重要 …………………………………（176）

道教论说

深研经典，环顾宇内，振兴道家 ……………………………（185）
回顾来路，珍惜"青年"；护国济民，万世太平 ……………（193）
对道教界的几点期盼 …………………………………………（199）
欣逢盛世，道教怎么办？ ……………………………………（202）
道教经典的时代性阐释及其意义 ……………………………（210）

中华文化综论与文化自觉论说

神秘—生疏——中华文化解读 ………………………………（215）
"自赋"的民族责任心 …………………………………………（234）
国学复兴首先要做到耐、领、推、出 ………………………（241）
"汉字叔叔"理查德·希尔斯——在2011年"泊客
　　中国——世界因你而美丽"颁奖仪式上的颁奖辞 ………（246）
留下读书的种子 ………………………………………………（247）
感恩祖国，期盼巨人 …………………………………………（250）

贺文、杂记、书序

段玉裁与清代学术国际研讨会 ………………………………（257）
中国人民大学国学院成立三周年 ……………………………（259）
古淮楼记 ………………………………………………………（261）
聚砚斋记 ………………………………………………………（263）
曾国藩嘉联钞序 ………………………………………………（265）
《象形字大典》序 ……………………………………………（267）
詹秀蓉书序 ……………………………………………………（269）
弘扬传统，期盼大家——《中国当代书法大典》序 ………（271）

《古诗文词义训释十四讲》序 …………………………………（273）
《咬文嚼字论文选》序 ……………………………………………（275）
《孙诒让全集》序 …………………………………………………（277）
《国学精华编》与《国学访谈录》序 ……………………………（280）

儒学论说

釋"和"

——附：釋"齊"

"君子和而不同，小人同而不和"，孔子名言已為婦孺咸知、多國皆曉，傳播之速、認同之廣，乃夫子所未能預期者。然則何為"和"？何為"同"？二者何以對應？差異何在？遍尋古訓，未見"精確描繪"者，而當世似亦鮮予探賾。而不深究之，則至理名言難不"泛化"，言者與其所行或以不深知而脫節，乃至悖逆；聞者視為口號，頷首者未必首肯。是以略費筆墨，試窮《說文》所現"和"字之義，或非無謂也。

《說文》口部"和，相應也。從口，禾聲"。甲文未見"和"字，金文形體略同，或作"咊"，於其義，釋家鮮有異議。是其字本指聲音之相和，故後世用為唱和字。《說文》尚有"龢"字，"調也。讀與和同"。段玉裁曰："此與口部'和'音同義別。經傳多假'和'為'龢'"。驗之金文，段說是矣。①"義別"者，字從"龠"，"樂之竹管，三孔以和眾聲也"。則所"調"者，樂器之音也。

欲明"和"之為和，可由三途，不外音、形、義耳。今就音、義析之。

首以音言。

與"和"同音者，除"龢"外，《說文》有"盉，調味也"。"詥，諧也。"段謂"詥之言合也"。《廣韻》有"䎗"字，釋為"棺頭"。"調味"（一說當作"調味器"）者，協調諸味，使之和也；"棺頭"者，眾木聚合之處，如"題湊"然，聚合固需和諧，故以與"和"同音之"䎗"表之。然則與"和"同義者往往與之同音。

---

① 唯戴家祥疑本義為樂器，《說文》之訓乃引申義。見《說文詁林》所引。

次究義。

究義之法，莫便於尋以"和"為說解字之字。如"講，和解也"。段曰："不合者調和之，糾紛者解釋之，是曰講。"他如：

"䜅，樂和䜅也。《虞書》曰：'八音克䜅。'"今文《堯典》作"諧"，八音克䜅者，謂金、石、土、革八類樂器之音和諧也。又"鼎"下曰："和五味之寶器也。"意亦與"䜅"同。

"諴，和也。《周書》曰：'不能諴於小民。'"按，語在《召誥》（段誤為《洛誥》）："其丕能諴於小民。"

"爕，和也。"

"厤，和也。從甘、厤。厤，調也。"（字形依段注）

"餳，飴和饊者也。"段曰："不和饊謂之飴，和饊謂之餳。"饊為乾炒糯米成粉。以饊揉入麥芽糖，使之趨硬，即"餳"，不揉饊入之，則軟，即"飴"。今所謂"高粱飴"，質軟，尚有古之遺痕。許氏用一"和"字，使後世知饊與飴已揉為一體，非饊撒於飴上也。今語"和麵"讀huó，實即許氏"飴和饊"之"和"，其源遠矣。又案，《說文》"餳"字後列"饊"、"餅"、"餈"、"饘"諸字，皆與"和'饊'"有關，可證"餳"字之說解為確詁。

"憂，和之行也。"其字從夊，故許說之以"行"；實則憂即優，優裕也，從容也。優裕而從容，和之象。

"糂，以米和羹也。"古羹需摻米或菜。"米和羹"，即米與作羹之諸料融和。

"糪，糜和也。"即以菜和羹。

"睦，目順也。" "一曰敬和也。"段謂此五字為後增；然亦可知"和"與"順"意義相關，和則順，順乃敬矣。是以"鑾"下曰："和則敬也。"

"腬，面和也。""讀若柔。"謂五官肌肉協順不曲也。

"騔，馬和也。"段引孫卿曰："六馬不和，則造父不能以致遠。"馬和與人和同理。

"濈，和也。"按其字從"戢"。《說文》"戢，藏兵也"。藏則聚，聚應和。《小雅》："爾羊來思，其角濈濈。"段云謂角多而和聚。又"輯"下曰："車和輯也"，與此同意。今語"編輯"猶見其蹤。

"胹，切孰肉內于血中和也。"段謂字同"腬"。"腬"同"饌"。皆謂投熟肉於動物血製品中（即今之血豆腐、"豬潤"之類）而和之。"醬"下曰："酒以和醬也。"與此同意。

計《說文》"和"字用於說解字者凡三十三，無以"龢"為說解字者。

統觀《說文》說解字，以探求某字之義，實即力圖復原漢時語詞之"使用義"。叔重于某字下之說解，固亦"貴圓"（季剛先生語），然終受其解經及偏顧所從得義形體之影響；至全書說解字，則實皆"全民語言"，當尤可顯現諸字義之全而細，況許書字不虛設，尤可信之。茂堂就"本義"察其微異，於異之所在則鮮言，深察叔重所用，于段學不為小補也。或曰，設若遍蒐秦漢典籍字詞，綜其所在語句，豈非尤可全現字詞之義？曰：所言是矣。然典籍用字或有作者個性，或用於譬喻，或引申較遠，難"聚焦"於其較原始狀況耳。如欲究一字之古今全部意義，固當如此蒐集比較，前輩黎劭西先生就此嘗詳論之矣，唯以工程浩大而未之實現。今所論者，僅就字之較初始義言之，且取近似者列為首要；如二法結合，自于訓詁功莫大焉。

即如"和"字，綜《說文》"相應"之訓及其用為說解之字，則可知，眾物事共在共處，若得相諧相應即謂之"和"；其相"和"之諸物事，俱有個性，亦即彼此存有"不同"。既"和"矣，個性猶在，唯不相衝突而已。故所謂"和"，自然涵"異"；反之，言"同"則必排"異"。是以夫子所言"和而不同"、"同而不和"，實"和"、"同"二字而已矣，或即徑言"君子和，小人同"亦無不可，二"而"字後之"不同"、"不和"乃一語反復耳。然夫子之言，意在揭示"和"、"同"之異及"君子"、"小人"境界之懸殊，故不憚複語。其言外之義或為：如欲"和"，則需容"異"；如唯"同"是求，則必不"和"矣。此即所謂"中庸"（"中道"），乃"德之至也"、"天下之達道也"。夫子之所以為偉人者，此其一端歟？

以上述"和"字特点驗之古籍，絲毫不爽。即以觀今之常語，如言"和親"、"和聲"、"唱和"（成語"曲高和寡"同）、"和氣"、"和事"（和事佬）、"和平"，亦俱謂承認彼此之異而相諧。乃如俗語中之"和（音 hú）牌"、"和（音 huó）面"、"面和心不和"等，"和"字之義竟亦與古不異。蓋可見"和"之觀念中華民族立于數千年前奉行至今而未渝也。

附：釋"齊"

"齊"亦今之常語。詞典釋曰："長短、大小等相差不多"、"同樣，一致"、"一起，同時"（《漢語規範詞典》），"整齊"、"達到一定高度"（如："齊腰深"）（《新華字典》）。

今之詞典，俱依西方詞典傳統而作，其於滿足日用日習，無疑為世人良友；然若據"實"而論，則兩書之解，唯"長短、大小等相差不多"為較確。何以言之？

先以音言之。《說文》"齊部"有"齋"字，與"齊"音同，訓曰："等也。""等"下曰："齊簡也。"說見下。"示部""齋"下曰："戒絜也。從示，齊省聲。"段引《祭統》："齋之為言齊也；齊不齊以致齊者也。"不齊即不整，不整乃不敬之事，齊之，即使之敬，故以取義。

試仿《釋"和"》之法以究其確解。

《說文》："齊，麥禾吐穗上平也。"《說文》以"齊"為說解字者凡十七見，今擇要以析之：

整，齊也。

侔，齊也。

嬪，齊也。

劑，齊也。

等，齊簡也。

翦，齊斷也。

劀，斷齊也。（段以為此篆應刪，且"齊"字衍，未從。）

妻，婦與夫齊者也。

魁，生子齊均也。

儀，儀互不齊也。

觕，羊角不齊。

試據以說之。首以"齊"之說解為說："麥禾吐穗"，若播種同時，施肥略等，雨水及澆灌俱同，雖麥禾出芽、拔節，時顯不整，然至吐穗之時，秆挺穗碩，則大體平齊。此常理也。所謂"上齊"，謂觀麥之穗，穗即其上也，至若其下則容不齊可知；齊乃"宏觀"所得耳，如近前細察，則麥禾株株參差，幾無二穗全同者。此亦常情也。許氏依字形所言（甲金文略同），確為"齊"之本義或得義之由，而細味其義界，足見觀察描述之密。

次分《說文》用"齊"以為說解字之例為四組。

整、侺、嫧、劑徑以"齊"為訓，則"齊"之特徵亦四字所具。唯"嫧"指女子形貌美好，如常言"多一分則長，少一分則短"耳。（以整齊、齊整狀女子形貌，今北京方言猶存）劑今則存於中醫術語中，若"方劑"、"一劑"皆謂藥本多味，量、性傋互，配則齊矣。

等、剪、劗為疊簡冊必齊之（段說）、斷之必齊。而此之謂齊，亦大體不差也。有若"齊歌"一詞，謂男女少長音色不一，而歌之時得聲之略近耳。

妻、魏，皆以一物（夫或子）為準而得其"齊"。妻配其夫，"齊"者，謂品德與夫相合，即"齊家"之齊。"魏"則謂諸子形貌相近。

傋、觟字下"齊"字用於否定句式，"傋互不齊"之所謂齊，亦就物之大體言之；羊角之不齊，謂二角之形所差較大，眼觀可定。

綜上所言，則訓"齊"之平、等諸字俱乃"宏觀結論"，非斤斤較其錙銖者；施之於人、事，則可謂求其總況而容其別，或曰容其個性存在。以此反觀"齊家"，則可知此"齊"非扼殺家人個體意志及需求之謂，義與"平天下"之平相近，是修、齊、治、平四字皆不可易也。

今復品味常語中齊步、齊唱、齊名、齊刷刷、齊心協力諸語（"整齊"為同義反復，意與"齊"同，不計），則"齊"之特色猶在，唯世人不察焉。故余謂今之詞典以"相差不多"解之為確；"達到一定高度"亦尚可，以其大略言之，即所謂"模糊"也；至若"同樣，一致"之訓，則似可再予斟酌。

訓詁，乃實證活動，形、音、義皆其入手處；且重文獻、方言諸證。然想象、思辨亦不可缺。蓋想象者，遙思古人語境，雖不可復原，若得其概略，亦有助於訓釋，此于文本訓解尤為必須；所謂思辨者，實即推理，舉一反三、由此及彼亦屬其中。亦可曰：訓詁既為理性活動，然亦不拒感性所獲；理性、感性相"和"，相"齊"（亦即"相濟"），則思過半矣，得過半矣。

二〇一一年七月二十七日夜於
日讀一卷書屋

释"修齐治平"※

这些年，我跨行业、跨学科地关注中华民族的振兴和走向富强。在我的思想里，我认为"富"是容易的，"强"是难的。口袋里有钱未必就强，强的关键在文化，如果我们人均收入超过一万元，而文化仍然是目前的状况，我们只能说我们开始富了，不能说我们强了。例如现在唯一的超级大国美国，如果它仅仅是人均月收入2500美元，GDP是我们的4倍，而没有基督教的新教文化，没有一种能够化解、包容不同文明在美国本土上的分歧的文化，它仍然是不堪一击的国家。

最近都在纪念"9·11"。"9·11"的一个效果是激发了美国人的爱国主义，他的爱国主义追根寻底还是宗教。因为在《旧约》上多次谈到，犹太人是上帝的选民，所谓上帝的选民就是上帝所选择的人民，不是给上帝投票的人。二战以后美国兴起一个观念，认为美利坚人是上帝的选民，美利坚的国土就是《圣经》上所说的流着蜜和奶的土地——本来它指的是迦南。所以这个国家和民族很自然地产生一种意识——我们要领导全世界，既然我们是上帝的选民，我们就有责任把福音撒播到全世界每个角落。至于政客们的鼓吹，不过是这种宗教理念的政治化演绎而已。所以在评价美国仍然是最强大的国家的时候，人们一般都从它先进的科技和军事去考虑，往往忽略了美国的文化。

与之相类似，在总结中国短命的秦王朝覆灭的时候，史学家常常把原因归结为秦朝施行暴政和六国贵族的反抗，也就是说，秦朝改变了旧制度，把贵族制度改成客卿制度、郡县制度，结果遭到反弹，还有就是秦朝

※ 2011年9月13日在山东大学儒学高等研究院上的演讲，原题为"细查深思——漫谈对经典词语的关注"，本文脚注为整理者所加。

过度地消耗国力等。其实，从文化的视角去看，还有一个原因，秦王朝以法家起家，在建立王朝之后它没有注意建立自己的文化体系。所以历史的教训和现实的启示都让我思考并认识到，中国真正要强大起来需要建设文化，建设文化不能从空中去建设，需要有它的地基，这个地基就是中华传统文化。

事实上，无论是民主革命的先驱孙中山先生还是我们第一代的革命领导人，无论是旧民主主义革命还是新民主主义革命，还是后来的社会主义建设，直到社会主义的改革开放。如果细想想，里面都贯穿着中华传统文化的一些优良传统。

毋庸讳言，我们经历了"文化大革命"之前对传统文化的阉割以及"文化大革命"对文化的摧残，以至于现在连继承它都有困难，因为传承中断了。例如，且不追寻到解放前，就是20世纪50年代、60年代我们一大批著名的师辈，在那几十年里耗费了很多的光阴和生命，乃至季羡林先生到晚年时说，他的写作高峰是从80年代初开始的。

我对于儒学，对于哲学都是外行，只算是一个学习者和跟随者，那为什么这么不自量力，要为整个文化呼吁奔走呢？是因为我看到中国所处的国际环境和想到未来中国光辉灿烂前景的缘故。一个民族如果没有对自己传统文化的清醒认识，没有对文化建设规律的初步把握，没有据此制定出文化发展的战略，那么这个民族就没有文化自觉。而一个民族文化的振兴和发展必须建立在文化自觉的基础上。

那么，我就想用我的一支笔、一张嘴，我仅有的资源，来促进我们民族的文化自觉，这种初衷和多年的实践让我产生了一种文化的自信。几千年的文化沉淀尽管经历了挫折——过去几十年我们所经历的文化挫折并不是历史上的第一次，但是由于中国文化的博大精深，它的修复能力、它的自生能力都十分强大。我亲眼看到这二十年来，中华大地上勃兴的文化的气息和广大人民特别是青年人对文化的饥渴，这些都是文化复兴的前兆，或者说是土壤。只有文化自觉了，又对自己有自信了，我们才能自强。

我这里特别要强调三个"自"字。农业落后，我们可以请日本的农业专家、德国的农业专家来帮我们；制造业落后，我们可以引进外资，引进外部的管理人员；航空落后，可以买飞机，可以把飞行员送到国外培训，如果进一步开放，我们的空管可以请外国人，但是唯独文化建设只能靠"自"。因为文化是一个民族的生活方式，包括理念、追求以及衣食住行，其核心是人的身心之间的关系，人和人的关系——包括个体和群体、群体和群体之间的关系，人和大自然的关系，以及这个民族对今天与明天关系的思考，它们根植于每个人的生活习惯里和头脑里、血液里，是任何的外部力量都不能帮助的。

开个玩笑说，如果我们开放的程度达到唐朝那个时代，甚至于国务院副部长都可以请外国裔的人来做——当然前提是加入中国籍，但是文化部的部长们必须是中国本土人，不是因为我们封闭，而是因为其他人没办法做好，所以我说，通过这些年我有了自信，因为中国的文化人在逐渐增强自信，这是建立在自觉的基础上的自信，能有这种自信则必能自强。我今天讲演的内容是关于儒学的，题目上还挂了个小学的名字，我想用"细查深思"这四个字作为今天的主题。我的恩师是慈溪陆宗达颖明先生，但是我愧对了恩师的教诲，尽管我也努力了，但是由于先天不足，后天失调，没有达到先生所期望的那个境界。

何谓先天不足？我们的老一辈一般四岁入私塾，到十几岁早已经通经，即使之后又进了洋学堂，那时候洋学堂的语文课、历史课、公民课也仍然是传统的、甚至于文言为主的。而我不是，我来到这世界上，一睁开眼已经是30年代了，等上小学已经1942年了；11岁北京解放，转过年来课本已经变革了，以现代文为主，而且课程很多，根本没有时间在国学方面打下更多的基础。何谓后天失调？1954年入北京师范大学，55年反胡风运动，56年好不容易读了一年书，57年反右，乘势进行大跃进。

我成为一个夜猫子是从1958年开始的，那时候两三点钟起来接班大炼钢铁，58年过了，59年反右倾，然后困难就来了，没得吃，没得喝。终于中国人民顽强的生命力和斗志战胜了天灾和人祸，1963年开始恢复，1964年"四清"，我又带着学生下乡，刚回来，上面说那个"四清"是假的，于是1965年又"四清"，又带学生下乡。正当我们在和山西的老乡一条炕上睡觉，一个锅里吃饭的时候，传来了"文化大革命"的声音，于是一封电报打来，我带着同学回学校。一进校门，学校里无数个批判站点就开始疯狂的运动了，几乎一秒钟没停过。本来先天不足，后天应该调养调养，结果不是，这是客观原因。

我自认为在主观上我还是勤奋的，但是由于先天不足，在领悟先圣先哲遗产的时候总是受到局限。人的天分固然有遗传基因的作用，但更重要的是需要一个良好的环境让天分成长。相比之下，我更缺乏后者。我愧对恩师，没有达到自己和老师期望的高度，但是为什么要在这里给大家讲这个题目呢？

今天我们国学的研究，具体而言比如儒释道的研究，它们的制高点都不在中国，这是让我们焦急的地方，也是激发我们斗志的地方。但是我看到一点，外国人对中国的语言文字，对中国经典的理解总隔着一层，其中一个原因就是他们的小学功底不行，而这正是中国人的特长。即使你古文底子差，也很容易开窍，因为今天的语言是对过去语言的继承和发展。

我在"细查深思"这个主标题下列出一个副标题："漫谈对经典词语的关注"。研究经典自然要读懂它，要想在经典中生发出自己的诠释，那就尤其要关注，我称之为"关键词语"。① 例如仁义礼智，何谓"仁"，何谓"义"，何谓"礼"，何谓"智"？率先给予这类"关键词语"特别关注的是外国学者，他们是在翻译和对比当中发现了"关键词语"的重要性。

比如很多外文书用 goodness 来翻译"善"，其实不对。又例如在我们的《尚书》、《诗经》里就出现了上帝，早期的译本就用 God 来翻译，后来也发现不对。那怎么办呢？就深入研究，比如研究"仁"的全部含义，于是提倡，仁就翻译成 Ren，不标声调，"道"就是 Tao，不再用 the way，王道就是 Wang Dao，不再是用 the way of king。这一点中国要接过来。我们语言学界的前辈吕叔湘先生主张做学问要"大题小作"以及"小题大作"，对词语的追寻就是小题大作，但如果这个问题解决了，将影响至巨。

当然，除了应该关注关键词语，对于普通词语也应该细查深思。例如大家所熟悉的"修身、齐家、治国、平天下"的"修"、"齐"、"治"、"平"。"修齐治平"在我们的报刊和学术刊物上每天都讲，正是因为看多了，反而引起了我的思考："修"能不能换别的词？为什么治国、平天下而不能颠倒呢？今天我们有治家这种说法，古人为什么不说治家？由此引起我的兴趣，我想深究一下。想用这个例子说明，同学们研究经典的时候也切莫放过普通的词语。

先谈修。

---

① 外国学者如夏威夷大学的安乐哲等人称之为"特殊词语"。

请注意，下面我所引用的证据基本上来自《说文解字》。① 为什么只用《说文》，明明有的字已经在甲骨文出现了？因为形成"修、齐、治、平"思想的时代已经不是甲骨的时代，字形发生了变化，语境也不同了，而《说文》产生于公元一世纪的东汉，它总结了从战国到东汉人们对这几个字在经典里的理解。而中国汉文化的元典差不多也都是在这个时期成型的，所以《说文》的解释会与这些元典的意思切合。

《说文》说"修，饰也"，这个饰与擦拭的"拭"音同义通。根据它的解释，修身就是装饰自己，一般人们读到这里就这么过去了。今天我换一个方法，考察在许慎的《说文》中什么地方用了"饰"字。修饰这两个字在训诂学上称为直训又称为互训，② 现在的年轻人很容易拿今天的"修饰"来解解古语。现在我们看《说文》上有多少次用"饰"作为解释别的词语的字，这就能看出，在许慎的语言习惯中，在当时社会的语言行为中，"饰"包含的内容到底是什么了。

《说文》里用"饰"字做说解字的至少有 13 处。我选几个有代表性的讲。一个是"鬟"，《说文》的解释是"带结饰也。"段玉裁认为这句话有讹夺，应该是"鬟，鬟带，结头饰也。"段玉裁的意思是说鬟带是一种东西。古人留全发，身体发肤受之父母，不能随便丢弃，实际原因可能是理发工具不发达，所以都留发，头发要打结，结起来叫髻，再插根筷子一类的东西。髻上面的装饰谓之"鬟"，什么装饰呢？就是用纱巾或布条把髻一盖。为什么说是包着这块布呢？因为按照训诂学上声训的解释，"莫"就是密也，也就是覆盖的意思。跟它有关的一些字也有这种意思，比如开幕的幕字是莫底下多一个巾，幕就是用来遮盖的；又比如黄昏称之为暮，莫字底下一个日，那就表明黑暗把太阳盖住了。

彡，《说文》"毛饰画文也。"毛就是毛刷子，用它来扫东西那就是笤帚、掸子，拿到魏晋名士手里就是麈（拂尘），小点的沾着墨写字的就是笔。"毛饰画文"就是用毛把东西拭干净，在上面画上文（纹），文的本义就是纹身，所以金文里的"文"字是个人形，胸前画了个东西（如右图）。

---

① 以下简称《说文》。
② 详见许嘉璐《说"互训"》，载《文史知识》2011 年第 9 期。

"顯（显），头明饰也。"顯的右边是个"頁","頁"的本义是脑袋。"头明饰也",就是头上戴的闪亮的装饰。

"赗，颈饰也。"颈饰,就是脖子上的装饰。两个"贝"一左一右并排着成双成对的,谓之"赗",把它拉长了就是项链。

"工,巧饰也,象人有规矩也。与巫同意。"规是画圆的工具,矩是画直线的工具。巫就是跳大神的巫人。徐锴说:"为巧必遵规矩、法度,然后为工。"意思是做一件事情需要按照标准去做,再加上精心细致,才称为"工"。比如今天我们还说,这字写的不工整,就是这个字遗留的用法。什么叫"与巫同意"呢?它和"工"什么关系?那又要跟踪追及。

巫,《说文》解释为"祝也,女能事无形,以舞降神者也。"今天的人看到"祝"字,通常会理解成祝贺,这就不确切了,"祝贺"的"祝"与"念咒"的"咒"同源。"咒"字原来写成"呪",后来把口挪上去,就成了"咒"字。今天祝、呪两个字语音不同,但是在古代同音。

"女能事无形,以舞降神者也",说明巫是女人去扮的,能降神,就是巫婆啊。直到今天,中国乃至亚非的某些偏僻地方仍然有这种现象,人病了,因为医疗条件差或者不信现代医学,就请一个巫来,巫的头上戴着羽毛,手里拿着扇子,摇着铃,嘴里念什么呢?咒,祝也。"能事无形",鬼神是无形的,所以她能事,你事不了。巫婆是能降神者也,降到哪儿了?降到她身上,于是她倒地吐白沫,一会儿醒来,说"我是某某神也,你们孩子撞了西南的什么神了,你们拿着纸朝西南走一百步,烧了之后,嘴着喊声什么,孩子就好了"。这叫能降神者也。这种文化现象从原始社会演变到汉代,又从汉代延续到现在,而且不断再加上其他的元素。在宗教学里它被归为萨满教,萨满是一个外语。上面说的是"巫"的字义,说完字义要讲字形。许慎接着解释:"像人两袖舞形",指的是"巫"字里的两个人是两只袖子舞形。然后许慎又说:"与工同意","巫"字下许慎说过:"与巫同意",这"同意"是什么呢?就是"工"字所代表的意思在这两个字构形中都带着同一种意。"工"是什么?是一种木匠的工具,就是规矩的矩。这和前面有照应,相互印证。

现在科技发达了,科技的巨大影响之一就是消灭了很多人类文化。我在1964年、1965年下乡的时候,帮助农村丈量土地,用什么丈量呢?竹子之类做的三角形的架子。其实严格说那种东西叫"工",但是现在河北、山西一带把它叫"弓",也有一定的文化关联,从前游牧时期的领地是靠射箭划定的，比如射三箭，第一箭射到那儿了，就地捡了箭再射……然后这一片土地就是我的。

最后再举一个例子。"恓，饰也"，与它有关的一个字在言部，"諅，饰也，一曰更也，读若戒"。"更"就是变更。"读若戒"则说明"諅"和"戒"的意思是相同的。这就把"諅"和"恓"联系起来了，两个字都有"戒"的意思，所不同的是，"恓"是心里的戒；言字边的"諅"则是语言的戒，就是嘴要戒，不该说的话不说。

我想，把上面这些字的解释中的"饰"串起来，结合着它们所在的语境，是不是可以归纳以下几条。

第一，从"饰"字的意思可以知道"修"包括洁饰其身——比如洗澡，纹饰其身，装饰其身——装饰头，装饰脖子等。因此，特别请女同学注意，戒指这个词，用了个"戒"字，说明它也是一种"饰也"，如果将来你们编工具书，戒指不妨解释成：饰也，手指饰也，手指明饰也。饰是去污，去掉沾上非己所有的和己所不当有的东西，饰则增美。

第二，不管是纹饰还是洁饰都是就着本体而加上去的。这个本体是借用哲学上的语言，因为我找不到别的词。本来想用主体，但是后来还是改用本体，因为在儒家看来人的本体不是我的肉身，而是人之性也，儒家讲人之性本善，那就是说人本来是善的，但是在社会生活当中，由于诱惑太多、污浊太多的缘故，沾染上一些与善相悖的东西，用佛家的话说就是在受想行识之中被五蕴所蔽，应该去掉蔽，而用儒家讲就是去掉不洁，同时要在本性的善上再增益，再提高，再丰富。

第三，饰要合规矩，这个规矩也就是儒家提倡的礼。孔子说"七十从心所欲，不逾矩。""不逾矩"就是不逾规矩。他这句话是从"十五而志于学"那儿说起的，每十年是一个阶段，不断地修饰自己，等到70岁的时候，即使不经过深入地思考，对任何事情的反应也都很本能地合乎礼，也就是活到老，学到老，提高到老。

第四，修里面还暗含着自我警戒、戒严和自我约束的意思。

这四条也许归纳得还不够，但是"修"字的这些含义说明修身的时候依靠的是真正的自觉，不然仍然带着他律的影子，就好比是在老师的要求，或家长的要求下做的，而不是自我的要求。由这里说穿了，我用的是语境确定意义的方法。

第一，语言学上有所谓概括义和具体义，概括义又叫储备义，它是人们在编工具书的时候要通观某个字的各种用法，提取它的意义的公约数，在我们现代人的辞典里就是义项1、义项2、义项3……在许慎那里是用"某，某也"的格式表述的，这些释义被概括出来就被储存在工具书里，随时被人拿去用，但是用的时候必须结合具体语境，它们才能活起来。打个比方说，冷冻室里放的鱼是储备鱼，到了下厨的时候得先把它化冻，然后才可以红烧、干炸等等，并且还要加作料。相对于概括义，这些作料就是具体义，也叫使用义，它指的是某个字进到语言生活中的时候，由上下文等语境所带出的意思。所以，读书时切忌，读不懂了就打开字典，把字典里的释义直接套上去。这种方法不可取，因为这样读书，书只读了三分深。而结合语境可以达到八分、九分、十分。

第二，广义的语境早已流失，就如《论语》里的"子在川上曰：逝者如斯夫"，一去不回头。比方说，许慎穿什么衣裳？不知道。在今天的漯河市许家庄，当年许慎的房子什么样子？不知道。许慎平常跟人怎么说话？也不知道……所以严格地说，语境不能复原，但应该尽力去复原，而复原许慎时代的语境的首要原料就在他的《说文解字》里。

例如，《论语》里的"仁"究竟是什么涵义？有人可能会用《孟子》里的话解释："仁者爱人。"那么，现在男孩子、女孩子互相求爱，说"我爱你"，那是仁吗？什么才是孔子讲的"仁"呢？这就需要从《论语》里找原料复原语境。首先从《论语》把所有的"仁"字找出来，看它用在哪些地方，"仁"的意思就理解得大体不差了。再对比在《礼记》等其他文献中所引的"子曰"，那些"子曰"有真有假，需要辨别，同时还要结合着孔子行为，比如孔子非常关心残疾人，他见到来了盲人，就搀着他，到了台阶前，就对他说："阶也"，帮人家上了台阶进了厅堂，就说："席也"，也就是告诉盲人该在这里坐下了，又说"某在斯，某在斯"，也就是谁谁坐在你的什么方向，谁谁又坐在哪儿。① 这里没有提到"仁"字，但这就是仁。孔子坐车出去，遇丧者必式，手把着车扶手低下头。② 把以上这些都串联起来，仁就在其中了。

那怎么用语言表达呢？言不及意；或者说词不达意；或者说"不可言说，不可思议"；或者"道可道，非常道，名可名，非常名"。也就是

---

① 见《论语·卫灵公》。
② 见《论语·乡党》。

说，当用一个词去解释的时候，被解释出来的东西已经不是原来那个东西了，所以重要的是意会，心领神会。作为传达，固然不得不借假名命名，那是借用的，① 姑且这么说，然而上升到个人修身的时候，需要接受者心领神会，这就是儒家的特点。

其实佛家也相似。佛家讲声闻缘觉，声闻是最初级的，没真正独觉（缘觉），独觉（缘觉）也不过是高一点的层次，顶多得到罗汉果，再修行，到了菩萨果位，也没达到最后。最后到了不可言说，不可思议了，才悟了何为法。行了，成佛了。所以最高境界的事物都是不可言传的，但是必须从初节修起，那就还得用言说，但要知道这不过是个假名。

我用复原语境的办法来找"修"字的涵义。许慎说："修，饰也。"我就去考察"饰"在《说文》里是什么意思，许慎在哪里用了饰字，我就从那里像抽丝一"样"抽出来。虽不能至亦庶几也。当然这里体现了一个原则，就是我所用的例证要和我所考察的文献时代要相近，不要用其他时代的意思解释某时代的语义。因为时代是变化的。假如用唐宋甚至今天对于"修"的理解，来解释先秦文献中的"修"，那就不行了。不过有时候古今的继承会是一致的，比如到理发店说："给我修修头。"这个"修"还保留着古代的意思——修头至少洗头，去污，去长，最后给你吹吹，摸点油，增饰也。

第三，发挥联想与思辨的作用。所谓联想就是联想到其他的文献，所以记诵之功还是必要的，如果没记诵之功就没法联想——没背过《诗经》，你怎么知道《诗经》有这个字呢？但今天的知识门类多，不可能也不需要都记诵，但基本的还是要记诵。另外，词语之间的关系既有纵向的——一个词的古今演变，也有横向的，就是近义词、同义词之间的关系。在这联想当中已经含着思辨的元素了，所谓思辨就是超越具体的语言现象，从语言的理解上——我们姑且借用宋明理学的"理"字——去思辨。这个等我下面在谈到致知格物的"格"时再联系。

第二个字是"齐"。

修身、齐家，何谓齐家？我为此曾经看过很多书，但是它们都不谈这"齐"字，好似谁都明白，不必解释了，在古人可能确是如此，因为在古人的语境里他们可以理解，所以就不用注了，但是隔了千年之后，今天的

---

① "假"在古汉语里是借的意思。

我们不懂了，就应该解释解释。"齐家"一般是理解成把家治理好，表现了大男子主义，之前的"修身"说的是男人作为户主，自己要修身修得好好的，做家人们的榜样，大家再都跟着他学，大体都是这么理解的。确实是如此吗？作为研究者就要深究了。还是用《说文》。《说文》的说解是"禾麦吐穗上平也"。禾就是稻谷长的苗。有过农村生活经验的人大体都会有这种经验，地被耕过、耙过以后，乍一看是很平的平地了，仔细看其实还有坑洼，然后麦子播种下去以后，肥和水也不可能在每一株苗上分得完全平均——只能尽可能平均，因此有时候出苗出得不齐，有的先发，有的后发，有的是丛，有的是单棵，有的高，有的矮，麦子或者稻谷等都是这样，但是到了吐穗的时候，一定是上平的，也就是齐的，现在农村的老百姓还说："麦子长得真齐啊。"所以许慎字不虚设，他说的是禾麦吐穗的时候上平，而不是出芽或拔节的时候上平，因为出芽的时候上平不了，拔节的时候也不可能。平是个结果，在宏观上是大致差不多，但走进麦田你一看，每一棵麦子之间，有子粒多的有子粒少的，有的有仰着头，有的垂下穗儿，这个高，那个矮，个体之间是不同的。但宏观上可以略去不计，整片是齐的，这就是"齐"的含义。我就不在这儿占时间展开讲了。10月份将出版《中国训诂学报》第二期，收了我的一篇小文《释"和"——附释"齐"》，同学有兴趣可找来看。

第三个字是治国的治。

"治，治水，出东莱曲城阳丘山。"① 就是现在胶东地区的沽河，② 一条不大的河，南入海。这个字的本义是个水名，和"治国"对不上。那好，我们就看看《说文》用"治"字做说解字的情况，我也选了几个：

"繺，乱也，一曰治也。"治是把乱的搞成不乱。"繺"字，许慎一面说乱也，一面又说不乱，这个在训诂学上叫正反同词，是常有的现象。比方说，接受的"受"，有人给我他最心爱的一件东西，我接过来，谓之"受"。这个字既表示我接受，又可以表示他给我，后来常混了，就加个"扌"分成两个字，有"扌"的授是他给我，没"扌"的受叫接受，这就叫正反同词。再比如，我跟××讨债说："你借了我1000元。"他说："没有这事儿。"因为借既可以表示他借给我，也可以表示我借给他，我

---

① 此依段玉裁《说文解字注》文。
② 小沽河全段及与大沽河合流后的部分。

是说，前天我借给你 1000 元，他理解成了他借给我了。又比如买和卖现在是两个字，在上古其实是一个字。这些例子说明在表示双方行为的时候，古人常用同一个字，当然还有其他的类型。这叫正反同词。

"𤔔，治也，幺子相争，受治之也。""𤔔"字其实就是"亂"字，简化以后写成"乱"。"相争"二字是段玉裁改的，本来是"相乱"。大家有的可能看到过，纺织的时候，纺成线以后缠在一个东西上，然后上织布机，经过织布机一织，线就从一边出来了。线乱了，用手把它整理，这谓之"𤔔"，谓之治。"受"就是《诗经》"摽有梅"的"摽"，一方把东西抛出，另一方接住谓之受，所以"摽有梅"就是一个人从树上往下扔梅子，另一个人接住，是人与物的合一。

"鮂，楚人谓治鱼也。"许慎不说楚人煎鱼，楚人烹鱼，而用了治字。这个字的形象就是一把刀、一条鱼。"治鱼"是指把鱼刮鳞剖肚，去掉不必要的东西，这叫做治。

"𢓜，治稼畟畟进也。""畟畟进也"是一种状态，什么状态呢？《诗经·周颂·良耜》"畟畟良耜"。良，好也；耜，是古代耕地用的一种笨重的农具，耕地的时候，要两个人踩着它，在地里挖一块，挑了，再向前挖一块，再挑了……很有节奏地逐渐前进，这谓之畟。

"𠛘，治也。"这个字下面的"井"其实是刑法的"刑"的左边。刑就是法，所以段玉裁《说文解字注》说这里的治就是"法也"，法律的法。

"乂，《说文》的解释也是"治也。"这个字念 yì，这个字的声和义是从它下面的"乂"字来的，"乂"也念 yì。这个"乂"字后来加了竖刀，就是"刈草"的"刈"，如果上面加草字头，就是"艾"，艾也念 yì，这些字在古代读音都一样。"艾"的本义就是锄草。

还有一个字很有意思，"尹，治天下者也。"看到"尹"字我们容易联想到商朝的贤相伊尹，其实伊尹并不是他的名字，伊尹不是人名，伊是发语词，就像阿姨的阿，尹是治理得好，于是就叫他伊尹，若是换了今天的上海人会叫成阿尹。"伊尹"的意思也就是平治天下的人。

还有拨乱反正的"拨"，《说文》中也是"治也"为什么会是治呢？它源自于这个字上半部的"癶"字，"癶"这个字小篆写成"𣥠"，字形上看，是右边一个"止"，左边一个反写的"止"，止就是脚的象形，所以"𣥠"就是两脚平摆着。《说文》说："癶，足剌癶也。"什么意思呢？古人在耘地的时候，把类似镰刀的锄草器绑在脚上，走的时候右边一划，左边一划，把地里的恶草除掉，或者整平一块儿地，让庄稼长起来。这样走路的动作是交替着划 60 度的圆，划出的形象是喇叭口，因此喇叭的"叭"就这么来的，而这种划拉着脚走路的样子，在有的方言里叫"列巴"。"喇叭"、"列巴"就是"剌癶"，全是一个"癶"字的衍生。所以在《公羊传》上说"拨其乱，反其正"，要像铲草一样把乱拔掉，回到正路上来。我们"文化大革命"之后也叫拨乱反正。类似的例子现在还有，比如一片水面，长了一些水草，要游泳，先把这些草拨拉开，拉是个语尾，就是拨开；甚至于吃稀饭，上面结了一层，吃的时候把它拨开，这些都保留着古意。

由上面的例证是不是可以得出以下结论。

1. 治是解纠纷，去杂物，也就是祛邪扶正，循规渐进，以达到平、均衡。由乱（不治）而达到治。这一点和修不一样，修是本性善，重在增益，有时候需要拂拭一下，先拂拭后增美。治则不是，有除的一面有进的一面。

2. 治是一个过程。修、齐和后面讲的平都有一个过程，西方哲学家说，中国是一种过程哲学，在哲学中特别重视过程，我想这一点也可以给他们一个旁证。

最后简单地讲讲"平"。

平，《说文》列的本义是"语平舒也"。说话的时候出的气很平，很舒放。说明它不是聂语（咬耳朵），只有周围的人听见了，别人都听不见。下面还是看"平"字在《说文》中用做说解字的例子，一共 18 见。

举一个大家熟悉的，"等"，《说文》说："齐简也。"简主要是用竹字做的，所以"等"是竹字头，那干吗底下用个"寺"呢？许慎接着说，"寺"是"官曹之等平也"。按段玉裁的说法，最高级别的官员，在法度的掌握上是平的，也就是国家管理权力的分工方面，权力彼此是一样的，只不过是分工不同而已，其下一级别的司长们也是这样分配权力的，再下面也一样，而合起来也是平的。那么我们再返回头看"等，齐简也"。简是先一条条写好字，然后串起来成为简册，有的时候用丝绳，有的时候用皮绳——用皮绳比较讲究，是精装版的，所以孔老夫子韦编三绝，他看的书是用皮子连的精装书。简写完凑到一起是齐简，就好比把一把筷子拢起来顿一顿，使之齐，这谓之"等"。

"苪，平也。"它的意义来源于下面的"网"。"网"的意思是"再也"，后来写成"两"，这是近义词的解释，"两"和"再"都有二个的意思——所以一辆车的"辆"是因为古代的车是两个轮子。两个，或者再一次（前一次、后一次），它们并列的两者之间应该是平的。

"订，平议也。"现在我们常常把写的文章等给审稿人编辑、订正，从前是平议也，要跟对方商量，最后议而决之谓之订，所以"订"字从言。

"畖，平田也。"田地不平；把它平了。

"䍃，下平缶也。"缶是古代用的罐子之类的容器，"䍃"这种缶的底儿是平的，所以叫"下平缶"。段玉裁老先生喜欢改书，他说"下平缶"不对，应该是"不平缶"，因为缶的底儿都是平的，所以䍃应该是不平的。他的理由是什么呢？乏，《说文》曰："反正为乏。"这句话是许慎引用《左传》的原话，意思是"正"字反过来就是"乏"，段玉裁认为从"乏"取义的根据中就有不平的因素了。我怀疑段老先生没看过太多的出土文物，古代的缶很多底儿是不平的，所以才会给下平缶单取一个名字。"朹，平也。"这叫什么平？原来这个字同"概"，一种木制的工具，升、斗装上粮食后用它一刮就平了。从前收租子都是用它，农民来交，往斗里哗一倒，堆出尖来，再用朹（概）一刮，平了，这就是一斗。

还有一个字很有意思，"兀，高而上平也。"，其实兀（yuè）和高原的"原"同源，"原"字在《说文》里写作"邍"，训曰"高平之野"。将来同学如果游学去大西北、黄土高坡，到那里看一看，才读得懂毛主席词里的"原驰蜡象"——一个深沟，然后突然就起来，一边可能有几平方公里，另一边就是悬崖，到那边又没了，又有，然后又起来了，这每一块谓之一原，现在一般加个土旁，写成"塬"。原（塬）是高而上平的，平到什么程度呢？这就需要联想了。另外还有一个字，就是"嵬"，《说文》上曰："高而不平也。"许老先生怕我们不懂，又多说了一句，"山石崔嵬，高而不平也"。原来高而上平的平是相对于崔嵬的"嵬"，山石崔嵬的样子是高而不平，相对嵬，那么原（邍、塬）的上面就算平的了。

例子不用多举，我想是否据此可以得出这样的结论。

第一，平是从宏观而言，指大体平而已。

第二，平是以某一点为参照点，其余的向它取齐，也就是平等之意。比如朹（概）字所谓的平是以斗或升的边缘为标准，原（邍、塬）的"高而上平"相对照的是"山石崔嵬，高而不平"，相比较而言，它们算是平的。

第三，和"齐"这个字一样，取齐的一个特点是大体而平，不妨参差，参差是微观的，也就是不平之平，平之不平，平中有不平，而不平又平，当中有这么一层辩证的关系。从中可以看出，所谓"平天下"是指大体均衡，而包容并承认个性和特点。

现在我们回过头来看，"修身"是在自己原本善良的基础上再提高，对时时染上的社会的污秽，要时时揩拭之，就像毛主席说要天天照镜子，看脸上有没有尘土。以此为基点，以自己道德的修养为基点，作为参照物来"齐家"。一个家庭当中，性别不同，辈分不同，年龄不同，个性不同，怎么齐啊？唯一可齐的就是道德。要成为道德之家，大家的道德水准都差不多，这就是"齐家"。

"治国"要从不治到治，一国大治不等于没有毛病，没有麻烦。治国最重要的是在何为"德"上形成共识。这个共识是一致的，但是允许不同的人有不同的道德层次，有的非常高尚，有的比较高尚，有的不太高尚，乃至低下，这样人人修身，人人齐家，就大体治了。再扩展到整个天下，"平天下"也并不等于用炮舰让其他国家都驯服，而是用文德使之都差不多，那样自然是一个和谐世界。

时间关系，我不再展开，是不是这样细查深究一下，我们对"修、齐、治、平"有了更深一点的理解？

最后我再说说"格"。这个"格"字就不能用上述方法细查深究。在《二程遗书》卷二里"格"的训释是"至也。"在卷六又训成"止也"。而朱熹在《四书集注·大学章句》中直接训为"至"，到了王阳明的《传习录》里训为"正"。表面看起来"至也"、"止也"、"正也"彼此不同，为什么同一个字会有不同的训释呢？是不是哪位老先生的训释太任意了？不，这三个训释都有古训的依据，见于《经典释文》所引的《尚书》郑玄注和《礼记·大学》的郑玄注，东汉郑玄就已经在不同的地方有这些不同的训释了。还有一个更深层的因素，程朱把"格"训为"至"和王阳明训为"正"是出于他们思想理论上的分歧，王阳明主张"心性"理论和程朱主张"理"，他们的训释都是为自己的哲学理论服务的。"格"字在古代还有被训释成"来"的，朱熹继承程颐，取"至"不取"来"，也同样是为他的物之理，也就是天之理，也就是心之理服务的。

讲到这里，我请同学们注意，将来如果哪位有空钻研这个"格"字，希望你先不要判断二程和朱熹、王阳明他们的训释谁是谁非。朱熹他们自己也都说得很清楚，朱熹所谓的"至物"不是到了某个东西那里，而是"穷至事物之理"，王阳明的"正物"是使物正的意思，也就是物本来不正，我使它正，"我使它正"并不是说这个物本来摆歪了我让它正过来，他的意思也是直指物之理。但他的"物之理"是什么呢？就是良知。我觉得这其中是有文章可做的，现在研究宋明理学的教授们写了很多好书、好文章，他们对"格物致知"都有了很深和自己的理解，但是如果哪位同学对经典细查深究的话，把一个"格"字说清楚，它有哪些不同的性质，对它的不同解释如何体现解释者们不同的哲学体系，这是一个很好的角度，可以帮助大家更深地理解。你的文章可以不判断是王阳明还是朱熹对，还是古训对，可以不评价，只说来龙去脉，供大家参考就行，那会是一篇很好的文章。

现在我梳理一下，给同学们一个提示，"格"在《说文》里解释为"木长貌"，就是树长得很高的样子，因此除了个别的树种以外，高木的树枝也长，所以"格"会引申为树枝。树枝最大的用处是做架子。例如，房椽房檩本身就是木架子，所以楼阁的"阁"就源于"格"，阁楼就是架子。再比如，冷兵器时代打仗，障碍物很重要，于是就用树枝等做鹿砦，就是栅栏之类的，这种御敌的栅栏谓之格，是静态的，如果是动态的，那就是格斗的"格"，所以词义的引申很有意思。既然是鹿砦，就有一个到此止步的含义，所以是"止也"。如同接受的受，借钱的借一样，止也是正反同词。从出发地出发，止于某处，也就是来某处，至某处。

既然有所止，那么以止为标准，这就是"正"。"正"这个字很有意思，"正"和"定"是同源的，"定"的下半部一写平了就是"正"，因此在旧社会的军队或学校里，长官或老师喊号的时候，都喊"立定"——我小时候上学时就这样，现在都喊"立正"了。古音"定""正"同音。既然以"格"为正，以"格"为止，为标记，于是"格"就又有法的意思，又有度的意思。所以考试及格了，就是达到标准了，达到度量了。如果有同学要写这方面的文章，要把宋明理学家们和王阳明的不同训释放到这个字的引申过程当中来把握。

我说来说去就四个字——细查深思。凡学者要遍览天下书，但是我希望同学们读书不要贪快，要把书分成几类来读，一类是精读，治经典尤其要如此，字斟句酌地去读，为了弄清楚一句话可能折腾一晚上都睡不着，再一类的是粗读，下一类的是浏览，最后一类的是翻翻。我想如果这样分类别读书的话，同学们会读得更深，思考得更透，研究得更好。

《论语》"学而时习之"章解读[※]

老师们、同学们,阳历新年好!

今天我要用两三个小时讲解《论语》"学而时习之"章的三句话,主要有三个目的:

第一,从训诂学与哲学、经学、史学相结合的角度解读这一章。

第二,是想借此说明读书之不易。

读书是分层次的。把"学而时习之"一句翻译成"学了然后再不断地复习,不也很高兴吗",这是最浅层的意思。对于青少年而言,足够了。何况现在很多孩子是学而时习之,不亦"苦"乎。"有朋自远方来,不亦乐乎",这句话常常用来对外国人,用的也是表面的意思。"人不知而不愠,不亦君子乎",立足于今天很多人的价值观和生活习惯,就不容易理解了:朋友不了解我,我反而是君子,那不就跟朋友"吹"了吗?当然,这也只是表层的理解。

我今天给大家讲的,是深层的意思。

《论语》是最忠实地记录孔子思想的典籍。两千多年来,《论语》有这么强的生命力,不是因为它表面的意思,而是因为它深刻的内涵。虽然《论语》的大部分篇幅很容易读,但是真正能读深,并不容易。如果大家听了这堂课,认识到有深入开掘的需要,那么我想让大家领会"读书不易"的目的就达到了。

当然,在讲解的过程中,也会涉及到读书的方法问题。

关于这个题目,我一共会讲八个部分:

[※] 2009 年 1 月 9 日在北京师范大学汉语文化学院的演讲。

一、概述本章所蕴含的价值。

二、宋代以前对这一章是怎么注释的。

三、宋人的注释和解说的情况。

四、清代人的研究。

五、当代人的研究。

六、从训诂学的角度，逐个分析这一章的关键词。

七、总说。

八、余论。

先说第一个部分。

我认为这一章所蕴含的价值是：它体现了孔子的学习方法、内容和目的，反映了孔子的人生观、伦理观、价值观的核心，浓缩了《论语》的主要思想。可能这就是为什么孔门弟子在编纂《论语》时把"学而时习之"这一章列为全书开篇第一章的原因。它等于是开宗明义地告诉我们，学习孔老夫子的思想，应该从这里学起，因为这里是学习做人的开始。

"学而时习之，不亦说乎"，反映了孔子对知（知识）和智（智慧）的追求；"有朋自远方来，不亦乐乎"，实际体现的是一种学的方法；"人不知而不愠，不亦君子乎"，则是孔子在讲"学"的目的，用孔子的话说，就是"古之学者为己，今之学者为人"。（《论语·宪问》）

所谓"古之学者为己"，说的是"大公"，而不是"小私"。儒家主张修身、齐家、治国、平天下。"修身"不是目的，而是基础和途径。学习是为了提高自身的涵养（道德与学识），只有人人都这样学习，社会整体道德素质提高了，这个社会才能是一个和谐的、永远进步的社会。同时，学者应以自己为表率，让家庭的成员都如此，那么家就"齐"了；家家如此，社会的每个细胞都如此，国家的机体就是健康的；每个国家都如此，天下就"平和"了。

而"今之学者为人"，则是为了让人知道。比如考我的博士生，有人最初可能是希望让我知道他们；让我知道他们，是为了顺利通过答辩；顺利通过答辩，是为了拿到学位；拿到学位，是为了找工作，为了让工作单位了解他们。这似乎是在"为别人"，其实是"小私"，最后还是为了自己的位置和需求。

孔夫子并不反对为自己考虑，但是要分清先后，也就是我们经常说的处理好个人利益与集体利益之间的关系。

现在看第二个部分：宋代以前的注释①。

王曰②：时者，学者以时诵习之，诵习以时，学无废业，所以为说怿。

包曰③：同门曰朋。

［何晏④注］：愠，怒也。凡人有所不知，君子不怒。

王肃对"学而时习之，不亦说乎"这句话只注了"时"字，这是因为从孔子的时代到王肃的时代，汉语的变化并不是很大，王肃读《论语》这些古书，在语感上就好比是让今天的北京人去听陕西话或东北话，不难懂。所以他不是因为别人看不懂《论语》而去注释，而是在容易被人们忽略的地方、或者是有深刻意义的地方做注释。他意思是说，"时"字要注意。为什么说"学而时习之"，而不说"学而习之"，是因为"时"字很重要。

王肃把"时"解释成"以时"，把"习"解释成诵习，这在训诂上叫"增字解经"。把"习"限于诵习（诵是要念出声音的），这种解释过于狭隘，我在后面会详细说明。"以时"，就是按一定的时间，至于是按春夏秋冬，还是按一天的早中晚，王肃没有说。他认为，因为"诵习以时，学无废业"，学识不断地积累、丰厚，所以会"说怿"。说（悦）是高兴的意思，加上一个"怿"，组成"说怿"，就变成了当时习用的语言，意思就更清楚了。总之，王肃的解释偏重于知（知识）的角度，没有涉及到智（智慧）。

包咸对第二句"有朋自远方来，不亦乐乎"解释说"同门曰朋"，即有相同师承的人叫做朋。（古人的这些注解，我接受多少，等大家听完整堂课后，就会知道，在此我不一一说明）

何晏在第三句下解释"愠，怒也。凡人有所不知，君子不怒"。他似乎只是把"人不知而不愠，不亦君子乎"的次序颠倒过来说一遍，但是其中的意思在于：君子不怒，非君子者则要怒；怒了，就不是君子。读古书要字字斟酌，读古注也要字字斟酌。

---

① 文中所引用的王肃、包咸、何晏、邢昺四人的注释，均见于《十三经注疏·论语注疏》。

② 王肃（195—256），三国曹魏政治家、学者。

③ 包咸，东汉初年学者。

④ 何晏（190—249），三国曹魏学者。

下面进入第三个部分：宋人的注和解说。

宋人的注分为两类：一类属于传统的经学。经学是从汉代的今文经、古文经开始，后来由郑玄等人综合今古文，并一直流传下来的；另一类就是宋明理学。因为它的核心理念（无论是从本体论、认识论，还是方法论）是一个"理"字。

先看邢昺的《论语正义》，它是现存最完整的宋代关于《论语》的传统注释。邢昺说：

> 孔子曰：学者而能以时诵习其经业，使无废落，不亦说怿乎！学业稍成，能招朋友，有同门之朋从远方而来，与己讲习，不亦乐乎！既有成德，凡人不知而不愠之，不亦君子乎！言诚君子也。君子之行非一，此其一行耳，故云"亦"也。

> 皇氏①以为凡学有三时，……是日日所习也。言学者以此时诵习所学篇简之文及礼乐之容，日知其所亡，月无忘其所能，所以为说怿也。

> 朋疏而友亲，朋来既乐，友即可知，故略不言也。

第一句话跟王肃的理解很接近，原因就在于：唐朝在结束南北朝的大分裂、实现政治上的大一统后，开始谋求儒学（国家思想的主干）的统一，所以就提倡并支持做"正义"之学，也叫"义疏"之学。而"义疏"之学有一个惯例，叫"疏不破注"，即作"正义"（疏）的人，他的注解不能违反古人的注释，特别是当给某部书的"注"作解释的时候，不能破除前人的"注"（如果是其他书里的注释，则可以驳斥），邢昺的《论语正义》也受到这种惯例的制约。由于《论语正义》是依据王肃、包咸、何晏等人的注而做的，因此对这几个人的注释，邢昺就不能反对。所以，他只是把王肃的话说得更通俗一些。

"学者而能以时诵习其经业"，王肃只是说"以时诵习"，没有提到诵习的内容，邢昺根据宋代的现实（当时的读书人都是读经书的）说成是诵习"经业"，实际上违背了历史事实，因为在孔子的时代，还不存在"经书"，孔老先生也绝没有料到，他的语录和他所整理的典籍后来居然成了经书。邢昺的这一注解，反映了时代的特点。我在"训诂学与经学、

---

① 皇侃（488—545），南朝梁学者。

文化"的课上讲过，任何一个时代的注释者，在解释古书的时候，实际上都把自己参与其中，都脱离不开时代的影响；同时，这些经典（不仅是儒家经典）也需要随着时代的推移，根据不同时代的需求被重新解释。作为一个注释者，应该真正地把书读透，内化为自己的，在解释的时候把自己的体验融合进去。这也就是我曾经引介过的西方诠释学的一个命题：诠释者要把被诠释的经典看作是一种有生命的东西，它是作者生命的延续；诠释者应该以己之生命（心灵）投入其中，成为这一生命的进一步延续。邢昺在无意中注释的"经业"两个字，正反映了这一点。

"使无废落"，王肃的原话是"学无废业"，邢昺把"废"字注释成"废落"，而把"业"字放到"经业"中去解释，说明古人在做注释时不轻易落笔，每个字都有着落。

"学业稍成，能招朋友，有同门之朋从远方而来，与己讲习，不亦乐乎"，这句话的重心是把第一句"学而时习之"和第二句"有朋自远方来"勾连起来，自己学业有成，才会有人（不远十里、百里、千里）来跟自己讨论问题。对于"朋"的解释，邢昺完全依据包咸的注。"与己讲习"是原文和原注所没有的，它是邢昺的合理想象和合理增加，因为总不能来了之后沏碗茶，大家坐在一起大眼瞪小眼吧？既然上文讲到"学而时习之"，那么同门之朋来了之后一定是"讲习"。

"既有成德"是说自己学业有成，又不断有朋友（近处的和远处的）过来"讲习"，互相启发，这时候就由"经业"的学习上升到道德的修养。古人是讲知行合一的，这并不能简单地理解为"理论联系实际"，而是指：在履行古代贤哲教导的实践过程中，有自己切实的体验，于是更加丰富了先哲思想的内涵。所以真正伟大的学者，一定是熟读经典而有自己体验的人。不仅儒学先哲们如此，佛教、基督教、伊斯兰教等等的大师们也都如此。

"学而"章里没有"成德"两个字，它是邢昺根据《论语》整部书以及孔子的整个思想而形成的自己的体验："学而时习之"，久而久之则学业有成，然后再与朋友相互切磋、启发，升华为自己内在的"德"；有了"德"，然后去"行"，这时候，自己因为其他人的不理解而被讥笑、挖苦，但是不怒，这种境界就是"不亦君子乎"。邢昺接着说"言诚君子也"，这个诚字是"不亦"带出来的，他认为"不亦"这个词是加重语气，用来强调的确是君子。

"君子之行非一，此其一行耳，故云'亦'也"。按照旧读"行"要读去声（xìng），但现在都读阳平（xíng）了。君子的行为是多种多样的，"人不知而不愠"不过是其中的一个，所以会说"亦"。邢昺的这种解释有点"呆"，因为孔子的原话中有三个"不亦"啊！"不亦"是惯用语，我们现在也还这么用，比如说："咳，你干嘛非要把杯子放这儿呢？放那儿不也一样吗？"这里的"不也"，就是"不亦"。但是邢昺的解释反映了他自己的体验。尽管他的疏是《十三经注疏》中最差的之一，可是邢昺奉旨做疏，绝对不敢掉以轻心，他的解释未必能体现孔子的本意，但是体现了他的理解。我们真正做学问的人，应该琢磨其中的每一个字。

总之，邢昺认为这三句话的意思是：人如果按照自己拟定的时间，诵习经业，不使之半途而废，那不也很高兴吗？等学业稍成了，能吸引同门之朋来与自己切磋，那不也很高兴吗？通过这种长时间的学习而具备了高尚的道德，即使一般人不了解自己，甚至误解自己，自己也不生气，这才是君子。

然后他进一步解释"时"字，所谓"时习之"就是日日诵习"所学篇简之文及礼乐之容"。篇简之文指文献，礼乐之容指容貌（表情、仪态、举止）。"日知其所亡，月无忘其所能，所以为说怿也"，是说每天知道自己所缺乏的，每月不忘记自己所能达到的，就会"说怿"。这是对"时习之"的进一步细化。

最后是解释"朋"字，邢昺在上文写到"能招朋友"，但是孔夫子只提到"朋"，没有说"友"，所以他在此做了一个说明："朋疏而友亲"，离我疏远的人都从远方来了，近处的人就不必说了，所以孔子说了"朋"，就不必再说"友"（在有的《论语》古本中，"有朋"讹成"友朋"，邢昺是否看到过这种古本，我们不知道）。

对"人不知而不愠"句，邢昺解释说：

> 凡人有所不知君子不怒者，其说有二：一云古之学者为己，已得先王之道，含章内映而他人不见不知而我不怒也；一云君子易事，不求备于一人，故为教诲之道。若有人钝根不能知解者，君子恕之而不愠怒也。

邢昺认为"人不知而不愠"有两种说法，这是他超过前人的地方：

第一种说法是"古之学者为己"。自己的内心已经得到了先王所讲述的根本道理，但是别人并没有得到它；自己的学问和道德水平高，而别人学问和道德水平低，别人不了解自己，是没有必要生气的，因为他们本来就没有办法理解自己，所以不怒。另外一种说法是"君子易事，不求备于一人，故为教诲之道"。"易"有变易、容易的意思，二者相通，即做事比较容易，并善于做不同的事情。君子知道，对任何一个人都不能求全责备，别人不理解君子，君子就应该去教诲他，而不应该生气。对于那些"钝根"而不能了解自己的人，就用孔子的"恕道"（己所不欲，勿施于人）去对待他们。"钝根"是佛教用语，从这里可以看出，宋代的儒家学术（传统经学与理学）深受佛学的影响。与"钝根"相对的是"利根"，"利根"也叫"上根"。"根"是指人的本性，即此时此刻所具备的心性基础，它不是从母亲那里直接遗传来的。"根"的问题不是学识问题，而是性之善恶的问题。将来我会请中国当代的高僧来给大家上课，我们应该向佛教、道教讨教，大家各有长处。

邢昺还引了谯周的话：

谯周云：说深而乐浅也。一曰，在内曰说，在外曰乐。

这句话稍后再详细说。

下面看理学的训诂。清代以来的一些学者批评宋明理学不讲训诂，这是不公平的。宋明理学家很讲训诂，特别是二程和朱熹。至于张载、周敦颐等人，虽然没有直接谈训诂，但是他们的文章用字都极为恰当，说明他们也明白训诂。因为在宋代的口语里，"之乎者也"已经不存在了，文和语（书面语和口语）已经分家了，那么在写文章的时候用词是否恰当，就能看出作者对古文的理解是否准确，是否懂训诂了。

朱熹《论语集注》对"学而时习之"的解释是：

学之为言效也。人性皆善，而觉有先后，后觉者必效先觉之所为，乃可以明善而复其初也。习，鸟数飞也。学之不已，如鸟数飞也。说，喜意也。既学而又时时习之，则所学者熟，而中心喜说，其进自不能已矣。

"之为言"是训诂术语,是用音同或音近的字作解释。"学之为言效也"这句是说:"学"的意思就是和它读音相近的"效"的意思。今天的普通话里,"学"跟"效"的读音已经变得不同,但是在东北话里,"学"是念成 xiáo 的。

"人性皆善",反映的是宋明理学家的哲学观点。"觉有先后",暗含着"觉"与"学"、"效"之间读音相近、意义相通的联系。理学认为,人性都是善的,但是意识到人性都是善的,并且不断地去实践"善",这种觉悟因人而异、有先有后。"后觉者必效先觉之所为",才可以明白自己本有的"善",回归自己的本性。比如,我们经常会在电视上看到这样的场面,当犯罪嫌疑人锒铛入狱的时候,他们多数会痛哭流涕,悔不当初,愧对父母、妻子和儿女,如果这种悔过是发自内心的,那就是后觉。这一点,与佛教极其相似。这是后话。

"习,鸟数飞也"。"数"读 shuò,频繁的意思①。习的本义就是鸟扇动翅膀,频繁地飞。"学之不已",就如"鸟数飞也"。鸟儿是在翅膀长硬以后,不断地练习,才学会飞的。人也是这个样子,小孩子在刚学走路的时候,不怕摔跤,摔倒再爬起来,不断地练习。人(包括动物)在学会一种本领后,都是悦怿的,这是本能决定的。他会在不断地反复使用中,掌握这种本领,在这个过程中,他会"中心喜说,其进自不能已",达到无法停止的程度。我很希望诸位在学习时也能够达到这种"复其初"的境界:如果一天不看书,并且没有根据看过的内容思考一些问题,把思考的问题及时记录下来,吃饭、睡觉就不踏实,到那时,则"其进自不能已矣"。

朱熹《论语集注》又说:

程子②曰:习,重习也。时复思绎,浃洽于中,则说也。

程颐是说:习是不断地、反复地学习。经过不断地、反复地思考,恍

---

① 许先生进一步解释说:这个义项是从频率的密集这一角度讲的,如果是指物体和物体之间在空间上的密集,则应该念 cù,如《孟子》"数罟不入洿池",其中"数罟",是指密眼的网。

② 程颐(1033—1107),下同。

然大悟,这时候的感觉就如同受到了雨露的滋润,于是心中喜悦①。

朱熹又说:

> "浃洽"二字宜仔细看。凡于圣贤言语思量透彻乃有所得。譬之浸物于水,水若未入,只是外面稍湿,里面依前干燥;必浸之久,则透内皆湿。(《朱子语类》卷二十)

《朱子语类》这本书大家空闲的时候可以翻一翻,但是必须熟读经书之后才能翻,不然看不懂。

朱熹在这里描述了一种体会,一种把学到的道理从外在转化为内在过程中的体会。通过这些注解,程颐和朱熹表达的是他们对"学而"章的体验,而不是它的字面意思,"浃洽于中"有什么文字根据?"譬之浸物于水"有什么文字根据?没有。但是语义是可解又不可解的②,程颐和朱熹在读《论语》时的那种浃洽于中、透内皆湿的感觉,我们无法有同样的体会,他们为了通过语言这个媒介让我们知道这种感觉,不得已用了这样的语言。这样的语言是他们生命的载体,我们就应该用生命去读它们。因此,只有当我们自己读书(尤其是圣贤之书),反复地读,真正体验到个中滋味,恍然大悟的时候,才会明白何为透内皆湿,何为浃洽于中。

朱熹《论语集注》又注释说:

> [程子]又曰:"学者,将以行之也。时习之,则所学者在我,故说。"谢氏③曰:"时习者,无时而不习。坐如尸,坐时习也;立如齐,立时习也。"

"学者,将以行之也",是说知行合一。"时习之,则所学者在我",是说学到的东西在我的肚子里,所以我高兴。"时习者,无时而不习。坐如尸,坐时习也;立如齐,立时习也",这是朱熹借谢良佐的话对前人注释的否定。他认为,所谓"学而时习之"的"时习",不是什么春夏秋

---

① 浃,《说文·新附》:"洽也",又《荀子·解蔽》杨倞注:"周也",所以"浃洽"有周遍的意思。洽,《说文》:"霑也"。(霑,《说文》:"雨䨎也")

② 《语义的可解与不可解》,《文史知识》2009年第1—3期连载。

③ 谢良佐,程门四弟子之一。

冬，也不是什么一天的早中晚，而是时时刻刻、无时不习。

"坐如尸，立如齐"，说的不是姿势，而是说"坐"是一种学习，"立"也是一种学习。"坐如尸"千万不要理解成坐着像死尸，"尸"实际上是"主"（祭主）。古人在祭祀时，要请一个相貌、身材和为人都与死者相仿佛的人作为替身、象征，大家向他祭拜。有子（有若）长得像孔子，所以孔子死后，孔子的弟子们就让他做尸，但是他最终没有做成①。尸在坐着受拜的时候，姿势一定要规规矩矩的，所以说"坐如尸"。"齐"的本义是麦苗一起长出来，长得同样的高，同样的直，一眼望去会是平的②，所以"立如齐"就是直直地站在那里。这其实就是"礼"。我小的时候，长辈们都要求我们坐如钟、立如松、卧如弓、行如风，所以我现在习惯笔直地坐着，从来不会斜靠着坐，我当时并没有意识到这其实就是"礼"。"礼"是对社会的一种规范，是对自己的自尊，也是对他人的尊重。

所谓"时习者，无时而不习"，就是说，要像平日教育孩子"坐如尸"、"立如齐"那样，时时刻刻都是在学习。这就如同禅宗六祖慧能所说的"行住坐卧，常行直心是"（直心即佛性）。和尚不能整天地执迷于念经、坐禅，实际上在平日挑水种菜的时候都有佛性在，也就是说按照宇宙、社会的规律，按照做人的原则去做就是了。大家看一看，儒佛在这里是不是又沟通了？"坐时习也，立时习也"，不就是"行住坐卧"皆有佛性么？

朱熹又说：

> 未知未能而求知求能之谓学；已知已能而行之不已之谓习。（《朱子语类》卷二十）

他对学和习的见解又发展了：当自己没有知识、技能的时候，去求知识、求技能，那叫"学"；当有了知识、技能而不停地使用的时候，那就是"习"。也就是说，"学"是入门，"习"是在使用中不断地、反复地丰富、补充、提高。

---

① 见《孟子·滕文公上》和《史记·仲尼弟子列传》。
② 齐，《说文》："禾麦吐穗上平也。"

以上是宋代理学对"学而时习之"句的解释，下面看"有朋自远方来"句。朱熹《论语集注》：

> 朋，同类也。自远方来，则近者可知。程子曰："以善及人，而信从者众，故可乐。"又曰："说在心，乐主发散在外。"

古注说"同门曰朋"，朱熹改为"同类"。何为"同类"？不清楚，大概就是"物以类聚，人以群分"的"群"吧。"自远方来，则近者可知"，是说有朋自远方来，乐；有朋自近方来，也乐。但我不这么认为，后面会说到。

"说在心，乐主发散在外"，这与上文谯周的"一曰，在内曰说，在外曰乐"意思相同。对于这句话，朱熹做过这样的解释："说（悦）是自家心里喜悦，人却不知；乐则发散于外也。"（《朱子语类》卷二十）

关于"人不知而不愠"句，《论语集注》说：

> 愠，含怒意。君子，成德之名。尹氏①曰："学在己，知不知在人，何愠之有"。程子曰："虽乐于及人，不见是而无闷，乃所谓君子。"愚谓及人而乐者顺而易，不知而不愠者逆而难，故惟成德者能之。然德之所以成，亦曰学之正、习之熟、说之深，而不已焉耳。

请注意，前面何晏解释说"愠，怒也"，"愠"和"怒"究竟是什么关系？他并不深究。谁说宋人不讲训诂啊！"愠，含怒意"，就涉及到训诂的一个方法——系联同源词。我们看"愠"、"温"、"蕴"三个字，它们都从"昷"得声，声往往是有义的，我们不知道"愠"的意思，但"温"的意思总是知道的：不凉不烫、恰到好处的温度叫做"温"。"愠"也是这种感觉，"愠"是温水，"怒"则是开水，"怒"是发散于外的，而"愠"则是"蕴"在其中的（"蕴藏"、"内蕴"都是聚集在里面的意思）。比方说下面的两种反应：

"你瞧瞧许嘉璐，疯疯癫癫的，七十多岁了，还去上课。"
1）［面无表情，微弯腰，点头］"是，好好好。"（这叫"愠"）

---

① 尹焞，程门四弟子之一。

2）［拍桌子，大吼］"你懂什么！"（这叫"怒"）

"愠，含怒意"，这是朱熹在考察了"愠"的意义后，把前人没有说清楚的意思表达了出来，说明他是讲训诂的。

"虽乐于及人，不见是而无闷，乃所谓君子"是说：虽然我学了东西，并且乐于把我学的东西推广，去影响他人，但是当别人没有理解我之本心与行动的时候，我心里不郁闷。

"愚谓及人而乐者顺而易，不知而不愠者逆而难，故惟成德者能之"。我在讲第一个问题的时候说过，"'学而时习之，不亦说乎'，反映了孔子对智（智慧）的追求"，说的就是这个意思。

"然德之所以成，亦曰学之正、习之熟、说之深，而不已焉耳"，是说"德"能养成的原因是"学之正"（不是邪门歪道的东西）、"习之熟"（牢记于心，即内化为自己的）、"说（悦）之深"（不是简单地流于表象的高兴，而是要以深刻的体验为基础），并且从此不可以止。

朱熹又说：

> ［我学我知，与他人］自是不相干涉，要他知做甚！自家为学之初，便是不要人知了，至此而后真能不要人知尔。若锻炼未能得十分如此成熟，心里固有时被他动。及到这里方真个能人不我知而不愠也。
>
> 为善乃是自己当然事，与人何与。（《朱子语类》卷二十）

当自己有了大学问、自认为道德修养很高了以后，能够做到不求别人知道，这种境界才是真正的"人不知而不愠"。要达到这种境界，难哪！

"为善乃是自己当然事，与人何与。"对这句话不能死板地理解，要有一点务实的精神。由于现实环境的制约，人不可能在任何条件下都"人不知而不愠"。孩子上小学，"赞助费"八万，不能因为自己是君子就可以免交了，这时候愠不愠？愠！可是我们不能因为现实的某些不理想因素而否定中国传统文化对人的期望。我们应该尽力去做，但是也要适当地"入乡随俗"，即使随俗，也要不失我之根本，不得已而痛苦地为之，不必在意。所以我希望大家能学、思、知、行四者合一。为了生存，入乡随俗，但是该坚持的原则要坚持，要为了更好地体现自己，影响周边，共同回归我们善良的本性而去坚持。没有"坚持原则"，那是同流合污；没有"入乡随俗"，可能连饭都吃不上，应该处理好两者的关系。

所以"若锻炼未能得十分如此成熟，心里固有时被他动"这句话是很深刻的，每个人都会碰到这种情况，但是"动"了之后，要能定下来。以上都是朱熹的体验。

我多次引用过西方诠释学的一个观点：被诠释的文献是有生命的，诠释者是用自己的生命去延续前人的生命。我是到老年才体悟到这个道理的，以前有感觉，但是说不出，后来看到西方诠释学的著作，才终于明白了。尽管西方在经典注释方面的起步比我们晚（因为没有我们这么丰厚的文献积淀），可是他们这点上在后来居上，反过来启发了我们。当我知道这个道理的时候，真是有"浃洽于中"的感觉。

第四个部分：清人的研究。

清代关于《论语》的研究极多，我只挑以下几个人的：毛奇龄、朱书、段玉裁、刘宝楠、焦循、姚莹（按注释的内容排列）。

毛奇龄《论语稽求篇》：

> 朋是门户之名。凡曰朋党、曰朋比，比是乡比，党是党塾，皆里门闾户，学童居处名色。故朋为同门，此是字义本耳，不可易也。

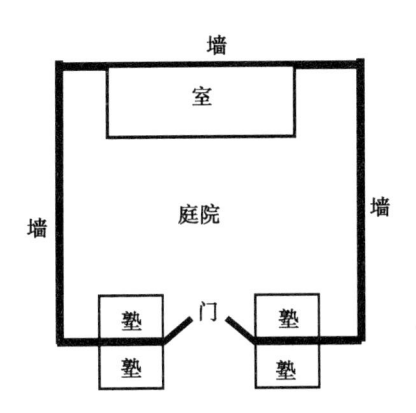

```
         墙
    ┌─────────┐
    │   室    │
    │         │
墙  │  庭院   │  墙
    │         │
    │ 塾 门 塾│
    │ 塾    塾│
    └─────────┘
```

这里反映了清人注释古书的风格。包咸说"同门曰朋"，毛奇龄就解释："朋"跟门户有关系，比如"朋党"、"朋比"。"比是乡比"，"比"是乡里挨着住在一个闾里的①，比如北京的"平安里"、"和平里"，"里"

---

① 比、里，都是古代地方基层行政编制，《周礼·地官·大司徒》"五家为比"，又《遂人》"五邻为里"。

从前往往是一个家族住的；"阊"是"里"的门①，晚上是要关闭的（社会治安的需要）。"党是党塾"（如上图）：古代在大门外侧盖的房子叫"塾"，后来也把"塾"盖到大门内侧②。请来的老师，不能随便进入家里，就在"塾"里教课。如果家里只有一个孩子，觉得请一个老师怪浪费的，就让亲戚或附近邻居的孩子一起到这里来上学，这叫做"塾"，在这里教书的先生叫做"塾师"。有的"塾"是村里、阊里共同办的，如果是自家办的，就叫"私塾"。所以毛奇龄说"学童居处名色"，"故朋为同门，此是字义本耳"。

毛奇龄说得不对。他解释了"朋党"、"朋比"的"党"和"比"，但是关键的"朋"字没有解释。仅仅因为"党"和"比"是指门挨得近，或者是在一个阊门里面，于是就类推"朋"也是"同门的"，这不是强词夺理么？比如两个素不相识的人并排在街上走着，突然有两个警察把其中的一个铐上带走了，因为是嫌犯，难道说另外那一位也应该被抓走吗？这是没有道理的。所以对清人的训诂我们不能迷信。至于"朋"字下文再仔细说。

毛奇龄又在《四书賸言》里说：

> 孔疏有二义：一是不知学，一是不知我。今人但知后说，似于本章言学之意反，未亲切。何平叔云，凡人有所不知，君子不怒。其云有所不知者，言学有所不解也。君子不怒者，犹言君子易事不求备也。

这也是强词夺理。他说"人不知而不愠"的"不知"有两个意思，第一个是不了解我的"学"，第二个是不了解我；而现在的人只知道"人不知而不愠"是不了解我，所以不符合"学而"章的原意。但是孔夫子的原话是说：其他人不知道学，也不知道学问之大，也不知道自己为什么要学。所以他的解释与孔子的原意并不吻合。

朱书说：

---

① 阊，《说文》："里门也"。
② 塾，《说文·新附》："门侧堂也"。

> 惟学无间，随遇而皆自得也。夫学以为己，期于无间而已。至公诸世而不求名，其自得于心者，为何如哉！且夫天地之性，历终古而不间于人心；圣贤之修，合终身而不间于万物。此其境非不学者所能知，亦非浅学者所能喻也。（《朱书集》，黄山书社，第264页）

前两句意思是，学习应该没有缝隙①，即没有间断，一直延续下去，但是又不墨守前人之见，而是随着环境的变化（随遇）而自得，一辈子活到老、学到老，不断地提升。其中，期是期望的意思。"至公诸世……为何如哉"，是说把自己所学的东西贡献给社会，但是不求名（自然也不求利），内心感觉到很舒服，那是什么样的情形啊！"且夫天地之性……合终身而不间于万物"，是说天地的规律、本性，从混沌之初到现在，和人心是没有间隔的，是一致的；古代圣贤的修养，从他们出生到去世，是和万物没有间隔的，是合一的。"此其境非不学者所能知，亦非浅学者所能喻也"，对不学和浅学的人而言，这不是能够用语言让他明白的。"喻"是使人明白的意思。

朱书的解说中，有很多意思前人都表达过，但是"且夫天地之性，历终古而不间于人心；圣贤之修，合终身而不间于万物"，则是典型的明代"心性之学"，反映出时代的特征。尽管朱书（1654—1707）生活在清代早期，可是"心性之学"的影响仍在。

姚莹又是怎么说的呢？

> 古之学者为己，今之学者为人。……人于财货，身外之物，颇多以为己而不求人知者；独于学问，身内之事，莫不以为人，而唯恐人之不知，可谓惑矣。（《识小录》，黄山书社，第10页）

他用了一个对比：金钱对于人来说，是身外之物，但是很多人为己而不为人，因为是为己（为金钱），所以不求让人知道，"藏富"，怕露富；可是对于自身所有的学问，却偏偏想让人知道。

说句题外话，"藏富"不是中国所独有的现象。在中国，我们可以在日常谈话中询问对方的私有财产，对方一般不会做正面回答，比如问：

---

① 閒，《说文》："隙也。"

"你工资多少?"回答说:"没多少,够吃就行了。"这是自己为自己"藏富"。而在西方,这个问题是个人隐私,是绝对不能随便谈的。这是社会在替他"藏富",这就是民俗文化间的差异。

我们看看训诂大家段玉裁是怎么说的①:

《学记》曰:"学然后知不足。"……所谓觉悟也。《记》又曰:"教然后知困","知困,然后能自强也。故曰教学相长也。《兑命》②曰:'学(xiào)学(xué)半',其此之谓乎!"按:《兑命》上学字谓教,言教人乃益己之学半。教人谓之学者,学所以自觉,下之效也。教人所以觉人,上之施也。故古通谓之学也。枚赜伪《尚书·说命》上字作斅,乃已下同《玉篇》之分别矣。……详古之制字,斆从教,主于觉人;秦以来去攴作学,主于自觉。《学记》之文学教分列,已与《兑命》统名为学者殊矣。

"《兑命》上学字谓教,言教人乃益己之学半",是说教人家学,自己获得其半。"教人谓之学者,学所以自觉,下之效也"是说教育人之所以也用"学"这个字,是因为学的目的是让被教的人变得自觉,让那些被教的后学或晚辈去效仿。"教人所以觉人,上之施也"是说"学"是学习比自己水平高的榜样,"教"是把自己学的东西施加到、影响到比自己水平低的人,所以古代"通谓之学也"。

段玉裁认为,"学"有两个意思,(1)自己学、(2)教别人。古代都用一个"学"字,后来才分化成"斅"和"学"两个字;而《兑命》是伪古文《尚书》,是后人伪造的,所以才会把这两个意思分写成"斅"和"学"。

古人用"学"字表示"教人"和"被教"两个意思,这在训诂上叫做"施受同词"。比方说"借"这个字,就有"从别人那里借"和"借给别人"两个相反的意思,所以,"我借你三万"这句话是有歧义的。

---

① 以下是段玉裁《说文解字注》对"学(斅)"的解释,《说文》原文是:"斅,覺悟也。……學,篆文斅省。"

② "兑"通"说"(yuè),即傅说,商代贤相。《兑命》(也作《说命》)是《尚书》的一篇。

最近清华大学获得了一批竹简，里面就有《古文尚书》残篇，但是在没有充分的鉴定结果之前，还不能妄下结论，大家可以留意一下。

看一下刘宝楠《论语正义》对"人不知而不愠"句的解释：

> 子曰："莫我知也夫！不怨天，不尤人，下学而上达，知我者其天乎！"① 正谓己之为学，上达于天，为天所知，则非人所能知，故无所怨尤也。夫子一生进德修业之大，咸括于此章。

我认为刘宝楠的这段注，最有价值的就是最后这句"夫子一生进德修业之大，咸括于此章"。能达到这种"无所怨尤"的境界，真难哪！历来怀才不遇的人是有的，因为社会认识人、使用人，不是纯粹地从学问与道德的标准来选取，其中就有机遇的问题。不过对于某些不公的现象，需要作必要的抗争，而不是一律的"无所怨尤"。

焦循《论语补疏》对"人不知而不愠"句的解释：

> 人有所不知，则是人自不知，非不知己也。有所不知则亦有所知。我所知而人不知，因而愠之，矜也；人所知而我不知，又因而愠之，忌也。君子不矜则不忌，可知其心休休，所以为君子也。

"人有所不知，则是人自不知，非不知己也"是说"人不知而不愠"的"人不知"是别人不知道学问和道理（因为对方还没有达到那种水平），而不是不认识我自己。接着是说，任何人都是有的东西懂，而有的东西不懂，我知道了而别人不知道，于是自己生气，那是骄傲；"人所知而我不知，又因而愠之"，那是嫉妒。"君子不矜则不忌，可知其心休休，所以为君子也"，"休休"是美的意思。

这又是从另外一个角度理解"人不知而不愠"的意思。

下面看第五个部分——时贤的论述。时贤太多了，我只选两个人，马一浮和钱穆。

为什么选马一浮先生呢？马先生是真正的"人不知而不愠"，学问甚大，但是既不出来当教授，也不在家里开班讲学。蔡元培曾经请他出来，

---

① 见《论语·宪问》。

他拒绝了。抗战的时候，当了几天的教授，然后就去了大后方（四川），在那里曾经给一些人讲学，有的学生做了笔记，后来就被整理成书。现在出版了《马一浮集》，大家去翻一翻，确实是大学问家。马先生不求闻达，不是因为他是财主，吃喝不愁，他的生活实际上很困难，但秉性就是如此。还有熊十力先生也是如此。

马先生说：

> 悦、乐都是自心的受用。时习是功夫，朋来是效验。悦是自受用，乐是他受用，自他一体，善与人同。故悦意深微而乐意宽广，此即兼有《礼》、《乐》二教义也。（《泰和宜山会语》）

我觉得老先生说的话真是画龙点睛。悦、乐都是心里的感受。"时习是功夫"，学习是要花功夫的（不仅仅是时间而已），其本身也是一种"功夫"；"朋来是效验"，自己学得好别人才会来，"出入有鸿儒，往来无白丁"（如果来的都是些打牌下棋的人，那不是马一浮所说的效用），来的全都是谈学问或请教问题的人，那才是自己学习到一定程度后才会产生的社会效应。"悦是自受用，乐是他受用"，联系上文邢昺引谯周"在内曰说，在外曰乐"，就是说，"悦"是自己的享受，"乐"是对方的享受，即当自己心中的喜悦散发出来之后，对方也高兴。"自他一体，善与人同"——这里含有宋代理学的影子，马先生是"新儒学"的代表人物之一——朋友和我是一体的，我的喜悦要通过乐传达给对方，共同享用。所以"悦意"是深微的，是只有自己才能感受到的，而"乐意"是宽广的。这些都有《礼经》、《乐经》两教的意义。

马先生又说：

> "人不知而不愠"，非己私已尽不能到此地步。（《泰和宜山会语》）

这句话也是画龙点睛。宋代理学家们解释了半天其实就是在这个意思：如果学习抱着一点私意，就做不到"人不知而不愠"。

关于"君子"，马先生说得也很透辟：

> 孔子系《易》，大象明法天用《易》之道，皆以君子表之。……

六十四卦中，称君子者凡五十五卦，称先王者七卦，称后者二卦。……大象则不用五号（帝，王，天子，大君，大人）而多言君子，此明君子但为德称，不必其迹应帝王也。（《〈论语〉新解》）

"孔子繫《易》"，指孔子整理《易经》。"大象明法天用《易》之道，皆以君子表之"，这里涉及到《周易》和《老子》的思想。《周易》是讲象的，而《老子》说"人法地，地法天，天法道，道法自然"。所以这句话的意思是："法天"要用《易》的道理，是否体现了《易》的道理，要在君子的身上显现出来。大自然混沌一片，个中奥妙，难以了解，但是如果君子按照《易》的道理为人处世，那么从他的一举一动中就能看出这种奥妙。"称后者二卦"，"后"是君主的意思，《尔雅》："后，君也"。最后一句是说，君子只是道德上的称呼，其行迹不必应帝王之相。

总之，"人不知而不愠，不亦君子乎"的"君子"是道德的美称。孔子把人分为人、小人、君子、贤者、仁者、圣人这几个等级，可见它是一种道德之称，但它意义的源头是君之子（国君之子）。另外，孔子只敢把自己当作"贤者"，他说过："若圣与仁，则吾岂敢"（《论语·述而》）。看一下新儒家另一位代表人物钱穆先生的说解：

人之为学，当日复日，时复时，年复年，反复不已，老而无倦。（《〈论语〉新解》，第3页）

这与朱熹的意思一样：时时刻刻、无时不习。
钱穆又说：

学者惟当牢守学而习之一境，斯可有远方朋来之乐。最后一境，本非学者所望。学求深造日进，至于人不能知，乃属无可奈何。圣人深造之已极，自知弥深，自信弥笃，乃曰"知我者其天乎"，然非浅学所当骤企也。（《〈论语〉新解》，第4页）

钱先生说，"最后一境"（人不知而不愠，不亦君子乎），是一般学者难以企及的境界；自己的学问一天天进步而不为人知，那是无可奈何的事情；圣人（孔子）的学问已经达到了极点，但是对于别人的不了解，也是无可奈何，所以他周游列国却终究不被重用，只能教几个"顽童"，于是感叹："知我者其天乎！"这种境界，不是浅学者所能很快达到的。

钱穆先生的这番话，也是把自己的体验融进去了。钱先生做了一辈子学问，著作等身，但始终有点怀才不遇之感，很多人不了解他。这段话里有他不遇时的滋味，但是其中的道理，我们是要吸取的。他还说：

> 本章乃叙述一理想学者之毕生经历，实亦孔子毕生为学之自述。学而时习，乃初学事，……有朋远来，则中年成学后事，……苟非学邃行尊，达于最高境界，不宜轻言人不我知，……（同上）

这里我要提醒的是，"学而时习，乃初学事"未必如此，老了就不需要"学而时习之"了吗？"有朋远来，则中年成学后事"，初学时"有朋自远方来"，也高兴啊；老年时"有朋自远方来"，也高兴啊。但是最后一句话是对的，如果不是学得很深，行为很端正，达到了最高境界，诸位，可不要轻易说"人莫我知也"呀。所以他还说：

> 学以为己为道，人不知，义无可愠。心能乐道，始跻此境也。（同上）

下面讲第六个部分：分字训诂（学、说、朋、乐）。
先说"学"①。
《论语》中"学"字一共67见，大体可以分为两类。
一类是说"学"的目的，如"君子学以致其道"；或者是功用，如"学也，禄在其中矣"；或者是态度，如对"好学"的称赞和说明（《论语》中有十几处对"好学"的解说）；或者是环境，如"仕而优则学"，等等。
另一类是说"学"的内容，如学干禄（求官）、学文、学《易》、学礼、学《诗》，等等，也就是子贡所说的"夫子焉不学"（什么都学）。
看一下《说文》对"学"的解释：

---

① 许嘉璐先生曾经在其他课上专门讲过《论语》的"学"字，所以这里只是复述了一个大概。

斅（xiào），觉悟也。从教、从冖；冖，尚蒙也。臼声。学，篆文斅省。

"教"字，左下角是个"子"，就是人、小孩子，右边是个"攴"字，"攴"就是手拿着棍子（如下），不学习就揍他（其实不见得（甲骨文）（小篆）是真打，而是指要有外力的催促）。"教"加上"冖"和"臼"，就变成了"斅"字。加个"冖"的意思是：小孩什么都不会，懵懵懂懂的，就像拿着一块布罩在他头上一样，看不见、听不清，什么也不懂，这个时候是需要教的。

《礼记·学记》上讲：

> 玉不琢不成器，人不学不知道。是故古之王者建国君民，教学为先。《兑命》曰："念终始典于学。"其此之谓乎！虽有佳肴，弗食，不知其旨也；虽有至道，弗学，不知其善也。是故学然后知不足，教然后知困。知不足，然后能自反也；知困，然后能自强也。故曰教学相长也。《兑命》曰："学学半。"其此之谓乎！

意思是说，人必须学习才能知"道"，才能成为真正的人，但是学与教相辅相成，只有学了才会知道自己所不知道的，只有教别人的时候才会发现自己还没有解决的问题。我当了五十年的教师，经常遇到这种状况：备好课了，上讲台了，讲着讲着，突然发现有的地方疏漏了，某个字的读音没有查，文章前后的逻辑没有理清楚，下完课回去补救，下次就不会出现同样的情况了，这就是教学相长。

"学"本身有学与教的两面，二者是一体的，相长的。这一点孔颖达也注意到了，他在《礼记正义》中对《学记》这段话解释说：

> 《兑命》曰学学半者，上学为教，音斅；下学者谓习也，谓学习也。言教人乃是益己学之半也。

再看"习"字。

《说文》:"习,数飞也。"段玉裁《说文解字注》引《礼记·月令》:"鹰乃学习。"《月令》上说:

> 季夏之月,日在柳,昏火中,旦奎中。……温气始至,蟋蟀居壁,鹰乃学习,腐草为萤。

郑玄注:"鹰始学习,谓攫搏也。《夏小正》曰:'六月,鹰始挚。'"
季夏之月,是阴历的六月。阴历一二三月为春,四五六月为夏。夏季的第一个月叫"孟夏",第二个月叫"仲夏",第三个月叫"季夏"。阴历六月,"日在柳",就是指在半夜子时之中(晚24点)的时候,太阳处在黄道二十八宿之一柳宿的位置上。这是古人的想象,因为白天无法观测星象,所以当半夜子时,柳宿在正南方的时候,就可以推测出12小时之后(实际就是地球自转半周)的正午时分,太阳也应该处在柳宿相对的位置。"旦奎中",当早晨太阳将要露头的时候,奎宿正在南方的中天。"温气始至,蟋蟀居壁",蟋蟀孵出来了,但是还没有振翅鸣叫,而是附在墙壁上。"鹰乃学习":阴历的六月,小鹰的翅膀长硬了,开始和妈妈一起练习飞翔。段玉裁之所以引用"鹰乃学习",是为了解释"数飞","数飞"指的是小鹰雏在开始学习飞的时候不停地飞,飞了又飞,那么人的学习,无论是初学、"中学"、还是"老学",对于学的东西,都应该像鹰雏不停地练习飞那样,不断地学而习之。

下面讲"说"字。
《说文》:说,说释也。一曰谈说。

> 段玉裁注:说释即悦怿。说悦、释怿皆古今字。许书无悦怿二字也。说释者,开解之意,故为喜悦。……此本无二义二音,疑为后增此四字①。

说和悦都从"兑"得声,意义也相通,所以是同一个字族。说悦是古今字,本来没有"忄"旁的"悦"字,当这个字经常用来表示心理的喜悦,成为固定义的时候,古人就另造了从"忄"的"悦"字。同样,古代也没有"忄"旁的"怿"字,当"释"从表示对某个东西进行分解

---

① 指"一曰谈说"四字。

或解释，转化为表示内心感受的时候，人们就造了一个"忄"旁的"悦"字。所以释就是怿，说就是悦。

《礼记·檀弓》："天下其孰能说之？"郑玄注："说，犹解也。"

《诗经·卫风·氓》："士之耽兮，犹可说也，女之耽兮，不可说也。"郑玄笺："说，解也。士有外行，可以功过相除，至于妇人，无外事，唯以贞信为节。"

郑玄这老先生的思想太封建了，他认为男子管门外的事情，要去从政、服役、应酬，这样就可以分散注意力，从而解脱；妇人主内，没有外面的事情，整天就是油盐酱醋、锅碗瓢盆，所以没有办法解脱。这都是强词夺理。《氓》这首诗是女子叙说男子负心，抛弃女方，然后女方说"士之耽兮，犹可说也，女之耽兮，不可说也"，你能抛弃我，解脱得了，我却解脱不了，这跟主内主外没关系。

不过他的注解也反映了一种实际情况：男孩子掉到爱河里了，他还可以解脱；女孩子掉到爱河里，往往一根筋走到底，无法解脱。这抓住了男女之间心理的不同。

当然，我们这里关注的是郑玄把"说"解释成"解"，这是对的。为什么"说"有"解"的意思呢？

比方说，"老师，这事儿我不懂，你给我说说"。所谓"说说"，是要把这件事情分解，把其中的道理剖析清楚，或者把事情的过程一节一节地讲明白，这不就是"解"吗？事情一解开不就明白了吗？心里有疙瘩，解开不就高兴了吗？二者一个是行动，一个是内心。

下面看一些从"兑"的字（阅、税、脱、蜕、兑）：

阅，《说文》："具数于门中也。"

《周礼》："大阅。"注："简军实也。"（《说文》："简，牒也。"）

"阅"的意思是说：要出兵打仗了，在太庙里（"门中"即是指太庙门里）统计、分配上军、中军、下军三军的战车、兵器等，出发的时候要"告庙"，打完仗回来要"简军实"（统计己方人员、武器及缴获的战俘、物资等）。比如计算杀了多少敌军，用什么计算？左耳。每杀掉一个敌军，就把他的左耳割下来带回去，一个左耳代表杀了一个敌人。"简"是用竹简算数（我小时候还见到过有人用竹签算账），竹简上标明所统计的事项、数目等。因此，"阅"就是算数，是把一个整体的东西分开后统计。

税，《说文》："租也。"（《说文》："租，田赋也。"）

一亩地有多少收成，总共有多少收成，有多少要交公，也要计数。

脱，《说文》："消肉臞也。"

"脱"就是人身上的脂肪消解了，变瘦了。也是解的意思。

蜕，《说文》："它、蝉所解皮也。"

蛇、蝉等一层层脱皮，也是解。"它"就是"蛇"，"它"的小篆字形就是一条蛇的形象。（㲋）

兑，《说文》："说也。"① 《周易·兑》："彖曰：'兑，说也。……说以先民，民忘其劳；说以犯难，民忘其死。说之大，民劝矣哉。'"

我们要了解一个词（字），有一个方法，就是把同形旁的字（它们常常会有同源关系）放到一起，看它们的公约数，看看它们共同的意思是什么。但仅仅这样是不够的，有的时候两个字的形体不一样，而读音一样或相近，这两个字可能是个变体。因为在座诸位多数没有接触过音韵学，所以就不举例了。

还有一些可以解释"兑"与"说"、"悦"关系的文献：

伪古文《尚书·兑命》："允怀于兹，道积于厥躬。惟敩学半，念终始典于学，厥德修罔觉。"

《经典释文》："说，本作兑。音悦。"

这不多说，下面解释"朋"。

《说文》：凤，神鸟也。……凤飞，群鸟从，以万数，故以为朋党字。

《说文》的意思是：凤凰的"凤"字，也作为朋友、朋党的"朋"来用，因为凤凰一飞，群鸟都跟着它，成了一帮。其实不对，甲文、金文的"朋"都是并列的贝壳串的形象（如右边的甲骨文），朋友之朋的"朋"是从这里来的，跟"凤"无关。下面的例子也说明，朋是穿成串的贝。

《汉书·食货志》："元龟岠冉长尺二寸，直二千一百六十，为大贝十朋。"苏林注："两贝为朋。"

---

① 段玉裁注："说者，今之悦字"。

《诗经·小雅·菁菁者莪》："既见君子，锡（赐）我百朋。"郑玄笺："古者货贝，五贝为朋。"

朋的本义是穿成串的贝，引申之，同类的东西串在一起，也谓之朋。所以包咸的"同门曰朋"是随文释义，不足为据。那么，什么才是自己的同类？那就是有共同追求、共同志趣的人。古人也多是这么理解的：

《说文》："同志为友。"
郑玄《周礼》注："同师曰朋，同志曰友。"
《后汉书·刘陶传》："所与交友，必也同志。"
《论语·为政》：子曰："《书》云：'孝乎惟孝，友于兄弟，施于有政。'是亦为政，奚其为为政？"

《论语》的这个例子是说：有人问孔子为什么不去从政，孔子就回答说《尚书》（孔子的引文不见于今本《尚书》）上写着"孝是最重要的，同时对待兄弟要像朋友那样友好，把这个思想，影响到政治的问题上去"，这就已经是在为政了，不一定非要去做那个职位。除此之外，还有什么样的形式算是为政呢？这里我们关注的是"友于兄弟"这个特定的语境。

《刘陶传》"所与交友，必也同志。"也是说，同一个志向者，谓之友。

再看"乐"。

《说文》：樂，五声八音总名。象鼓鞞。木，虡也。
段玉裁注："樂之引伸为哀乐之乐。"

"樂"的字形像鼓的样子，樂字下半部的木表示虡。虡是放钟鼓的架子的立柱（可以去看出土的编钟）。音乐能让人心情愉悦，所以会引申出快乐的意思。

分字的训诂讲完了，下面是总说，也就是以下这段话：

人，就应该学习，向典籍学习，向生活实践学习；学做事，学做人。学是为了用,所以应该不断反复,使所学内化,"学"、"知"、"行"统一。(学而时习之,不亦说乎!)

学习不能只靠一己之力,应该与志向兴趣相近的人切磋,相互启发。(有朋自远方来,不亦乐乎!)

学习是为了自身的修养和精神的自足,同时以备世用,因此,他人不了解"我"的知识、能力和品德,则处之泰然,因为自己已经得到了一个"人"本应该得到的东西。(人不知而不愠,不亦君子乎!)

还有一个小问题,"有朋自远方来,不亦乐乎",近处的是否就不必说了?近处的朋友经常切磋,容易近亲繁殖;而远处的,不见得是一个师承的朋友,他们的不同见解,才会更好地启发自己,撞出火花来。颜渊是孔子最得意的弟子,他死的时候,孔子说:"我再也看不到有好学的人了。"(《论语·先进》)但是孔子说他"不违如愚",从来不违背老师,像个傻子(《论语·为政》),我想这两个师徒相互切磋,恐怕撞不出什么火花。我认为只提"远方"并不只是说"近方"的就已经包括在内,不言而喻了,"有朋自远方来"是特指主客之间不经常见面,但彼此在学习过程中都有了自己的体会,这时候相互切磋,才会有高质量的启发。所以现在学术上国际交流的重要性就在于此。

最后是余论,即此次"解读"所要说明的问题。

1. 训释词语句,需要充分注意广义、狭义的语境。(关于语境,以前讲过,此从略)

(1) 每个字、每句话都处在一定的语境中,不能仅仅做表面的理解。

(2) 三句话衔接及其顺序:三者的次序是不能乱的,必须如此,但它们不是初始、中年、老年的问题,而是体现了学习过程由浅入深的、阶梯式的、互相衔接、互相包蕴的过程。

(3) "学而"章列为《论语》首篇首章的原因。我在上面提过,《论语》中67次提到"学",但因为时间原因无法展开,所以我希望,如果大家有心的话,不妨再去通读一下《论语》,那样会发现很多新的东西,补充今天的讲课内容。

(4) 注意孔子其人其时。这也是语境的问题。

2. 理解词语需要寻根究底,包括:

（1）字形及其变体。
（2）字族。
（3）语音。
（4）同时代用法（语言的社会性）。
（5）同一作者的用法（语言的个人性）。

3. 训诂与经学密不可分。
（1）离训诂谈义理则必空疏。
（2）离义理谈训诂则无目的。
（3）道与器兼顾而侧重有异。

只谈训诂，不过是多认识几个字，没有更大的功用。义理好比是道，训诂则是器，做学问应该道与器兼顾。但是不同的人可以有不同的侧重：有的人把训诂当成一把钥匙，去研究经学，从而进入到哲学、美学等领域；有的人一辈子做训诂，做考据。这两种治学路子都是社会所需要的。但即使是考据，也需要有道的意识。

4. 在前人千年研究之后，今人和后人是否还有研究的必要和可能？

我认为是有的，但要本着科学的态度（无论是对前人还是对自己），那就是：

前哲时贤言必有物，理应尊重；
人的认识不断提高，必有发明；
语境不断发展变化，慎思深考。

愿"学而"章的这三句话诸位能终身行之！

训诂学与经学、文化[※]

我是很痛心地讲这个课的。训诂学在中国曾经是绝学，改革开放以后我和一批志同道合者曾经为训诂学的振兴努力奋斗了若干年，奋斗到全国有一百来所学校开训诂学课，但还没有一所高校把训诂学开成必修课。后来经济大潮让我们学术界逐渐染上了浮躁病，于是训诂学又开始萎缩，现在开训诂学选修课的，我想不会到两位数字。在国学的振兴需要我们再次重新阅读和研究先圣、先哲留给我们的遗产的时候，很多大学者也几乎成了"文盲"，这是让人痛心的。从这个角度看来，这个题目并不冷。但是训诂学在一段时间里还会冷下去，因为它无法满足一位教授每年要有两三篇文章的要求，更不能满足在校博士生毕业前要有两三篇文章在核心期刊登出来的规定，因为它是死功夫、硬功夫、慢功夫。现在有些管理办法是违背了科学的规律的，这样就很少有学生肯学这门很冷而实际上应该很热的学问。我没有想到今天有这么多的老师同学以及校外的朋友赶来听课，这让我已经冷却了的心感到了一丝暖意。我尽量把课讲得通俗些，因为它的专业性是比较强的，讲深了会让在座的许多人失望。我相信，你们会感受到这个课程的内容是有用的，更重要的是，我希望大家听出来我的思路、思维方法，这样无论你们做什么，都可能受到某些启示。启发、启示不一定是正确的，也可能我是错的，错的对你们也有启示。这是我要交待的一点。

我先解释一下今天要讲的题目。首先，在这次课里，我不可能把"训诂学"的内容、方法、技术一一进行讲述，我预设大家基本了解了训诂学。第二，关于"经学"。经学就是六艺之学，《诗》、《书》、《礼》、

※ 2008年10月9日在北京师范大学汉语文化学院的演讲。

《易》、《春秋》、《乐》。《乐经》早已亡逸。据有的学者考证，《礼记》中的《乐记》实际上就是《乐经》的梗概。所以谈六艺实际上就是五类经书，《诗》就是《诗经》；《书》，即《尚书》；《礼》有"三礼"：《周礼》、《仪礼》、《礼记》；《易》，即《周易》；《春秋》有"三传"：《左传》、《公羊传》、《谷梁传》。通常大家读的，对于社会伦理、道德、世界观直接影响最大的，"三礼"中是《礼记》。流行了两千多年的，对于文学、艺术、历史是有很大影响的，"三传"中是《左传》。《公羊传》、《谷梁传》在政治上、思想上曾经给后人——包括大家熟知的康有为、梁启超、谭嗣同等人很多启发。我说过，我正准备和国内外著名学者合作，把"五经"译为英文，我们选择的是《诗经》、《尚书》、《礼记》、《周易》、《左传》。《礼》、《春秋》分别选择《礼记》、《左传》就是出于上述原因。前些时候我曾向老前辈汤一介先生请教、与美国学者安乐哲（Roger T. Ames）讨论"五经"翻译问题，都是就上述五部书谈的。开头我说了，这是个冷的题目，其实是就国内说的，在国外则是比较热的，这是很奇怪的现象。今天我讲这些话，是因为"五经"之学或"六艺"之学是中华文化的魂，大家阐述中华文化，不管在报刊上看的或者自己写的，最后总要归到文化现象的底层、或曰中华文化的根——中华民族的伦理观、价值观、世界观、审美观。沉到哲学层面的这些东西全在"五经"里。第三，解释"文化"。我至今闹不清楚文化与文明的关系。前几天和安乐哲先生探讨，我也直言不讳地这样说。他说不但你分不清，我也分不清。所以我在这里所说的文化也可以说是文明。二者的大致区分是有的，但是绝对的、像西方分析哲学那样把概念对立起来作精确界定是谁也做不到的，我们不妨广义地来理解文化。

我讲六个问题：

一、问题的提出

二、训诂学与经学

三、训诂学与文化

四、训诂学与诠释学

五、训诂学的工具、范围、目的与目标

六、现状与展望

一　问题的提出

为什么讲这个题目？引发我思考的有两个问题。第一，百年来训诂学一直被称为"经学的附庸"，它在五四之后，特别是近几十年遭到厄运，就与此有直接的关系。这是我当年学习、研究和教授训诂学时的感触。第二，关于"训诂学就是词/语义学"。我曾认可这样的说法并写在文章中，但当时就有些疑惑，而现在算是想得比较清楚了。归结起来，这两个问题其实是训诂学与经学、文化的关系问题，于是归纳成今天的讲题了。

二　训诂学与经学

关于训诂学是经学的附庸，典型的是梁启超在《中国近三百年学术史》中所说的："小学本经学附庸，音韵学又小学附庸。但清儒向这方面用力最勤，久已'蔚然大国'了。"他所说的小学包括训诂学、音韵学和文字学。以梁启超的学识和影响，此言一出即成经典。我们不急着分析其是非，先认真去研读他这番话："小学本经学附庸"，这个"本"很重要，他没说"小学乃经学附庸"或者"小学者，经学附庸也"，这就意味着，在他看来，清代以前的小学是经学附庸。"音韵学又小学附庸"，等而下之。"附庸"是什么意思？就像附属国，主人的奴才。如果经学不存在，小学就不存在；小学不存在，音韵学就不存在了。"但清儒向这方面用力最勤，久已'蔚然大国'了"。"但"的转折很重要，与"本"呼应，那就是到了清代它就不是附庸了，成了独立的学问。这就和梁启超在《中国近三百年学术史》、《清代学术概论》以及其他一些文章中的思想是一致的：他认为清代在训诂学上用力最勤，对经学则用力小；清儒才是为科学而科学。梁启超是戊戌时的改良派，后来成为保皇派，他的这种思路就决定了他的思想是西学的附庸。因为在十九世纪，西方高唱的是为艺术而艺术，为科学而科学，认为这才是真正的艺术，才是真正的科学。他拿这个来套中国，承认小学是独立的学问，因为小学之为学并不打算用来为经学或文化服务。如果同学们翻一翻清代一些大家的文章，就会发现他们经常为考证出一个字的意义或者版本问题而得意，也为社会所推崇。至于这个字的解决对于理解"五经"、理解中国文化有什么作用，则不管。我说这番话的意思是，我不同意梁启超的意见。做学问有一点很重要：怀疑主义（后面我还会谈到第二点第三点）。只要有足够的依据，权威的结论可以推翻。不然历史就成为包袱，"大家"就成为障碍，后面的人跑不过去了。

我为什么不同意梁启超的意见？第一，训诂是经学的附庸与事实不符；第二，附庸说的主要目的是使训诂走向纯理论，而不在于扩大关注范围，研究更多的典籍。为什么与事实不符？举例来说，《尔雅》即非专为解经而编。《尔雅》本来是本词典，到宋代被列为经书。有人认为《尔雅》是为解经而作，主要根据之一是《毛传》对字词的解释多与《尔雅》相合，孔颖达在进一步解释《毛传》时就常说"《释诂》文""《释训》文"之类的话，认为《毛传》此训是《尔雅》上的。而我在研究了《尔雅》十九篇之后，认为它不是专为解经而编（也有前人这样说）。实际上它是从战国开始，人们把对于一些词语的解释搜罗来，归类而成的综合性的工具书。我的话在学理上通不通呢？你们看看现在从上小学就开始用的《新华字典》，所收的很多字在《毛选》里都有，或者说，《毛选》里的一般语词在《新华字典》里都有，我们能说《新华字典》是为解《毛选》而作吗？客观上，A 与 B 的重合、互补、相近，不能证明 A 是为 B 而编。再如，《史记》的《五帝本纪》和夏、殷、周本纪里引用的《尚书》内容，常常不是原文而是作了翻译的，你不能说它是在解经吧。另外，《战国策》、《国语》、《楚辞》都有汉人的注，都经过了一番训诂的功夫，而这些书什么时候成为"经"了？训诂学成为独立的工具是在汉代，清代人打的是"汉唐之学"的旗号，经学的附庸怎么又去为大量非经学的典籍服务啊？《韩非子》成书于秦汉之际，里面有一篇《解老》，就是解释《老子》的，也用了训诂的办法。东汉以后有了道教，才奉《老子》为《道德经》，奉《庄子》为《南华经》，那是道家的经典，不是儒家的经典。所以事实证明，被训诂的众多的书都不是儒家经书。

第二个让我起疑心的，是"训诂即词/语义学"之说。表面上似乎此说有道理，但让我们细看一看：

1. 词/语义学只研究词/语，训诂学则否。训诂学也研究句、研究段、研究篇，是对经典文献全面的解释。像词义的扩大、缩小、转移，那是属于词义学的。训诂学研究词要讲清楚这个字、词在"这里"怎么讲，追本溯源，即追求本义或基本义，从基本义怎么演变到这个意义的。更重要的是它解释的是文本,而并不局限于字/词。例如《老子》第一章:"道可道,非常道;名可名,非常名。无名,天地之始;有名,万物之母。"(陈鼓应先生断句为:无,名天地之始;有,名万物之母)(晋)王弼注:"可道之道、可名之名,指事造形,非其常也,故不可道,不可名也。"他解释了哪个字呢?没有。他是在解释这一章前半段意思的:可以称道的道、可以命名的名,都是按照事物的情况创造的,不是它固有的,永恒的、不可称说那个名,能说出来就不是它自己了。换句话说,王弼指出老子认为他的道的真谛是不可以言传的,只能用心体会。但是为了交流,还得给它起个名字,所以《老子》第二十五章说"强字之曰道"。字,大家知道,人有名有字,有人还有号、别名等等。本人就名嘉璐字若石,有人以名行,有人以字行,我的太老师黄侃字季刚,世称季刚先生,就是以字行。老子是说你一定要我称呼它的话,那我就给它起个别名叫"道","强为之名曰大",勉强要起个名字就叫"大",这都是"假名",假借的。然后王弼解释下半句,前面说了"指事造形"下面接着说:"凡有,皆始于无,故未形无名之时则为万物之始;及其有形有名之时,则长之育之,亭(成)之毒(熟)之,为其母也。言道以无形无名始成万物,以始以成而不知其所以,玄之又玄也。""玄之又玄"也是《老子》第一章的话,在南北朝以后发展成了"重玄学",这里就不展开了。

现在我用训诂学的方法解释"无名,天地之始"这句话。同学们可能都把这个"始"理解为开始,从南北朝到清代包括近代的学者对此也都没有异辞。我认为这个"始"不是一般的开始。《尔雅·释诂》第一条:"初、哉、首、基、肇、祖、元、胎、俶落、权舆,始也。"《说文》上说:"始,女之初也。"《说文》是就形说字的,"始"为什么是女字边一个"台"呢?何谓"女之初"?古人的智慧有时候就是妙啊!胎儿在母腹中最初是不分男女的,到了一定时候才显出第一性征;出生以后,尽管在外形上作为人是完整的,但人之为人的很多功能尚不具备。初为人父母者抱着婴儿,裹得挺严,碰到熟人了,人家就问:"哎呀,您的宝宝啊!是男孩啊女孩啊?"因为他看不出孩子的第一性别特征。等到从外表可以判断是男是女时还不是真正的男或女需要第二性征出来以后才行。所谓"女之初也",就是女孩子第一次来潮的时候,这说明她的第二性别特征具备了,她才真正成为女人,具备了生育的功能。"始"和"胎"在字形上都包含"台",二者其实是相通的,"胎"用"肉"旁表示是肉胎。

"天地之始"就可以认为是天地之胎。现在我们从训诂具体实例回过来，看看王弼是不是在搞训诂？他不是走西方词/语义学的路子，而是解释行文中一两个关键词语的意思，更重要的是揭示整章的深意。

2. 词/语义学是纯理论之学，训诂学则否。训诂学是实用之学，受了训诂学的基本训练之后，就可以去看古书了，遇到问题会解决。西方语言学，从历史比较语言学开始，到十八世纪后半叶真正成为一门独立的学问，逐步形成了语音学、语法学、词汇学。西方所说的词/语义学是仿照语音学、语法学、词汇学的架构、研究方法、观察角度与工具建立的，同时超越了具体的语言事实、具体的语境。我们看西方语言学大师的著作，无论是索绪尔还是布龙菲尔德，他们在书里概括出了语言的基本规律，但举的例子并不多，也就是说并不研究具体的文本，不顾及具体的语境。

3. 词/语义学研究意义的来源与历史，训诂学则否。语义学研究意义的来源与历史，不是词的个体的意义的来源与历史，而是成批的，是词汇的。比如说语言怎么发生的、名词和概念的关系、概念和客体的关系。训诂学不是这样，它虽然研究词义的引申，但是就词语的个体而说的。像词汇学、语义学要研究词汇的结构，主谓结构、动宾结构、偏正结构、并列结构，等等，研究词根，研究语义场，细致到研究义素。训诂学研究词的本义或者概括义、使用义即语境义，也研究词义的来源，是为了据以研究词语"在此处"的用法，用语言哲学的术语说是研究"在场"。汉字记录汉语的特点是形音义俱备。字词的形、音与义的关系怎样？是同音，还是原来同音而后来语音流变有了差异，还是同音假借，训诂学研究的是这些东西。

4. 词/语义学研究意义的引申规律，就是我刚才说的那种超越文本超越语境的演变规律，训诂学则否。再举一个《老子》中的例子。——附带说明一下为什么今天我老提《老子》。第一，要证明训诂学不是只为"五经"服务的，是为所有的文本服务的；第二，在我准备今天这节课时顺便也为明天举行的"崂山论道"作准备，从中信手拈来这些例子，"一稿两投"。《老子》第六十二章："道者，万物之奥"。朱谦之《校释》：《说文》："奥，宛也，室之西南隅。"《书·尧典》"厥民隩"，司马迁作"燠"，马融曰："隩，煖也。"……是奥有煖义。但亦有藏义，《广雅·释诂》："奥，藏也。"河上注："奥，藏也。"道为万物之藏，无所不容也。我翻了一下我的旧书，当初我在这里打了一个问号，于是追寻几十年前自己的思路，忽有所悟。

我认为"奥"既不是煖，也不是藏，而是直接用了"室之西南隅"的意义。古代在黄河中下游的房子都是坐北朝南，为的是挡住凛冽的北风，向南开窗开户吸收阳光。室中朝门处有个灶，灶火给室内照明并供暖。这样，有阳光的时候，房子里面靠北墙处是比较亮的西南角是最暗的。我们看"三礼"就会知道，室内最尊贵的人坐的位置是那个西南角。灶有灶神，门有门神，奥有奥神。奥，是最黑暗的地方，最神秘。我曾经在怒江边访问过少数民族的家庭。他们屋里点着十五度的灯泡，我也只能看清他们迎门坐的地方，那西南隅我还是看不清。"道"是说不清道不明的，但它是最神秘、最高贵的。所谓"万物之奥"就是万物中最尊、最神秘的。我觉得这样解释既简便又明白。我们再来看这一词的意义的演变。本来是西南隅，因为避风，所以有暖的意思；既然深奥，就引申出藏的意思。但训诂学为了解决"道者，万物之奥"的"奥"字的含义，可以顾及它的来龙去脉，但目的并不是去研究该词意义怎么引申。

概括言之：词/语义学偏重于思辨，是为认识词/语义，这是语言学之事。训诂学偏重于实证，是为解释文献，亦即为传承文化，因而属于语文学的范畴。也还可以说语言学是研究语言的，训诂学是研究言语的但我不这样说，因为我不大同意把语言和言语对立起来或隔绝开来的学说。"语言学"、"语文学"这两个词汇都是从西方引进的，它们在西方是同等重要的学问。虽然近年来语言学因为与翻译、计算机、语言教学关系密切而更加红火，语文学则是为文献服务的，随着对于文献关注的慢慢淡化，除了史学、文献学、哲学、诠释学领域之外就很少有人关注它了，但是至今西方人谈起语文学仍然是肃然起敬的。所以语言学和语文学没有高低贵贱之不同，只有目的、方法的差异。那么我们又应该以怎样的心态对待语言学和语文学呢？进而怎样对待训诂学乃至小学呢？第一，要平视，不要仰视其中哪一个。无需对语言学毕恭毕敬，以自己搞训诂而自惭形秽。第二，语言学与语文学两门学科之间的关系也是平等的，互补互促。

那么为什么会产生这种误解呢？刚才我说了梁启超先生受到了西方学术的影响，也附和了当时提倡的为学术而学术、为艺术而艺术的思潮。这是近代学者的主观原因。此外还有两条客观原因。第一，训诂首先是或者说重点是用于解"经"，这是由"经"的地位所决定的。这造成了误会。最著名的训诂大家都解"五经"，他们之所以有名，是由"五经"的地位决定的。"五经"要是没有地位，解释它的人也就没有地位了。第二，训诂家的宣言。是训诂家自己就把训诂学说成附庸的。比如《四库全书》列了"小学"一类，包括文字、训诂、韵书之属，到哪里去找呢？小学类被附在经学部，这不就是附庸了吗？乾嘉大师戴震（东原）参与其事了呀。始作俑者在隋唐，《隋书·经籍志》已经按照经、史、子、集分别叙述了，《尔雅》一类的书和《论语》一类的书就列在《周易》、《尚书》、《诗经》、《礼经》、《春秋》、《孝经》之后，但是字书、音书和石经（石经是当时供人们抄经用的，怕版本搞错，刻在石头上"立此存照"，现在还有很多保存在西安碑林），又单列在经书之末。隋朝在东都洛阳藏书，分类按甲、乙、丙、丁，甲、乙、丙、丁与经、史、子、集是否吻合，现在无据可查了，因为战乱都烧了。《新唐书·艺文志》则正式按甲经、乙史、丙子、丁集分列，而小学类列在"甲经"部之末，文字、音韵、训诂都在其中。唐朝人立了规矩，清代本于汉唐，编《四库》就把小学类列在经之末了（《经义考》亦同）。唐朝这样做有其用意啊。经过南北朝，又经过短暂的隋，到李世民时期海内晏清。但是南北朝时期的割据造成第二次百家争鸣、小百家争鸣，各种说法都有。现在必须统一，用什么统一？儒家经典。可是儒家经典乱解释不行啊，得按照官方的解释，所以"五经正义"全是唐代的，全社会、全国考生都来学。另外李世民有少数民族血统，起家于垄东，即今甘肃天水一带。对于他的鲜卑血统大家表面上都隔着层窗户纸不说，嘴上山呼万岁，肚子里则另有看法，混血儿嘛。好，那我皇家就尊经。尊经就带来王统论，要为我服务，我是正统。所以他把经书放在第一位，就是出于这个道理。那训诂呢？为我服务，附在经末。他当然不会想到什么语言学、语文学，而是出于政治上的需要。清朝也是少数民族入主中原，仿效李世民很自然。今天我们就应当拂去历史的尘霾，认识清楚其本来面目。

再有，经学家、训诂学家自己也这么说。这是因为卖什么就吆喝什么。你看哪家专卖店不说自己是世界第一啊？那么注书的人能说我注的这书不好？所以许慎就说："盖文字者，经义之本，王政之始，前人所以示后，后人所以识古，故曰'本立而道生'，知'天下之至啧而不乱'也。"（《说文序》）清代戴震确实是一代巨儒，也说："训诂明，六经乃可明。后儒语言文字未知，而轻凭臆解以诬圣乱经，吾惧焉。"（《六书音均表序》）说得太对了，也道出了二百五十年后的我的心声。今天在座的复旦大学教授汪少华先生就是惩于当前社会上的"轻凭臆解"、"诬圣乱经"，写了一本书，叫《训诂十四讲》。我给他写了一篇序，我说我要向他学习，现在我没有时间和兴趣对社会上对古书的乱解一一纠正了。少华，可怕的是什么呢？可怕的不是"轻凭臆解"，"轻凭臆解"有时还是主观有意为之，为了求新求奇；而现在很多人是不知道该怎么解他就解了，解错了他还不认为错，这是更可怕的。话说回来，"训诂明六经乃可明"。替换一下，训诂明古代文献乃可明。训诂重要不重要？戴震说的是"经"。这也难怪，清代的训诂就是围绕经的。皮锡瑞说："国朝经师有功于后学者有三事：一曰辑佚书，一曰精校勘，一曰通小学。"（《经学历史》）皮锡瑞是今文学家，但他的话很客观，没有偏袒今文学。"辑佚书"，就是把历代亡逸的书根据其他书籍的引文或海外传本进行辑录。"精校勘"，历代传抄、传刻有错的，就加以校定。别的不说，阮元——王引之的学生——就曾经校勘过十三经注疏，直至今天阅读十三经仍离不开他的《校勘记》，虽然还有不足，的确有功于后世。"通小学"，很客观。清代许多大儒就不是经师了，是小学师，但自称还是经师，梁启超也是这样。可见"经"的地位所决定了的训诂首先或重点用于"经"和训诂家的宣言，这两条是造成误解的客观原因。

归结起来，训诂学不单是为解经服务的，它所关注的也不是超越文本超越语境的，而是关注古代文献具体文本、具体语境下的字义、词义、章义、篇义。

三 训诂学与文化

前面讲到了训诂学与经学训诂学重点的、首要的服务对象是经学，我所不赞成的说法是训诂学是经学的附庸，它是面对一切传世文献乃至出土文献的，所以我讲第三个问题，训诂学与文化。这里的文化就包括所有的文化现象和文本。

（一）训诂不是经学附庸，是文化的重要组成部分。前半句话我不需要再解释了，这里主要说说后半部分。典籍是文化的筋骨，训诂直指其根，训诂与文化共兴衰，训诂是文化传承的主要工具。我在十多年前的一本书里就提出来，训诂学是文化阐释之学，实际上当时所挑战的也是训诂是经学附庸这样一个既定概念。中华民族有文字记载的文化史，从未中断，为世界所仅有，训诂之功至巨；训诂不仅使后人识字，推求字义、词语乃至篇章之意的方法也在启迪后人，遂使解开传世及出土文献意义之谜较易。这一点，以前我在咱们学院的文化讲座上讲过。现在，咱们一般统称古代有四大文明，有些学者提出世界有九大文明，而英国历史学家汤恩比给世界文明分了二十几种，这是见仁见智。但不管是四大文明还是九大文明还是二十几大文明，唯有中华民族有文字记载的文化史从未中断，入芝兰之室久而不闻其香。我们生活在这样一个伟大民族的文化氛围里常常没有感觉到什么，但这的确是值得五十六个民族的每一个人引以为自豪的。在我和国外的专家、政治家接触的时候，他们几乎异口同辞，都说"我们热爱和敬佩你们优秀的传统文化"。像印度文明，实际上中断了。当时从中东、中西、中亚入侵的异族，几乎占领了印度全境，一直进入到印度尼西亚，所以为什么从巴基斯坦跳过印度和孟加拉，印度尼西亚会是伊斯兰国家。大家知道，我们的佛教是从印度传来的，但是到七世纪，甚至更早一点到六世纪末佛教在印度几乎已经绝迹。现在保存最多佛典的就是中国，几乎古印度佛教所有的经典都翻译成了汉文，这一点也是值得我们骄傲的，现在世界上研究佛教是根据汉语考证，倒回去翻译成梵文。接着在伊斯兰占领印度几百年以后，古婆罗门教出现了一批改革的浪潮，有一个大改革家倡导并恢复了新婆罗门教，这是十一世纪的事情，一直流传到现在，这就是我们平常所说的印度教，现在的印度教除了用梵文所写的《奥义书》一类流传了下来之外，其他的都没有了，包括佛教的经典。

古埃及的法老文化也中断了。先是罗马人灭亡了法老王朝而后阿拉伯世界的力量侵入了埃及，使当地完全伊斯兰化。所以，我们今天到埃及去，到博物馆看法老的东西，和现在的埃及人是无关的，现在的埃及人是闪米特人如阿拉伯人等外来民族和非洲土著人的混血。

还有两河流域的文化。两河流域指的是底格里斯河和幼发拉底河中间的那个平原即现在的伊拉克。我们知道苏米尔文化是经过了一番周折之后而又著名的，就是巴比伦文化，巴比伦文化的、世界七大奇迹之一的空中花园，是见于文字记载的。苏米尔文化直到十八世纪末才被西方探险家发现，人们挖出了楔形文字，这才知道原来五千年前那里有个苏米尔文化。

世界上其他几大文明都中断了，而中国从未中断的文字记载从公元前十几个世纪起，即便是每个帝王一生中发生的大事都有文字可考。公元前三世纪以后，到公元前七世纪，也就是到唐，每年的事情都可以知道。唐朝以后，我们每个月发生的事情都有明确的记载。到了宋以后，根据正史、野史、笔记以及流传在民间的书法等等，虽然不能排到每天的事情都知道，但也差不多。这是人类的奇迹。这样一个伟大的文明，那么多的传世文献和出土文献，靠什么读懂它？靠训诂。所以我说，训诂之功至巨，训诂的方法不仅能够让人读懂古书、了解历史、了解古人的精神、灵魂，更重要的是这种思维和学风的训练，所以我的理想就是希望在全中国高校所有的文科系、院所都把文字、音韵、训诂开成必修课。即使学生毕业之后不搞这行，所受到的训练也可以用到很多很多方面。

历史已经渐行渐远，而记载历史与文化的文字，其流传则是很清晰的，乃至一点一划是怎么变的，我们都可以基本作出描述来。如果再加上依靠科学的方法，解开传世和出土文献的意义或者"谜"就成为比较容易的事情。可见，训诂学是文化的重要组成部分，是一种非物质文化遗产，但不是文化部所列的非物质文化遗产，它属于学术领域。训诂揭示了语言文字流变的具体情形，而文化的民族性在语言文字演变和对语言文字及其演变的认识中体现得十分明显。讲民族性，这是自上个世纪九十年代以来吹遍世界各地的一股强劲的风，而且愈演愈盛。这是符合人类文化发展的规律的，是科学的。

民族性具体体现在什么地方？以前我讲文化分三个层次：表层、中层和底层。表层固然体现民族性，文化的底层就是哲学，价值观、世界观、人生观、审美观，差异才带根本性，由此又形成一个差异就是观察事物的方法不同。训诂在这样一个小小的、人们不大注意的领域，揭示了语言文字流变的具体情形，就是昨天所谈到的从基本意义到使用意义，就体现了它的民族性。比如在语义演变过程中的联想和通感，见到一个东西，中国人马上想到的是A，非洲的朋友可能想到的是B，印度人能够想到的是C，这种差异往往就体现了民族性。联想和通感是所有民族都有的，但朝哪去通、联想到什么是民族性的问题。我早年写的一篇文章《论同步引申》，说的是词义引申中的同步现象。为什么会同步引申？靠的就是联想和通感。下面我想举个例子，很简单的例子：

《说文》：夬，分决也。

周易·夬卦《象》辞：夬，决也。

为什么用"决"解释"夬"？其实"决"是后起字，《说文》："决，下流也。"不是"作风下流"的"下流"。读古书，特别是大家的东西，一定要小心，要一个字一个字地弄懂，"下"、"流"我们都懂，也知道这个"下流"是往下流。但是我们要弄清为什么是"下流"，这就要回到或曰恢复一下许慎思考时的语境当中，所有人工建成的堤坝或者是天然的挡在河道上的障碍物，一旦决口，水从来不是平流，而总是向下流。大家小时候都玩过泥玩过水吧，在院子的下水道那里挡一块石头，把水位逼高了然后突然拿起来，"哗……"水特别快地流下来了。可见许慎的义界是很准确很高明的。再看《说文》：

　　玦，玉佩也。

玉佩有多种，玦是什么样的呢？许慎为什么不说详细一点呢？又是语境问题。在汉代，儒学独尊，秉承"五经"思想生活来维系社会，因此从周代流传的佩戴玉的风俗不仅没有终止，反而更考究了，这从汉墓中的出土文物可以得到证明。什么叫璧、什么叫瑗、什么叫玦，汉代人都知道。就像北京的小孩都知道"冰糖葫芦"，给北京人编词典就不用收这个词或不必解释，越解释越糊涂。许慎不说"玦"的样子，我们就可以借助联想和通感来探寻"夬"是分决也，可见端一盆水"哗"往下一倒，那不叫"夬"。原来有阻碍物，水流冲破障碍物、从裂（分）口处汹涌而出才叫"夬"。因此从"夬"的字都有分开的意思在里头，玦就是玉环，有意做出一个缺口，这和大坝溃决是一样的。

　　缺，器破也。

瓦罐出现缺口了，就是"缺"。同学们，"缺点"是什么？是指本来一个完整的事物（包括人），缺了一个"口"，不完整了。许慎为什么不说是"器夬也"或"器裂也"？因为瓦罐是陶土做的，裂了口就不能用了，用"破"突出其后果。再看：

　　趹，马行貌。

这个字，与"夬"的原意有什么关系？在汉代文献里，我没有看到用这个字。我想许慎老先生也不太清楚传下来的这个"马行貌"到底是什么样子,有书证配合的话就成为准确的。除了上面提到的几个从"夬"的字,还有一个"駃"字可以参考。《说文》:"駃,駃騠,马父骡子也"。即公马和母驴生的骡子。这种骡子据说"生七日而超其母"可见非常健壮,一步跨得很远,其名可能就反映这样一种状态。还有一种可能——我并没有去考证——北方同学知道,骡马会尥蹶子,那么"駃""蹶"有语言关系的话,实际上就是一种拒绝、一种抗拒、一种"分"。不管怎样,从"分决也"到"玉佩也"到"器破也"到"马行貌",都有联想或通感的关系,靠着不同事物之间某种形态的相似,看见这个就想到那个,于是语言就流转了。其实就是同一个词,用在了不同的地方,为了加以区分,就分别加了义符以后才被认定为不同的词。

又如《老子》第三十四章:

　　大道氾,其可左右。万物恃之以生而不辞,是成功不〔名〕有。爱养万物不为主,可名于〔为〕大。

"爱养"或本作"衣被"、"依养"。清末俞樾说:"盖'衣'字古音与'隐'同,故《白虎通·衣裳篇》曰:'衣者隐也。'而'爱'古音亦与'隐'同,故《诗·烝民》篇《毛传》训'爱'为'隐'……""衣"字古音与"隐"实际上是一声之转,不是"同"。在俞樾看来,"爱"、"衣"、"隐"是一个词,那么"爱养"是什么意思呢?让万物依靠自己,养育万物。我总觉得别扭。《诗经·大雅·烝民》:"人亦有言,德輶如毛,民鲜克举之。维仲山甫举之,爱莫助之;衮职有阙,维仲山甫补之。""爱莫助之"什么意思?爱他而不帮助他吗?《毛传》:"爱,隐也。"隐讳而不能帮助他(仲山甫)?别扭。《郑笺》:"爱,惜也。仲山甫能独举此德而行之,惜乎莫能助之者。多仲山甫之德归功言耳。"可惜啊没有人帮助他。我也觉得牵强,不能不进一步思考。幸好,我们可以看《诗经·邶风·静女》:

　　静女其姝,俟我于城隅。爱而不见,搔首踟蹰。

《毛传》"小序":"刺时也。卫君无道,夫人无德。"其实这是一首爱情诗。《郑笺》："志往，谓踟蹰行；正谓爱之而不往见。"踟蹰就是犹豫徘徊的样子，郑玄注中的"爱"就是今天的"爱"。孔颖达依此而疏："心既爱之而不得见，故搔其首而踟蹰然。"心里非常爱她，可是见不着，很着急，抓耳挠腮，来回踱步。我认为还得按《说文》的解释："爱，行貌。"怎么个"行"呢？注意，对于一个字，认识不清楚它的意义，就把与它同族的字、它的近亲找来。如果你想见某个人却见不到，不要紧，到他家去，看看他的哥哥、弟弟、爸爸、妈妈，那么他的相貌、为人你大体可以推想出来，一样的。"爱"的后起字：

  曖。《广韵》："曖，日不明也。"《离骚》："时曖曖其将罢兮。"《楚辞·远游》："昔曖曃其曭莽兮。"洪兴祖注："暗也。"《晋书·杜预传》："臣心了不敢以曖昧之见自取后累。"

  靉。《玉篇》有"靉氣"，见《海赋》，李善："不审之貌。"又有"靉靆"，"不明貌。"陆游诗曾用之。

我们今天有"曖昧"，古代有"曖"、"曖曖"、"曖曃"、"靉"、"靉靆"，全都有模模糊糊不清楚的意思。自然的，"爱"也会有这个意思，《静女》"爱而不见"就是模模糊糊，似乎看到了又似乎没看到，人影一闪又不见了。不是热爱，也不是隐。《烝民》"爱莫助之"就是用另外一种人来反衬仲山甫，那种人模棱两可、含含糊糊、说的话又圆滑，没有谁能帮助他，因为态度不明朗。这样解释，我觉得文从字顺。那么《老子》"爱养"怎么解释？就是说大道对万物的爱、对万物的养育是不清晰的，"百姓日居而不知也"。实际上，在人类物质社会之上，有一个普遍规律在，谁都逃不过这个规律去。那个规律是不明朗、不清晰的，为什么不用"隐"呢？因为智者、哲人是能够看清的，对于普通人才是模模糊糊的。"爱养"，就不是"明养"。这样探索"爱"的意思就解开了《诗经》、《老子》上的疑惑。我所用的方法就是沿着古人联想与通感的思路进行分析。这一点，是中华民族的特点。启功老为我们书写的校训"学为人师，行为世范"的"范"，本是模子，是做盆呀罐呀的，弄一块泥巴，用范构其形，就成了盆、罐。我们的行为应该成为社会的"范"，推进社会、改造社会，这就是"规范"。从做瓦罐到做社会的表率，走的也是类推的路子，是联想的结果。

(二) 典籍为文化之筋骨，训诂直指文化之根。"五经"为传统文化之魂，这里不讲经学，就不再展开。为什么说训诂直指文化之根呢？我们看《老子》第三十三章：①

> 知人者智，自知者明。（知人者智而已矣，未若自知者超智之上也）胜人者有力，自胜者强。（胜人者有力而已矣，未若自胜者无物以损其力，用其智于人，未若用其智于己也。用其力于人，未若用其力于己也。明用于己，则物无避焉，力用于己，则物无改焉）知足者富。（知足自不失，故富也）强行者有志。（勤能行之，其志必获，故曰强行者有志矣）不失其所者久。（以明自察，量力而行，不失其所，必获久长矣）死而不亡者寿。（虽死而以为生之道不亡，乃得全其寿。身没而道犹存，况身存而道不卒乎）

死了不就是亡了吗？怎么叫"死而不亡者寿"？在老子看来，并非躯体存在的时间长就叫寿。通观《老子》全书，他是重视养生长寿的，但并没有绝对化。人活得长当然好，可是活得没意义，就不如死。王弼怎么解的呢？即使死了，他活着的时候用以维系他生活的那个道不亡，"乃得全其寿"。肉体没有了而道还存在，何况身体还没死而道不终止，那更是寿了。因为王弼的道家思想并不纯粹，他把"亡"说成"道"之亡，有一定的道理，但是不合适。朱谦之先生《老子校释》说：

室町旧钞本、中都四子本"亡"均作"妄"。《意林》卷一、《群书治要》卷三十引道德经"死而不妄者寿"，并引河上公注，知河上所见古本亦作"妄"。

河上公的注："目不妄视，耳不妄听，口不妄言，则无怨恶于天下，故长寿。"我认为，河上公的注是对的，"不失其所者久"，"久"、"寿"是相通的。应该"不失其所"，来回跳槽不好，这是在世生活的时候。如果他死了，他生前所做所说的经过实践的检验都是正的、真的、实在的，那么他虽死了却等于没死，他是长寿的。正像臧克家悼念鲁迅：

> 有的人死了，他还活着。

---

① 括号内的内容是王弼注。

> 有的人活着，他已经死了。

臧克家先生是否受到了《老子》的启发？这就是老子的寿夭之观。这里我要说的是，王弼的注、河上公的注，虽然都在串讲中解释了字词，但都不仅仅是解释字词，而是直指《老子》的要义，直指文化之根。

（三）训诂与文化共兴衰。清人常说汉唐之学，我们也常说汉唐盛世。所谓"汉唐"，均为盛世，也是训诂发达的时代。此后宋之"疑古"、讲究"义理"，是反思、批判的时代，坚持了训诂要为义理服务的方向。至清，国力尚可，特殊的历史环境既使训诂空前发达，也使之逐渐脱离了初始功能。

王朝强盛，训诂就发达。因为盛世要靠训诂解读经书和其他历代文献，取其精华以作为凝聚全社会之利器。人心凝聚了、安定了，自然生产发达，人民生活就富裕了。宋朝一开国就是一个不强大的王朝，同时，文化的规律是，当达到鼎盛的时候，就要下滑，就需要异质文化的刺激，吸收了新的东西才能再次达到高峰。宋代承五代之动乱，它就要反思：此前治乱在文化上的原因是什么？学者们对以前的学术进行了批判，批判是批判，但方向没有变，仍然坚持了训诂要为义理服务的方向。说宋人不讲训诂，那是冤枉，是我们上了嘉庆以后一些学者的当。特别是朱熹，非常重训诂，而且造诣很高。明代我就不说了，那是一个开始封闭、文化停滞的时代，虽然在有些文化品种上是发达的，但总体上是不行的——文化是否发达，关键看是否创造了新思想。到了清代，我为什么说国力尚可呢？我是从来不说康乾盛世的。明朝再不好，它的 GDP 占到了全世界的 40%，到了乾隆时期只占了 33%。所以只能说国力尚可。还有一点我也想说，人们常说我们国家积贫积弱、落后挨打以至于成了半殖民地，这话应该加以分析。其实 1804 年的时候，我们还不是积贫积弱，当时的 GDP 占到了世界的 26%，美国现在是占 25% 的。那怎么就让人家给打败了？腐败！文化上没有前进，没有工业化。想想看，每年赔几万万两银子啊！不仅仅是银锭，粮食、茶叶、瓷器、丝织品什么都往外拉啊！庚子赔款，是一年的国民总产值。几次就把我们掏空了。圆明园，自从建成之日起就注定会让人烧掉，它是人类历史上最好最伟大的花园，德国使者在那里朝见以后，回去向德皇一说，德皇就打主意了，后来就命令能搬走的就搬，搬不走就烧，一定让它在地球上消失。我们要客观地评价清朝的历史，那是一个少数民族统治多数民族的时代,清王室一直所担心的,就是汉族人的造反,于是扛起汉文化的旗使汉族中的士人屈服,科举,给你官做,但绝对不能反抗统治者。据清人笔记,有汉族士人,在梅雨天晒书,一阵风来,书页全乱了,读书人酸啊,没事就写诗:"清风不识字,何故乱翻书?"统治者一看有一个"清"字,这不是骂我们吗?杀!灭九族。那是一个少数民族统治多数民族的时代,清皇室一直担心的就是汉人造反,于是扛起汉文化的旗使汉族中的士人屈服,大兴科举,给你官做。但又大兴文字狱,绝对不许反抗统治者。读书人怎么办呢?一个字一个字去考证,不涉及经义、义理,也就远离了政治于是就有了乾嘉之学,训诂逐步脱离了它的初始功能,不再直指文化之根。

皮锡瑞说:"论宋、元、明三朝之经学,元不及宋,明又不及元。""故经学至明为极衰时代"(《经学历史》)。明王朝在衰落,表面上百足之虫,死而不僵,实际上里面全烂掉了。皮锡瑞是清末的人,他要歌颂"国朝",要说圣朝复兴的确会做文章。他又说:"宋儒学有根柢,故虽拨弃古义,犹能自成一家。若元人则株守宋儒之书,而于注疏所得甚浅。……是元不及宋也。明人又株守元人之书,于宋儒亦少研究。……是明又不及元也。"往下他不再说了。十九世纪,国门被打开,国力衰败至极,包括经学在内的传统文化整体受到质疑、批判,训诂也同样受到极大摧残。到1959年我毕业时,训诂学还被称为"抱残守阙",讲训诂学的前辈都是"遗老遗少"、"封建余孽"……几乎都成了老牌的运动员。到"文化大革命"结束的时候,全国一千多所大学、几百多所设中文系的高校,没有一所讲训诂学。在座的同学和老师都是幸运的,因为时至今日,我可以在这里大谈训诂学。复兴中华文化,振兴训诂学难就难在没后继之人哪!培养人的人也快没了!但是我又有信心,现在国力增强,社会价值体系亟需建立;新时期文化价值不可能脱离传统土壤,所以传统文化受到关注,训诂必将逐渐再次受到重视。但是,"由衰复盛,非一朝可至;由近复古,非一蹴能几"(皮锡瑞)。所以我在人民大学儒学院开院典礼上说:"中华文化的复兴,期以百年可也。"真正复兴需要几代人的努力。

(四)训诂为文化传承须臾不可离的重要工具。其实我从昨天到今天所讲的全部内容,无不是围绕着这一点的,都是这个道理。所以这里只列一个标题,就不展开讲了。不管你是否搞汉语言文字之学,只要你们记住文化传承须臾不可离训诂，我就满意了。

四　训诂学与诠释学

（一）二者同异。诠释学是西方学科（该词首次出现于1654年），原本属于语文学，是研究对文献进行解释的规则的学科，类似于我们的训诂学。诠释学最初是为解释《圣经》的，说它是《圣经》的附庸，一点也不冤枉，20世纪，逐渐演变成了一种哲学理论，所以我们如果搜索西方诠释学文献，一般不是在语言文字学范围，而在哲学范围之内。诠释学大师狄尔泰说："阐释就在于对残留于著作中的人类此在的解释。这种艺术是语文学的基础，而关于这一艺术的科学就是诠释学。""此在"是一个哲学术语，也可以说是此时此地或某时某地的存在，狄尔泰的意思是"阐释"这种活动就是对残留于文献中的人类的存在进行解释，不是解释一字一句，而是解释一字一句背后的人，以人为本。

概括言之，诠释学就是语文学和哲学的混血儿。较之于训诂学，多了几分历史的、哲学的思考，这正是训诂学所缺乏的。传统的诠释学主张文献只能有一种真正的意义，而哲学的诠释学，认为同一文献允许有不同的解释。因为传统的诠释学是《圣经》学的附庸，对于"神启"的东西是不许说三道四的，不许有不同意见，这是中世纪的产物。1654年时文艺复兴正在酝酿，思想已经开始解放，对于同一部经典，可以有不同看法，这就打破了和教会教皇的一元解释不同，就可能被绑在柱子上烧死的"绝对权威"。所以提出对于同一部经典可以有不同看法，那是一种巨大的革命。从这一点上说，在中国，学术上的民主比西方早得多。郑笺可以与《毛传》不同；有《毛诗》还可以有《鲁诗》、《韩诗》；解释《礼记》，都可以有"大戴礼"、"小戴礼"。中国学术上的民主可以说是战国百家争鸣的传统。

传统诠释学认为应该给文献做出唯一的、绝对的"正确"解释忽略了语境的无限性、不可复原性和语义的不可解性，也没有注意解释者的主观性，因此它是违背规律的。语境既然是无限的，大家就有想象、恢复当时语境的可能，可以见仁见智，对"爱而不见"可以有几种理解。另外，语义不可能做到处处都解释得很清晰，权威的解释也带有猜测性。哲学的诠释学主张对文献进行解释里面有解释者的创造，这是一种不由自主的思维和行为。一首浅近通俗的诗，你给一个外国学生讲的时候，诗的语境你要尽可能复原它，但你不可能完全复原；再加上语义的不可解性，诗有言外之意，你表达不了全部，其中还有主观的领会，你的和别人的可能就不一样。有一次我和在座的一位聊，说读诗要用心领会。幼儿园的娃娃都会读"床前明月光，疑是地上霜。举头望明月，低头思故乡。"写的什么季节？秋季。因为屋子外面有霜，他才把屋里地上的月光和霜联系起来，而当他"疑是地上霜"的时候，已经知道不是霜了，这个联想是季节带给他的，我想当他热得赤着膊扇着扇子的时候是不会联想到霜的。李白是站着、坐着，还是躺在床上的？他在屋子什么地方？我觉得是站在窗边。古代的窗子很小，在窗边举头可以望见明月，往里走两步就只能举头望屋顶了。干嘛举头望明月。低头思故乡啊？月是故乡明。每个月都有圆月，干嘛非在秋天想啊？中秋一过，绵绵秋雨就要下来了，寒风阵阵，天哪！这一年又要过去了。妻儿如何啊？父母怎样啊？思念！这是一。天冷了，围个小火炉，烧着米酒读着书，老婆在一边缝着衣服，这是最惬意的。可是我还漂流在外呢！古代的读书人最怕听到洗衣女在河边用棒槌洗衣服的声音，砧声让他联想很多很多。所以秋天最容易思乡。尽管我这样简要地解释了，但李白当时全部的心境，仍然不得而知。如果有相似的环境，有相似的文化涵养，有对父母、对爱人、对所有亲人的强烈思念，我相信有人在吟咏这首诗时是要流泪的，这一切都是训诂学要解决的，训诂学就是要沟通古今，经过了训诂学的熏陶和训练，就会养成这种不由自主的思维习惯。

　　哲学诠释学把前人的见解、权威见解和传统解释作为诠释的必要条件，强调要先理解作者的思想，然后用来解释难懂的地方，从思想上、心理上、时间上"设身处地"地体验作者的原意。哲学诠释学其实就是不自觉地向传统训诂学靠拢，可惜其泰斗——过去和当今的——不懂汉语的训诂学，否则他们是可以从东方汲取智慧的。有位著名诠释学家说，在阅读古书的时候，应该把古书看成有生命的，我们就是在延续它的生命。这个"生命"我体会有两个含义：其一，它是活生生的人类历史的记录，是鲜活的，即使它是纯写景的，它也包含着没有出现的人，实际是人的问题。苏轼的诗"横看成岭侧成峰，远近高低各不同。不识庐山真面目，只缘身在此山中。"大家都很熟悉，写得好啊！没写人吧？但他是在写一个人的感慨，就是苏轼自己。我看这首诗的前两句平平，所有山区都是

"横看成岭侧成峰，远近高低各不同。"除非孤零零一个山头。这首诗好在后两句，这是禅诗。你的本性被尘世间的各种欲望遮蔽了，不认识自己了，也认识不了事情的真相了，原因就在于身处凡尘滚滚的山中。诗里隐含了几个人呢？是1+N。"不识庐山真面目，只缘身在此山中"是指所有到庐山的人，也可以说是所有的世人，那个"1"是位头脑清醒的人，就是苏轼。他说出来"不识庐山真面目，只缘身在此山中"，就已经明白真面目了。我们读这首诗就要想到这里面有一群活生生的生命。同时还看到一个参透了人生和宇宙的诗人，只有他能够写出这首诗来。读到这个份上，才算是读懂了。这就是哲学的诠释学的长处，也是我们传统训诂学的长处。哲学诠释学和传统训诂学的差异在哪儿？

诠释学的大师之一伽达默尔说：

> 任何传承物在每一新的时代都面临新的问题和具有新的意义，因此我们必须重新理解，重新加以解释。传承物始终是通过不断更新的意义表现自己，这种意义就是对新问题的新回答，而新问题之所以产生，是因为在历史的过程中新的视域融合形成，而我们的解释从属于这一视域融合。

他的意思是每一代人对于前人的解释都是创造性的，都有新的内容，因为有人的主观性在，有新的语言环境，有新的观察事物的方法和水平。诠释学的核心问题是语义。当代诠释学家利科尔说：

> 解释是思想的工作，它在于于明显的意义里解读隐蔽的意义，在于展开暗含在文字意义中的意义层次。

概括地说就是，诠释学公开地、鲜明地提出"假注以述义"的宗旨，而训诂学则秉承孔夫子"述而不作"的精神，标榜的是只着眼于文献文本的书面。待到后世，尤其是"正义"之学，"疏不破注"已登峰造极。及至清代更达其巅。实则每一代注家无不利用作注阐述己见，即使唐代孔颖达等人，也并非老老实实地做十足的转述家。换言之，哲学诠释学和传统训诂学骨子里是相通的，虽然"宣言"有异，一个偏重于哲理，一个偏重于历史叙事。现在的我们则应主动地、自觉地沟通二者。

（二）训诂学吸收诠释学的营养。诠释学的一些主张应该为训诂学所借鉴。第一是注释的多元化，同一部典籍应该允许有多种不同的解释。第二是超越元典作者。今天我们解释《诗经》《尚书》，实际上应该超越它。传统的文艺理论有"形象大于思维"、"思维大于形象"的提法。形象是作家塑造的，越是塑造得鲜活，它所蕴涵的意义就越是能够超越作者最初的设想，即"形象大于思维"。"思维大于形象"是说读者在读这本书、看这部电影的时候，对于书中形象的联想、评判又超越了书中、屏幕上的形象。我想，也可以用这个道理说明超越元典的意思"静女其姝，俟我于城隅。爱而不见，搔首踟蹰"。本来就是一首情歌，表现了现实的情景，传唱了。而后人从中还读到了现代所缺乏的古朴纯真，这就超越了原典作者和编者（孔子）。同时，要体验原语境、思想、感情、言外之意。这个时候除了形象思维，还应该适当地思辨，特别是涉及到伦理、道德、价值这些东西的时候，要有思辨。这种思辨不是空想，不是西方思维的纯逻辑推理，而是根据大量的材料和自己的感受进行的综合分析。第三要分开来看待前人的见解、权威的见解、传统的解释，前人的见解即张三李四怎么看的，权威的见解有两个要素，第一是合理的、被认可的。合理的不一定是被认可的，被认可的不一定是合理的。比如说"望洋兴叹"的"望洋"是一个联绵词，因为在《庄子》里是以"望"字开头，于是汉语里就有了"望楼兴叹"、"望球兴叹"、"望票兴叹"，什么意思中国人全明白，被认可了。但是它不合理。第二是政权的力量。这两个要素常常是结合的。朱熹的《四书集注》被元、明、清定为科考课本，就是权威的。权威性解释也不一定始终是合理的，但政权力量在后，难以挑战传统的解释，就是人云亦云、代代相传的解释，传统解释不一定是权威的解释。

五　训诂学的工具、范围、目的与目标

这里的工具一词也是借自哲学术语，不是刀叉、计算机、投影仪，指的是进行这个工作的一些辅助手段和方法，包括文字、语言以及历史、文学、艺术、哲学（主要是吸取方法论、认识论）、人类学（含民族学）……的方法论、认识论。

它的范围就是一切传统文化文本。

它的目的是给出足以启迪当世与后世人们的解释（不限于语言文字）。

它的目标是什么？不是为了复古，古是复不了的。所以目标应该是理解当世，创造未来。要理解当世就要了解古代，了解古代文化的底层、文本蕴涵的精神，这是文化中最稳定、起决定性作用的。在这个基础上创造未来。狄尔泰说过："人是诠释学的动物"。的确，年轻的爸爸妈妈天天都在给宝宝的诠释，我们人与人之间谈话也是在诠释。"人依赖对过去遗产的诠释和过去遗留给他的公共世界的诠释来理解他自己"。用老子的话说，自知者明啊。狄尔泰还说："精神总是以愈来愈高的阶段重新发现自身。"我们今天对中华民族精神的认识，已经超过了宋明理学家和汉唐古文学家，因为知识不一样了，科学不一样了，眼光不一样了，我们是拿四大文明、九大文明、二十几大文明来对照的，知道并且正视自身的缺陷了，发现别的文明里有我们没有的，我们就要学，这些都属于诠释学的内容，所以我说搞训诂的，应该了解西方诠释学的状况、观点和前沿动态。我这里不是系统讲授训古学的具体知识，大家学习训诂学应该去听陈绂老师、朱小健老师的课，但是学训诂学就要了解它的范围、目的和最终的目标。训诂学不仅仅给你知识，也教给你方法，给你境界。

六　现状与展望

我就简单讲了。训诂学的现状，第一，名物训诂与义理训诂分解了。我在汪少华教授的著作《训诂十四讲》写的序里说，名物的考据重要不重要？重要。应该有一批专家终身从事这个领域的研究。但是，如果搞训诂学的人全部搞这个，不顾义理，就背离了训诂学的传统。也应该有一批人兼顾名物和义理，以名物训诂为基础，再去探讨义理训诂。即使我们不做，也要有一批史学家、哲学家，掌握了训诂，再去研究义理。

第二，训诂与经学远离。按说搞训诂学，就应该读经，即使不能读完"十三经"，也应该通读其中几部和其他经的若干篇章，而且要动手解释，要实践。解经不仅仅是一字一句的问题，更重要的是在于经典的思想和灵魂，现在距离这一起码条件还很远。

第三，训诂与文化脱节。这点也不用多说。请看当前古代题材的电视剧，起居坐卧、举手投足、说话，难得不出错。实在不忍心看下去。搞文化的人，在大学读新闻系、中文系、历史系的时候没有学过训诂，没认真读过古书，因此主要凭误解了的古书去演义和想象。这样下去，我们这个时代恐怕难有可以留给子孙的东西了。

第四，希望所在：培养复合人才。即受过训诂学的训练，能独立运用科学的方法解读典籍的史学家，民俗学家、文学家、哲学家等等；而专门从事训诂研究的人也兼通其他学科。我为什么主张各个大学都应该开设训诂学呢？就是要培养复合型人才。训诂学不仅仅是知识，更重要的是工具和方法。

第五，摆脱西方思维方法和学科分类。西方思维方法是二元对立的，我们是一分为二、合二为一的，只有一分为二没有合二为一就只有两端，没有中间，没有过渡，只有对立、斗争、分裂，没有妥协、存异、和谐。《老子》说："道生一，一生二，二生三，三生万物。"一生二就是二分，是由混沌的"一"中生成的"二"，二再生三，客观事物的那个"二"是少数，有"三"才有万物，才是多数。用在学术上，就是不要把学科分得太细，细了可能专，但你就不博了，路子就窄了，而且做不到兼收并蓄，到一定程度就深入不下去了。另外，我们的学科目录，几乎全是学的西方。西方没有文化学，我们也没有，现在国学热乎乎的，很多学生要考国学，不行，谁授予你学位啊！我们为什么不能设国学门呢？清华大学研究院，陈寅恪、梁启超他们做导师的时候，就有个国学门，国学是一个门类。可是看看西方国家，没有！看看苏联，也没有。于是我们也没有。这种情况能不能改变呢？

展望未来，要恢复弘扬训诂的汉唐传统；"五经"仍然是训诂重点但绝不能限于经书；要有宏观的视野胸怀；改革人才培养的模式；去掉殖民地心态和自卑。后两点我说明一下，应该采用讨论式，不要以为讨论式教学是西方的专利，我们古代的书院从来都是讨论式的，有案可稽。你看看《朱子语类》，朱熹经常和学生讨论问题。书院定期或不定期，由教授讲自己的见解，但对学生们的见解并不评定是非。古代很多大学问家、重臣，就出自书院。培养模式要多样，大课是必要的，同学们讨论也是必要的，同学老师一块儿聊天，喝点儿啤酒是必要的。所胃去掉殖民地心态和自卑，首先是堂堂正正地宣称训诂学是语文学，是极有用的工具课，认为训诂学没有理论，应该"现代化"，搞这论那论，大可不必。这个问题不解决，训诂学振兴不了，传统文化的研究繁荣不了，持久不了。外国的东西，一定得吸取，有一点好处就拿来。但是思考、研究的方法，一定要走我们自己的路子，因为我们面对的是中国的语言、中国的语境、中国古代的语境。有了这样宏观的视野和胸怀，才能去掉殖民地心态和自卑。

结　　语

但是，"甚矣，吾衰矣！久矣，吾不复梦见周公！"昨天晚上，我老伴还在提醒我，今天中午，我出门穿衣服的时候，家里小阿姨说"我们得告诉爷爷，再过八个月，他就七十二了。"那么怎么办？"后生可畏，焉知来者之不如今也？"希望在于你们，在于你们的学生。历史的规律决定了，文化的规律决定了，中国的文化，一定会昌明，一定会传播到全世界，而在传播当中，第一关、钥匙，就在我们手中，这就是训诂学，是在今天的视野下我们发展的训诂学，而不是乾嘉的克隆，也不是汉唐的再生，我们应该高于前人，为现实服务，为未来服务。

小学与儒学[※]

今天的这个报告的侧重点或曰实质是学术与人生的关系。中国传统的人文学问，不论是儒学、佛学还是道学，它们共同的特点是不仅限于做从文献到文献的纸面文章，而是强调知行合一。这种学术传统的最优秀代表就是孔子，他怎么说就怎么做。《论语》这部书迄今为止已经被翻译成了几十种文字（最早的翻译距今已有三百多年），而且仍然在继续增加新的译本。孔子让外国学者所钦佩的一个地方就是《论语》不是一部说教的书。《论语》记录了很多孔子日常生活的言行，甚至连孔子怎样站立、行走都有描述。当把这些只言片语的描述综合起来时，我们就可以想象出生活在2500年前的孔子是如何生活和做人的。不仅孔子，他之后的儒学大家几乎都是这样。公元的上一个千年，绝大多数宋明理学家也都是先有切身体验，然后才笔之于书的。其他如佛家、道家也是这样。《说文·示部》："礼，履也。"这是声训，许慎这里强调"礼"的特征就在于"履行"、在于实践。正是本着这种教训，在学习儒学、佛学和道学的时候，我也重视体验，不仅是面对着书本去体验，更重要的是，学到了东西我就要去努力实践，哪怕做得不够好，但还是要尽力去做。也是出于自己这样的体验，反观小学、儒学的研究历程、发展状况，我觉得有很多东西值得我们去反思。今天所讲的就是我个人反思的结果。

[※] 2010年5月13日在北京师范大学的演讲。本题目曾于4月21日在山东大学儒学高等研究院成立大会之后的学术报告会上作过简要的演讲。

一 何谓"小学"?

关于"小学",我曾经在汉语文化学院的课堂上多次讲过。今天讲的和以前略有不同:以前举例都是一个词、一句话,但今天用的是一段完整的小文章。这里我有意回避了儒学的一些关键性概念,比如"仁"、"义"、"礼"、"智"、"信"。对于这些概念,中外学者存有很多不同的理解。讲,容易引起争议。避开这些概念来讲儒家经典,既可以避免争论,又可能发他人所未发,更容易有说服力。

"小学",简单地说就是文字、音韵、训诂之学。黄季刚先生云:"小学者,中国语言文字之学也。"(黄侃讲,黄焯记《训诂学笔记》)虽然时间已经过去了七十年,但是黄侃先生的这一论断却显得越来越有意义。黄先生这里除了说"小学"是语言文字之学,还强调了"中国"两个字,这就和西方的语言学不同了。在我所访问过的台湾的大学里,几乎没有"语言学概论"这门课,一般只有不定期的学术报告来向大家介绍西方语言学研究的最新进展,但是文字音韵训诂却是必修课,而且是中文系、历史系、哲学系都要开课。我觉得台湾的做法可能和黄侃先生的理想更为接近。"小学",在周代是贵族子弟童蒙所学,是相对"大学"而言的,所以被称为"小学"。在自然科学还不发达的古代,所谓"大学"就是"在明明德,在亲民,在止于至善"的学问,自然科学技术则包括在孔子所传的"六艺"里,即所谓"礼、乐、射、御、书、数"。比如"御",其实就相当于今天的开私家车。关于"御"的具体描绘,见于《左传》,那是非常不易掌握的技术。"小学"呢?说白了就是识字。识字不能死记硬背,要讲字音、字形、字义。这在当时是妇孺皆知的基本常识,但是现在连顶尖级的学者也不完全明白了。其实,类似的情况在顾炎武的《日知录》里就已经提到过了。粗浅的天文学常识,比如辨认星宿、日月运行的规律,当时连老婆婆都知道,现在要想知道得上天文系,而且还得学中国天文学史才能知道。可见,人类在不断前进的过程中某些方面是会倒退的。

因此,就小学的工具性而言,训诂是小学的核心和最终的归宿。黄侃先生说:"训诂学为小学之终结。文字、声韵为训诂之资粮,训诂为文字、声韵之蕲向。"(黄侃讲,黄焯记《训诂学笔记》)所谓"资粮",如同今天我们所说的资源、材料或工具。"蕲",求也;"蕲向"所要求的方向。也就是说,文字、音韵要为训诂服务,最后的归宿或者落脚点是训诂,是对古代文献的解读与诠释。

下面我们通过分析大家所熟悉的《孟子·离娄下》"齐人有一妻一妾"章来具体说明何为"小学"。这一章的全文如下(黑体字是要重点解释的内容):

齐人有一妻一妾而处室者。其良人出,则必**餍**酒食而后反。其妻问所与饮食者,则尽富贵也。其妻告其妾曰:"良人出则必**餍**酒肉而后反,问其与饮食者,尽富贵也,而未尝有显者来。吾将**瞷**良人之所之也。"**蚤**起,**施**从良人之所之,徧国中无与立谈者。卒之东郭墦间,之祭者,乞其余;不足,又顾而之他——此其为餍足之道也。其妻归,告其妾曰:"良人者,所仰望而终身也,今若此!"与其妾讪其良人,而相泣于中庭。而良人未知之也,**施施**从外来,骄其妻妾。由君子观之,则人之所以求富贵利达者,其妻妾不羞也而不相泣者,几希矣。

先串讲一遍。古代齐国有一家人,妻妾同室,"处室"强调的就是这一点。"良"就是后代的"郎",所谓"良人"相当于后世常说的"郎君"。女子称自己的对象或者丈夫为"良人"是出于对他的尊敬和爱戴。这位良人每次出门一定是吃肉喝酒饱饱地才回来。"餍"的原义是吃饱或者满足。两者之间是有关系的。吃饱了或者看多了,也就满足了,今天"厌烦"的"厌"就是这样引申发展来的。妻子问他都与什么人一起吃饭,良人回答说全是有钱有势的人。为什么是"妻"问而不是"妾"问?因为在家里"妻"的地位高于"妾"。妻子这时候告诉妾,她要"瞷"她们的丈夫所去的地方。究竟怎么个"瞷",以后再说。这里用了一个上对下的"告",而不是"语",同样凸显了妻和妾的不同地位。为什么要去"瞷"自己的"良人"呢?因为虽然丈夫是这么回答的,但是从来就没有一个有地位的人到访,于是妻子就怀疑了。

跳蚤的"蚤",放回到它自己的语族、词族里联系不起来,在具体的上下文中讲不通,也没有书证。这种条件下,我们就可以判断"蚤"在这儿可能是假借。在这里,"蚤"假借为早晨的"早"。"施从良人之所之"的"施"读若"迤迤"之"迤"。第二天早晨，妻子就跟着丈夫去了。跟着的样子是"施"，究竟是怎么跟着，下文再谈。从城市的这头走到那头，但是整个城市里就没有一个人站着跟那位齐人说话的。"国"不是现在说的"中国"、"美国"的"国"，指的是城市。"卒"，最后；"郭"，城墙外再建一圈城墙，是谓之"郭"；"墦"，坟头。这里又涉及到训诂问题了。"郭"是外层的城墙，文物出土的那个"椁"是在外层的棺材；"郭"大于在内的"城"，所以"廓"也是"大"。坟头是平整的土地上向外突出来一个土包，所以"墦"的特点也是从一个中心点向外扩散，"蕃"是向外滋长。这些都是音义相通的现象。最后，妻子跟着丈夫走到东城外了，这位丈夫到祭祀的人那里去乞讨，乞讨祭祀剩下来的酒肉，不够，再到另一位祭祀者那里去要。"之"，去；"他"，别的、别人。为什么是"乞其余"？按照古代的礼，祭祀是祭鬼而人吃，为的是分享祖先赐予的福分。比如，周天子祭祀祖庙，祭祀完撤下来的肉称为"胙"。天子用快马把"胙"分送给诸侯，这是一种很重要的礼遇。祭祀的物品一般都比较多，分不完，这位齐人就去讨要人家剩下的东西——原来他吃饱喝足的办法就是这个。妻子知道了真相，回来就告诉妾说，郎君是我们敬畏并且一辈子指靠的人，现在却是这个样子！妻、妾两个人就在院子里说丈夫的不好，为自己的不幸面对面地抹眼泪。"庭"是院子，"中庭"就是院子里。"讪"字也是下面再讲。注意，孟子这里说妻妾"相泣于中庭"，为什么不是"室"内或者"堂"上。古人的房子，"室"前有"堂"，"堂"前有"阶"，最外边是"门"，中间是"庭"。大家设想一下当时的情景。妻子是在丈夫不知情的情况下跟踪丈夫的，发现丈夫就是靠乞讨吃饱喝足，其实毫无本事、可怜兮兮，妻子是什么心情？失望、怨恨、痛苦，等等，恐怕都有。于是，急急忙忙往回跑，进门就喊妾，妾赶快跑出来，看是怎么回事。两个人应该是在院子里碰上，然后哭诉自己的不幸。用了"中庭"，显得很生动，而且也和下面"良人"回来的情景结合得更紧密了。那位齐人是随后进门的。他并不知道自己的妻妾已经知道了真相，还是"迤迤"地从外面进来，在她们面前吹牛耍威风。究竟是怎样的"迤迤"，也是下面再讲。大家可以想象，当时的场面会是多么尴尬！"以君子观之"以下是孟子所要说的意思。"所以"，用来干什么的工具、手段；"富"，有钱；"贵"，有地位；"达"，前程坦荡；"几希"，少。孟子是说现在人们用来求富贵利达的那些手段方法，不让他们自己的妻妾不害羞不相泣的，实在太少了。这是孟子讲这段故事的立意之所在，他要抨击战国时代大多数求官、求富贵的人用的都是那些不正当手段、不能登大雅之堂的办法。这个立意就是义理，就是儒学了，刚才那些字词考证都是小学。

现在按照顺序重点讲加黑的字词。

"瞷"①，东汉赵岐《孟子章句》："妻疑其诈，故欲视其所之。"他是用"视"注"瞷"。阮元《孟子注疏校勘记》："宋九经本、岳本、咸淳衢州本、韩本、考文古本同。监、毛二本'瞷'作'瞯'。……盖此正与《滕文公》篇'阳货瞰孔子'同。字音勘，讹为瞷……非也。"阮元这里说"瞷"字不对，应该做"瞯"，其实"瞷"、"瞯"古音可以相通，韵相同，纽都是舌根音。

"瞷"字在《孟子·离娄下》还出现过：

储子曰："王使人瞷/瞯夫子，果有以异于人乎？"孟子曰："何以异于人哉？尧舜与人同耳。"

赵岐《孟子章句》："瞷，视也。"和"吾将瞷良人之所之也"的注释相同。朱熹《孟子集注》："瞷，窃视也"，就是偷着看，加一个"窃"字，比赵岐注的情态更具体一些了。但"瞷"究竟是怎样的"窃视"，我们还不清楚。

《说文·目部》："瞷，戴目也。从目，閒声。江淮之间谓眄曰瞷。"

《说文·目部》："眄，目偏合也。从目，丏声。一曰，邪视也。秦语。"

又《尔雅·释畜》："马一目白，瞷。"

所谓"秦语"，指的是甘陕一带的方言。这里可以知道，在汉代，语言的差别已经产生，江淮和甘陕就已经分化明显了。

现在我们回来看《孟子》原文，究竟什么是"吾将瞷良人之所之"。

---

① 也作"瞯"，为瞷之俗写。

在孟子的时代，男女的社会地位和现在不一样，女孩子也没现在这么有豪气。那位齐人的妻子并不是明目张胆地跟着自己的丈夫，而是和妾小声咬耳朵，说明天她要偷偷跟着丈夫去考察一下。偷着看是什么样子呢？大概有两种。一种是门开着，有缝隙，偷看时得眯起眼睛来，这样才能看清楚。另外一种是斜着眼睛，用余光瞟着看。所谓"戴目"，我的理解就是垂下眼睑眯起眼睛来看，属于第一种看。"马一目白"，其实就是马一只眼有白内障或者是雀蒙眼。这样的马要看前方，就必须侧着头斜看。这是第二种看。"瞷"的这种情态在字形上也有体现。所谓"閒"，是两扇门，门缝里能透过月光来，因此有缝隙、间隔、间谍的意思，而且还引申出了量词的用法。"瞷"从"閒"派生出来，就是偷看别人的漏洞，具体情态要把上面说的那些情态串联起来看才能确定。大家试着想象一下，"良人"走在大街上，妻子要跟踪他，就不可能大摇大摆地在后边跟着走，她得躲在墙或者树之类的障碍物后面偷偷地观察。这时候她是不是得眯起眼来看？或者是用墙挡住自己的身体露出半边脸用一只眼睛看？这就是"瞷"或"䀪"的具体情态。

"施从良人之所之"，赵岐《孟子章句》："施者，邪施而行，不欲使良人觉也。"又于"施施从外来"下注云："施施，犹扁扁，喜悦之貌。"

朱熹《集注》于"施从良人之所之"下无注，于"施施从外来"下注云："施，音迤，又音易。……施施，喜悦自得之貌。"

和赵岐注比，朱熹只不过多加了"自得"两个字，但是加得极好。"喜悦"的高兴是外在的，一看便知，但是"自得"则是内在的，只有"良人"自己才知道。朱熹的注释恰恰是把良人的内心世界挖掘出来了。但是关键问题依然没有解决：为什么"施施"是"喜悦自得之貌"？焦循《孟子正义》疏云："按《毛诗·王风·丘中有麻》传云：'施施，难进之意。'笺云：'施施，舒行伺间，独来见己之貌。'"我们看一下《毛诗》的原文：

> 丘中有麻，彼留子嗟。彼留子嗟，将其来施施。（留，氏。子嗟，字）
>
> 丘中有麦，彼留子国。彼留子国，将其来食。（子国，子嗟之父）
>
> 丘中有李，彼留之子。彼留之子，贻我佩玖。

"小序"云:"《丘中有麻》,思贤也。庄王不明,贤人放逐,国人思之而作是诗也。""小序"不可信,但是从中可以知道是盼着某个人来,"施施"是一种美好的形象。

又《召南·葛覃》:"葛之覃兮,施于中谷,维叶萋萋。"《毛传》云:"施,移也。"这个"移"不是移动,而是指蔓生的形象。

以上这些解释还是没有说明为什么"施"是斜着走,也没有解释"施施"是一种怎样的"喜悦自得之貌"。再看《说文》。

《说文·㫃部》:"施,旗旖施也。从㫃,也声。晋栾施字子旗。知'施'者旗也。"①

所谓"㫃",《说文》云:"旌旗之游,㫃蹇之貌。……古人名㫃,字子游。"

古人的名和字是相对应的,因此许慎可以根据古人的名、字来证明"施"的意思跟旗帜有关、"㫃"是"旌旗之游"。

古代的旗子是竖长的,为的是减少风的阻力。为了让旗子显得明显,就给它加上飘带。这种飘带谓之"游"。旗子和飘带在风中怎么飘动呢?是不是曲曲弯弯的,很像蛇爬行时的状态?这种弯曲的样子就是所谓的"旗旖施",就是"施"。

所谓"施从良人之所之",就是当妻子跟踪"良人"的时候,为了不被他发现,妻子需要"斜行"。这种"斜行"并不是一直斜着走,而是走在路上不断地移动躲闪。比如,这边有棵树,赶快躲在后边,然后过一会儿,又急忙跑着躲到一个墙角后面去。整个行动的路径是弯弯曲曲的,就像在风中飘动的旌旗一样。而"施施从外来"的"施施"怎么又是"喜悦自得之貌"呢?难道"良人"是跟蛇一样弯弯曲曲地走回来的?当然不是。大家知道,古代上层人穿的衣服都是宽袍大袖,不是普通劳动者穿的那种短衣服。既然这位齐人打着经常和上层人物在一起的牌子,他就得把自己打扮得像个上等人。衣服的底襟很大,袖子很宽,走起路来,衣服的形象是飘飘摇摇的,是"旗旖施"的形象。大家可以想象一下京戏舞台上的二花脸。他洋洋自得的时候并不是像正经人那样规规矩矩地走,他

---

① 此依段玉裁《说文解字注》,大徐本《说文》文字稍异。

的衣服袖子是甩来甩去的，是"旖施"的，腰也是摇摇摆摆的。以前文学作品形容女孩子体态婀娜灵活，用"水蛇腰"这样一个词。二花脸高兴的时候也是"水蛇腰"的样子。这在女孩子可能是漂亮，要是男人就不好看了。孟子只用了一个"施施"，就把"良人"那种洋洋自得、恬不知耻的丑态给鲜活地勾勒出来了，很妙，很辛辣。

现在"施"和"施施"的具体情态弄清楚了，但是为什么它们会有这样的意义呢？因为它们的音和义都来源于"也"。

《说文·乁部》："也，女阴也"。有的甲骨文家否定这种说法，认为"也"应该是"匜"的初文，是一种"浇水洗手的器皿"。其实《说文》并没错，"匜"之名字就是根据女阴取的，因为它的功能和形状跟女阴一样。后来，字形分化了，加上"匚"变成了"匜"。从"也"字的本义出发，以它为声旁的字，或者字形不同但仍然是从它这里衍生出来的字，一般都含有一个共同的意义特征。这个特征就是细流状的、弯弯曲曲的形象。看几个例子：

"池"。现代人对"池"的第一感觉可能是长方形的游泳池，但是"池"的本义是"护城河"。所谓"城门失火，殃及池鱼"，"池鱼"就是护城河里的鱼。护城河又是什么形状呢？城墙并不一定十分规则，所以护城河也是弯弯曲曲的，形状就像蛇的爬行一样。

"地"。大地是上下起伏的。

"袘"（袉）。衣缘，衣服的边儿。不论是古人的宽衣博带，还是今人穿的西装，它们的边儿都是弯曲的。

"弛"。所谓"文武之道，一张一弛"，其中"张"是把弓弦绷紧，"弛"则是把弦松下来。松下来的弓弦也是一条弯曲的线的形状。

"驰"。如果没有缰绳的控制，马恐怕也不会按着直线跑，尤其是受惊的马群，它是一会儿向那边一会儿向这边，还是个弯弯曲曲的形象。

"蛇"。"蛇"的声符"它"是个象形字，画的就是一条蛇的形象。"它"、"也"古同音，在上古，韵部均属歌部，纽都是舌头音。"蛇"之所以叫"蛇"，也是因为它爬行时是弯弯曲曲的。

最后看"讪其良人"的"讪"。

《说文·言部》：
讪，谤也。

诽，谤也。

谤，毁也。

这是"递训"，可以改成一个"同训"形式：讪、诽、谤，毁也。这三个词到底有没有区别？如果有，是什么样的区别？《说文》没给我们解决。不是《说文》不细腻、不完善，而是在许慎的时代，这样解释就足以让人明白了。

段玉裁《说文解字注·言部》："谤之言旁也。旁，溥也，大言之过其实。""谤"从"旁"声，"旁"从"方"得声。"方"，《说文》训"并船也"。古代的船是齐头的，两船相并近乎正方形，面积很大。因此，从"方"派生的词语有两个意义系列："并"和"大"。"旁"就是"大"。从声音的角度出发，"甫"的意思是大，男子以高大为美。"甫"又通"父"，是尊称。"浦"，是岸边半水半陆地方，可以看作河道的扩大。末代皇帝溥仪的"溥"也是"大"的意思。"普"的原义是阳光所照。但是字词的意义引申越远，原来的意义特征会越弱，甚至消失。这时候，人们往往就察觉不到它的存在了，小学家、训诂学家的任务就是要把这种被人们遗忘的意义特征开掘出来。按段玉裁的意思，所谓"谤"就是大言之过其实。

朱骏声《说文通训定声》："大言曰谤；微言曰诽，曰讥。""几"不是茶几的"几"，而是"幾微"的"幾"，就是事物发生的最早的征兆。"幾"很微小，极不容易察觉。"诽"也是微小的，"诽"、"微"声音相通。

《汉书·外戚传》载有汉武帝做的诗："是邪？非邪？立而望之，偏何姗姗其来迟？"颜师古注："姗姗，行貌。"又《汉书·诸侯王表》："（秦）因矜其所习，自任私知，姗笑三代，荡灭古法……"颜师古注："姗，古讪字也。讪，谤也。"是讪、姗互通之证。武帝这首诗写的是他热切地盼着自己死去的李夫人到来，可是幻象中李夫人走得很慢，所以武帝很着急，"偏何姗姗其来迟？"根据这个语境，我们可以知道"姗姗"是一种缓慢低速行走的样子。既然讪、姗互通，我们就可以推论，"讪"是一种低速地或者低声的批评。

通过分析，我们可以知道"讪"近于"诽"而远于"谤"。放到具体语境里，"讪其良人"就不是妻和妾激烈地批评、甚至诅咒自己的丈夫，而是小声地，甚至是无奈地述说"良人"的不是。这切合战国时代已经趋于男尊女卑的社会实际。只有这样，孟子写的故事才会被时人相信；也只有这样，故事所蕴涵的思想才能得以传播。

现在我把上面的内容归结为如下几点：

1. 训诂明，"经"义乃明。这里的"经"实指全部文献，不仅仅指儒家经典，所以加了引号。这个"经"义，还需要读者自己去体会。孟子讲这个故事有他的目的，他是批判战国时代那些求富贵利达者的丑态。这是"经"义，它直指当时的世道人心！如果读了《孟子》这章之后，只是知道"施从良人之所之"是齐人的妻子斜行尾随着她丈夫，"施施从外来"是那个齐人很得意地回来，当然也算能够理解。但是当我们运用了训诂的方法追其源、得其所以然之后，再去读这一章，那当时的场景就全活了。这时候一转，再拿它来说社会现象，我们对社会上一些人的精神状态会认识得更深刻一些。虽然孟子说的是战国时代，但他所批评的现象，在全世界各个时代的各个国家，从来就没有绝种过！比如，某贪官被揭出来之后，大家才知道他是究竟是个什么样子。他可能先是偷偷地在哪儿集资20万，给什么人送去，然后再求谁给他弄辆车，又给什么人送去，于是他从副职提到正职了。回到家，跟自己的老婆孩子说：告诉你们好消息，组织上下文儿了，我已经是正职了。噢！全家都高兴，都用崇拜的眼光看他。有这种事情吧？但是我描写得远没有孟子生动，就是一个"施从良人之所之"、一个"施施从外来"，就把这种人的心理面貌勾勒得这么生动！我们怎么知道这些？因为我们用了训诂的工具和方法，所以训诂学重要啊！当然，要学好训诂学、掌握训诂学，需要下苦功，不是听一两堂课就可以解决的。

2. 古人思想之细微处，俱隐含于情貌之中。妻妾、良人的内心世界是通过他们具体的动作、表情、声调表现出来的。前人近古、习古，容易得古语的情貌，而今天的人则需要仔细探究才能得到。因此，对于古人的研究成果，我们要给以充分的尊重。

3. 训诂需要以文字、音韵为其羽翼。

4. 语言有它自己的生命，需要究其语境。这种生命就活在当时说话人、写作人的语境当中。因此，要体会语言的生命，把语言活鲜鲜的那一面开掘出来，我们就需要适当地、尽力地恢复当时的语境。我们要设身处地地设想自己是在和文献中所写的人物或者作者对话。这里有一个困难，就是语境一经消失，就不可能完全恢复，而且在尽力恢复语境时，不同的读者又会带有自己的主观。因此对古代文献（就是这里所说的"经"）的诠释，就是在这样一种条件下向前发展的。

5. 训诂明，也需要"经"义明。"经"义是训诂所需语境的一部分，二者是相互依赖、相互促进的关系。"经"义如何能明？一定要熟读、细读文献。我个人认为，读书可以分为三个档次：浏览、一般阅读和精读。如果不是这样，大概会有两种结果：只能读那么几本书或者读书虽多却不得要领。"经"义明了之后，反过来，再用文字、音韵、训诂的工具去解剖文献、挖掘情貌，就会更加深刻地理解古人的思想。

二　"小学"与典籍传承共生共长

应该说，"小学"（或称文献阐释之学）和典籍的传承在汉、唐、宋是一脉相承的，二者密切结合、不可分割。

在汉代，突出的现象是今、古文之争。尽管今、古文家对于"五经"的解释有巨大的差异，但是他们的目标或者打的旗号都是要把"五经"的含义阐释清楚，只不过这两派对"经"义的理解不同、运用的方法不同而已。

唐代集南北经学之大成，其代表是《五经正义》。唐朝的经学阐释没有丢掉今、古文经学所追求的经义，所谓"义疏之学"仍然是要阐明义理的。在这里需要注意一个问题。当时的科举考试关注的是如何造就人才、选拔人才，但是社会上更多的是关注儒学的"道统"问题。韩愈就坚持说他自己继承了孔孟的道统，但是由于当时唐代社会的基本面更注重文学、艺术，对于哲学等注意不够，韩愈自己也偏重文学，所以他的成就和影响都不大。

宋儒以阐发圣人之旨为己任，突出的是"四书"，离"五经"远了，对"经"义的阐发开始占主导地位，而儒家一向重视的"礼"、"乐"和历史则被忽略了。应该说，称宋明理学为"新儒学"不存在重大问题，但是说它全面继承、发展了儒家学说，则是不适当的。这里必须提醒大家注意的是，早期理学家和他们所作的经注，比如像二程和朱熹，对《周易》和《诗经》等的注释，包括他们的语录，都是非常重视训诂的。为了说明这个问题，我们看一些实例。如《诗经·郑风·狡童》：

彼狡童兮，不与我言兮。维子之故，使我不能餐兮。
　　彼狡童兮，不与我食兮。维子之故，使我不能息兮。

"小序"：《狡童》，"刺忽也。不能与贤人图事，权臣擅命也。"郑玄《笺》："权臣擅命，祭仲专也。"朱熹《诗经集传》："此亦淫女见绝而戏人之辞。言悦己者众，子虽见绝，未至于使我不能餐也。"

郑公子忽与突争国和祭仲专权事俱见于《左传》，《毛传》的"小序"和郑笺都认为《狡童》写的是郑国公室权力斗争的史事，但是朱熹却认为说的是男女之间的爱情。考之本文，朱传得其情实。

又《诗经·郑风·将仲子》：

　　将仲子兮，无逾我里，无折我树杞。岂敢爱之，畏我父母。仲可怀也，父母之言，亦可畏也。
　　将仲子兮，无逾我墙，无折我树桑。岂敢爱之，畏我诸兄。仲可怀也，诸兄之言，亦可畏也。
　　将仲子兮，无逾我园，无折我树檀。岂敢爱之，畏人之多言。仲可怀也，人之多言，亦可畏也。

"小序"：《将仲子》"刺庄公也。不胜其母，以害其弟。弟叔失道而公弗制，祭仲谏而公弗听，小不忍以致大乱焉。"郑笺："庄公之母，谓武姜，生庄公及弟叔段。段好勇而无礼，公不早为之所而使骄慢。"朱熹集传："莆田郑氏曰：'此淫奔者之辞。'"

郑庄公和共叔段的政治斗争亦见于《左传》。汉代的经学家同样是以史实解释《诗经》，但是朱熹则认为是爱情诗。再看《诗经·郑风·褰裳》：

　　子惠思我，褰裳涉溱。子不我思，岂无他人。狂童之狂也且。
　　子惠思我，褰裳涉洧。子不我思，岂无他士。狂童之狂也且。

"小序"：《褰裳》"思见正也。狂童恣行，国人思大国之正己也。"郑笺："狂童恣行，谓突与忽争国，更出更入而无大国正之。"朱熹《集传》："淫女语其所私者曰：'子惠然而思我，则将褰裳而涉溱以从子。子不我思，则岂无他人之可从，而必于子哉？'"汉儒解经每每以史实（实则为他们心中的孔子思想）比附原《诗》，实在不及朱熹认为是"淫奔之辞"来得平易贴切。

朱熹解《诗》何以能较汉儒更接近《诗经》的原貌呢？《朱子语类》卷八十一里有他的"自白"：

> 如此解经，尽是《诗序》悮人。郑忽如何做得狡童！若是狡童，自会托婚大国而借其助矣。谓之顽童可也。许多《郑风》，只是孔子一言断了，曰："郑声淫。"如《将仲子》，自是男女相与之辞，却干祭仲、共叔段甚事？如《褰裳》，自是男女相咎之辞，却干忽与突争国甚事？但以意推看狡童，便见所指是何人矣。不特《郑风》，《诗序》大率皆然。

要知道，朱熹是无限顶礼膜拜孔子的，但是在"诗序"的问题上，他有不同意见。结合着实例，他把三百篇"诗"的"小序"给基本否定了。朱熹又说："若《狡童》诗，本非是刺忽。才做刺忽，便费得无限杜撰说话。"对孔子以来的"诗教"进行了尖锐的批评。朱熹认为"郑风"中这些"诗"都是男女相悦之诗，并不是在歌颂或者讽刺后妃之德、昏庸之主之类的历史事实，这是他的伟大贡献。把这些"诗"称为"淫奔之辞"是朱熹的局限，因为现在我们知道，男女相爱，追求自由婚姻，这种现象在春秋及其以前的时代是很普遍的，甚至上古乱婚的实例也时有发生。另外，这里还有一个误解。首先，孔子说的是"郑声淫"，而不是"郑诗淫"。所谓"郑声"，指的应该是"郑风"乐调方面的特征，而不是歌词的内容。再者，所谓"淫"也并不是后世的"淫乱"或者"淫秽"之"淫"，而是"淫浸"之"淫"，意思是"过分"。孔子说"郑声淫"，强调的是"郑风"的音乐不雅、较之典雅的"古乐"过分了。"郑风"的音乐究竟如何过分，是节奏快、起伏大，还是装饰音多，现在已经不得而知了。孔子整理《诗经》的时候，并没有把"郑风"中的诗删掉，而且还把它们传授给了自己的三千弟子。如果孔子真的认为"郑风"中的诗都是"淫诗"，有碍教化，那他上述的做法就无法解释了。孔子更接近《诗经》的时代，能够理解那个时代的社会风俗，知道男女追求自由婚姻是当时的社会礼教所允许的。

诗歌主要是吟咏性情的，用来阐发义理并不完全适合。为了说明宋明理学的特点，再对比一下《论语》的注释。《为政》篇云：

> **子曰："吾十有五而志于学，三十而立，**何（晏）注：有所成也。**四十而不惑，**孔（安国）曰：不疑惑。**五十而知天命，**孔（安国）曰：知天命之始终。**六十而耳顺，**郑（玄）曰：耳闻其言而知其微旨。**七十而从心所欲，不逾矩。**马（融）曰：矩，法也。从心所欲，非无法。"

朱熹《论语集注》：

> **吾十有五而志于学，**古者十五而入大学。心之所之谓之志。此所谓学，即大学之道也。志乎此，则念念在此而为之不厌矣。**三十而立，**有以自立，则守之固而无所事志矣。**四十而不惑，**于事物之所当然，皆无所疑，则知极其精，而不惑又不足言矣。**五十而知天命，**天命，即天道之流行而赋于物者，乃事物所以当然之故也。知此则知其精，而不惑又不足言矣。**六十而耳顺，**声入心通，无所违逆，知之至，不思而得也。**七十而从心所欲，不逾矩。**从，随也。矩，法度之器，所以为方者也。随其心之所欲，而自不过于法度，安而行之，不勉而中也。

朱熹在"吾十有五而志于学"下强调"古者十五而入大学"，既没有考虑孔子是没落贵族的事实，也没有顾及孔子幼年丧父的经历。这些条件使孔子不大可能有机会进入"大学"去接受教育。孔子所谓的"志于学"就是立志于学，懂得为学的可贵了。认为"天命"就是"天道之流行而赋于物者，乃事物所以当然之故"，朱熹继承的是《周易》的思想，和今天我们一般人所说的"天命"很不相同。相对而言，朱熹的注释要比汉魏的古注更精到、更细致入微。这里可能有两方面的原因。首先，汉魏人近古，尽管他们能够领会"经"义，但是因为没有注释的必要，所以没有做注。其次，汉魏人重视的很可能不是儒家经典的义理。所谓"罢黜百家，独尊儒术"的"儒术"指的是以董仲舒为首的今文经学，"独尊儒术"不是要去开掘儒家核心的义理、观念，而是为了统治阶级更好地实施自己的统治。从这种意义上讲，宋明理学家认为自己超越汉唐、直承孔孟是有道理的。

  以朱熹为代表的宋儒何以能有这样的见解呢？除了讲求训诂、熟读"五经"、"四书"，宋代的疑古风气也起了非常重要的作用。朱熹曾经反复强调熟读本文以解读《诗经》，就是用这样的方法，他恢复了相当一批《诗》，尤其是"国风"中的诗的本来面貌。但是单靠训诂、玩味本文的方法是远远不够的。赵宋承唐代繁荣和五代大乱之后，文化学术的积累已经临近了突破的顶点，学术的巨大变革在即。唐人并不十分重视学术，他们更关注一般性文化的创造；中唐以至五代，武人秉政，纲常败坏。宋人反思历史，于是扛起儒家义理的大旗，要赓续道统、再建纲纪。另外，当时文人的地位很高，文禁相对宽松，知识分子有条件专心读书，自由发表意见。于是，在宋人那里就形成了一股疑古的风气。不论何种文献、何种学说，只要怀疑，天王老子也要研究研究。流行了几百年的古体诗、今体诗地位降低了，来自于民间的词却被提升成典雅的诗歌样式。这是宋人疑古精神在文学艺术上的表现。在学术上，宋人怀疑《古文尚书》是假的，这是非常大胆的，因为怀疑的对象是"经"。尽管宋人的很多怀疑后来被证明是不正确的，但是真正的学术就是从怀疑开始的。宋人的怀疑精神很值得肯定。

  "小学"和典籍的传承与阐释紧密结合、共生共长的状态，到了理学的末流遭到了破坏。早期理学家有远"五经"而承"四书"、重义理体悟而轻世功的倾向。这种倾向，到了理学的末流那里，就蜕变成了一种"空疏"，南宋以来仅知有朱（熹），晚明以来仅知有王（阳明）。而王氏学派因主知行合一，偏重于"行"，以至于后来连朱熹的书都不读了，所以顾炎武要批评他们空疏、误国。顾炎武《与施愚山书》（《亭林文集》卷四）："古之所谓理学，经学也，非数十年不能通也。……今之所谓理学，禅学也，不取之"五经"，而但资之语录，较诸帖括之文而尤易也。"

  所谓"帖括"，又称"时文"、"制艺"，就是八股文。又《日知录》卷七"夫子言性与天道"条："夫子述《六经》，后来者溺于训诂，未害也；濂洛言道学，后来者借以谈禅，则其害深矣。""溺"字很重要，能够反映顾炎武这位乾嘉学派奠基人对训诂的态度：训诂重要，但是不能"溺"，但是他认为即便是溺于训诂，也没有什么害处。相比之下，"濂洛言道学"而"后来者借以谈禅"的后果是空谈误国，害处就太大了。和顾炎武的意见一致，钱大昕在《经义杂识序》中说："自宋元以经义取士，守一先生之说，敷衍附会，并为一谈，而空疏不学者，皆得自名经师。间有读汉、唐注疏者，不以为俗，即以为异，其弊至明季而极矣。"所谓"一先生"指的就是朱熹。通过钱大昕的这段描述，宋明理学末流空疏的学风可见一斑。钱穆先生在《中国学术特性》中指出："尤其如阳明崛起，德行、政事、文学，可兼而有之。惟其单提'良知'，较之北宋理学为更狭。而政事、文学皆不免为其门徒王龙谿（按，指王畿）、王心斋（按，指王艮）之辈所淡置而忽视。于是不识字，不读书，端茶童子亦可为圣人，甚至满街皆可是圣人。"端茶童子可以是圣人，甚至满街都可以是圣人，这样的情形见于王阳明的语录和行状。不需要修养，只需要有一点"良知"，一个人就可以成为"圣人"，这就断绝了一般人成为君子、贤圣的道路。

这是只重视文献义理、不重训诂、不读经典，以至衍成"空疏"的一路，另一路则是小学的片面发展，其流弊是终成"支离"。

惩于明亡的历史教训，再加上文字狱的压迫，清代的大部分学者都钻进了"小学"的领域。只讲文字、音韵、训诂，而不言义理，于是就偏离了"经"义，走向另一个极端去了。这种趋势到了乾嘉的末流达到顶峰。这里举一个例子来说明问题。

《荀子·劝学》："君子博学而日叁省乎己，则知明而行无过矣。"杨倞注："叁，三也。曾子曰：'日叁省吾身。'"俞樾《诸子平议》："'省乎'二字，后人所加也。《荀子》原文盖作'君子博学而日叁己'。叁者，验也。……后人不得'叁'字之义，妄据《论语》'三省吾身'之文，增'省乎'二字，陋矣。《大戴记·劝学》篇作'君子博学如日叁己焉'。如、而古通用。无'省乎'二字，可据以订正。"俞樾先生有个特点，以求新奇为胜，这一条就是这样，但是这里他的证据不足。王引之的《经义述闻》卷十二云："家大人（按，指王念孙）曰：……（孔广森）释'叁己'，则曲为之词。'日叁己'，当从《荀子》作'日叁省乎己'。叁，读为三。《玉篇》曰：'己，身也。'即曾子所谓'日叁省吾身'也。今本脱"省乎"二字，则文不成义。……'知明'，承'博学'而言；'行无过',承'三省'而言。"王念孙是从文势、文例和版本的角度出发来推求训诂的。王先谦《荀子集解》:"《大戴记》一本作'君子博学如日叄己焉',与俞说同。孔氏广森云:'叄己者,学乎两端以己叄之。'(按,见孔著《大戴礼记补注》)一本作'而日叄省乎己焉',与《荀子》文同,此后人用《荀子》改《大戴记》也,荀书自作'而日叄省乎己'。'叄'、'三'义同。《群书治要》作'而日三省乎己',易'叄'为'三',是本文有'省乎'二字之明证,与杨注义合。俞说非。"

我个人认为,王先谦的结论是可以作为定论的。俞樾先生这一条没有考虑到两个事实:第一,"日叄省乎吾身"作为格言熟语早已广为传颂;第二,重视内心反省以达到自我道德的提升是儒家最根本的观念之一,而这句话恰恰体现了这种观念。从这个例子我们可以看出来,到了清朝的乾嘉时代,特别乾嘉以后,学者们就只是在字句上争来争去,而且常常为了求新求胜而运用孤证来证明问题。而王先谦承乾嘉汉学全盛之后,在宋学开始复兴的时代条件下,又开始向"经"义靠拢,因此他才能得出一个让人更加信服的结论。

乾嘉学者脱离"经"义、只就字句进行训诂校勘的做法很早就遭到了一些学者的批评。陈澧《汉儒通义自序》及《东塾读书记·自述》就说:汉儒善言义理,无异于宋儒。宋儒讥汉儒讲训诂而不及义理,非也;近儒尊崇汉儒,发明训诂而不讲义理,亦非也。①

所谓"近儒"指的就是乾嘉汉学一派的考据家。陈澧批评乾嘉学者走向极端,但是对于宋朝人讽刺汉朝人不讲义理,他也不同意。他又指出:"盖百年以来讲经学者训释甚精,考据甚博,而绝不发明义理以警觉世人,此世道所以衰乱也。"(陈澧:《陈兰甫先生澧遗稿》,《岭南学报》第2卷第3期)可以这样理解,陈澧是在呼唤一种新的学术:治古代典籍的人既要注重典籍本身,又要以学术为基础,通过自己的言行去影响社会、警觉世人;既要有精博的训诂,又要阐发深刻的义理。钱穆《朱子学提纲》二十六《朱子之经学》(《朱子新学案》):"清儒则一意考古,

---

① 《汉儒通义自序》:"汉儒说经,释训诂、明义理,无所偏尚,宋儒讥汉儒讲训诂而不及义理,非也。近儒尊崇汉学,发明训诂,可谓盛矣。"又《东塾读书记·自述》:"汉儒善言义理,无异于宋儒。宋儒轻蔑汉儒者,非也。近儒尊崇汉儒,而不讲义理,亦非也。"

仅辨名物，不言应用。"又《中国近三百年学术史》第十章又说："考证之学，至惠、戴已臻全盛，而弊亦不胜焉。"我个人认为钱宾四先生的这些批评是很中肯的。这是后人的批评。现在，我们回过头来看乾嘉的巨擘、戴东原的两大弟子之一的段玉裁的看法。因为是乾嘉学术的"当事人"，所以段氏这些"自白"性质的论述可能更有价值。段玉裁《戴东原集序》：

> 先生之言曰："六书、九数等事，如轿夫然，所以舁轿中人也。以六书、九数等事尽我，是犹误认轿夫为轿中人也。"又尝与玉裁书曰："仆生平著述之大，以《孟子字义疏证》为第一，所以正人心也。"

这里所谓"六书"就是文字学等"小学"一类的学问。戴震的意思是说，"小学"、"数学"全是给人抬轿子的，如果大家把文字、音韵、训诂、校勘看成天底下最大的事情，全都从事这种研究，不管"经"义，不关心社会，那就把抬轿子的错当成轿子中人了。戴震说他自己其他的小学著作都是抬轿子的，真正于世有用的是《孟子字义疏证》。《孟子字义疏证》是清代理学或者说哲学的一部重要著作，在中国哲学史上占有重要地位。再看段玉裁的《博陵尹师所赐〈朱子小学〉恭跋》：

> 癸亥，先君子见背，今又七年所矣。归里而后，人事纷糅，所读之书，又喜言训诂考核，寻其枝叶，略其本根，老大无成，追悔已晚。（《经韵楼集》卷八）

所谓"七年所"，就是七年许、七年左右。段玉裁说他归里之后，就一头扎进文字、音韵、训诂里面，老了才明白，这些都是抬轿子的。作为一个知识分子、一个"士人"，应该做到训诂和义理兼顾，应该追寻工具，但更重要的是求"道"，做有益于世、以正人心的研究。

再看许宗彦的《学说篇》：

> 考证、训诂、名物，不务高远，是知有下学，不知有上达，其究琐屑散乱。（《鉴止水斋文集》卷十四）

"下学而上达"是《论语》里的话,这里许氏有他自己的理解。所谓"下学",下位之学;"上达",上达"天理",上达"仁义"。只知求"下学",不知求"上达",弄得全是一堆没有串起来的散钱。章学诚《与陈鉴亭论学》:"著作本乎学问,而近人所谓学问,则以《尔雅》名物、六书训故谓足尽经世之大业,虽以周、程义理,韩、欧文辞,不难一映置之。"(《章氏遗书》卷九)这也是一种批评,说乾嘉汉学只知道名物考据是学问,不知道"周、程义理"和"韩、欧文辞"是更大的学问。

综合上面的引证和分析,我做如下几点总结:

三 结语

1. 欲弘扬传统,即需阅读典籍;欲阅读典籍,即需掌握"小学",尤其是训诂。

2. 不读典籍,不讲训诂而谈文化,乃是在架空中楼阁。

这一点简单说明一下。说句不客气的话,现在我们关于儒学、文化方面的书很多,但是问题不少,甚至有的书不忍卒读,因为开卷即错。这当然是部分现象,但是如果任其发展,不重视训诂与义理的结合,我们复兴儒学、弘扬传统文化的事业很可能就会受到社会的谴责,从而夭折、中断。事关重大,一定要引起高度重视。

3. 训诂为解释而生,典籍之内涵为之本,不可舍本逐末。

4. 为训诂而训诂,亦犹赞好箭而不射,于身于民于国皆无益。

5. 事物繁多,所取异趣,环境各异,术有专攻,不可强一。就学术总体言,应本末兼顾;论及个人,则各由所好,各有所长。

6. 今之"小学",皆纳入西方语言学领域,且一味仿效西学之学术分类、研究宗旨、分析方法,知往而忘复,遂难免段茂堂之憾。

文艺复兴之后,欧美国家的学科分类很好地推动了世界科技的进步,做出了自己的历史贡献。但是时间过去几百年了,再这样发展下去,造成的结果很可能就是:虽然谁都可以成专家,但是谁都不会综合、不知应用。现在我们的学术也受到了欧美国家的分科的影响,这一点在我们大陆的语言学界尤其严重。先是文、理要分开,然后文、史、哲分得很细。文里面呢?文和语又分得很细,国内国外也分开了。语还要分成汉语史和语言学,汉语史里还要包括文字学、音韵学、训诂学三个不同的方向。搞音韵的又分是研究上古音、中古音，还是近代音，还是研究方言。文字学，是研究甲骨、金文、战国简册，还是小篆，或者后来的隶、楷，还是研究文字的规范。一个人一辈子就干这么一小块儿！这不能怪我们的学者，是我们学西方知往而忘复了。今天我们没有"国学"这样一个门类，也是仿照欧美学科分科造成的结果啊。段玉裁的教训明明白白地写在那里，这是他个人的经验，那么作为一个国家，我们应该怎么做？需要仔细思考。

7. 交叉也，渗透也，仍为口号，拘于观念、体制、机制，实现尚需时日。

交叉也，渗透也，仍为口号，全世界现在都是这样，不只是我们中国。在现行教育体制、机制没有改变之前，我有个建议：喜爱哲学、史学、文学、艺术的同学一定要学训诂学，而喜欢文字、音韵、训诂的同学也千万别忘了"经"义。把训诂和"经"义二者结合之后，还得记住一点，就是要想想所学的这些东西，对认识自己的祖先、自己的历史、自己的来路具有怎样的意义；自己悟出来的这些东西对当代社会有哪些益处，能给子孙后代哪些开示。尽管你的思考和开示可能是片面的，但是若干年后，你自己的后代、学生乃至学生的学生看到你的著作，还能有些许启发，我觉得这就是我们这些学人的价值所在，也是中国的"士"天然的历史使命所在。

8. 不忘学术之根，不弃为人之本，不轻古人之教，不拒"正业"之知，如顾炎武所秉持之"博学以文，行己有耻"，则庶几矣。

这里的"正业"就是"现代汉语"、"古代汉语"之类的分科研究。我们不能由于要求综合研究，就拒绝甚至抹杀这几十年科学探索的成果和经验，我们只是强调仅仅有分科的研究是不够的。"庶几"，差不多。能做到"博学以文，行己有耻"就差不多了。又，朱子云："尊德性而道学问"，德行与学问兼顾，相互促进、共同提高，则大成有日矣。

一孔之见，谨供讨论。谢谢大家！

庚寅年黄帝故里拜祖大典拜祖文

具茨山下，中华始祖轩辕黄帝故都故里；
荡荡河畔，炎黄后裔庄严神圣拜祖敬宗。

维公元二〇一〇年四月十六日，农历庚寅岁三月初三，中华炎黄文化研究会会长许嘉璐，谨以海内外炎黄子孙之名，肃拜恭祀我人文始祖轩辕黄帝曰：

中华文明，源远流长。黄帝功德，万古流芳。
启迪蒙昧，开辟鸿荒。丰功伟烈，恩泽八方。
教民畜牧，莳谷树桑。婚嫁制礼，历数岐黄。
始作车楫，初制度量。选贤与能，整纪肃纲。
修德柔远，封土修疆。肇趋一统，和合共襄。
后来秉志，历尽沧桑。千秋风流，共赋华章。
譬如积薪，后来居上。愈挫愈奋，多难兴邦。
天下为公，民本为上。民主科学，世代向往。
民生民权，民富民强。公平正义，共建共享。
五洲四海，华侨华商。振兴中华，百年梦想。
实事求是，思想解放。时进我进，改革开放。
文化自觉，百花芬芳。兼收并蓄，博采众长。
科学发展，步履坚强。继往开来，灿烂辉煌。
大河之南，九州之央。念兹在兹，若网在纲。
河洛崛起，亿民昂扬。佳绩重重，荣我轩黄。
昆仑巍峨，大河浩瀚。天高地迥，海清河晏。

水来自天，润溉中原。遥思古昔，荜路艰难。
先祖前哲，黾勉垂宪。子孙星布，一脉相传。
允恭克让，勤奋而俭。和而不同，存异择善。
和平是求，敬重自然。自尊自强，何惧忧患。
厚德载物，止于至善。赤子情同，跨海越山。
唇齿相依，心意相连。和衷共济，息息相关。
兄弟手足，相扶相牵。复兴大业，唯恐不先。
心属华夏，万事无难。家和事兴，万邦钦羡。
拳拳之诚，列祖实鉴。共享荣光，龙脉绵绵。
谨告我祖，伏惟尚飨！

辛卯拜祀始祖轩辕黄帝文

　　维公元二零一一年四月五日，岁在辛卯，节属清明，许嘉璐谨以天下华胄之名，恭奉献花果蔬、牺特佳醴，拜祀于始祖轩辕黄帝像前。文曰：

　　　　惠风和煦，万物复萌。河洛浩浩，溱洧清清。
　　　　豫州亿众，意气腾腾。小康既现，黾勉攀登。
　　　　南联皖鄂，陕鲁西东。并肩挽臂，七省齐兴。
　　　　仰望具茨，郁郁葱葱。圣迹犹在，追远慎终。
　　　　盛世怀祖，感恩圣功。忆昔往古，天下鸿蒙。
　　　　吾祖率民，肇始文明。明于天道，察乎民风。
　　　　广询智者，竭尽聪明。钻木阳燧，民远膻腥。
　　　　岐伯尝药，百世所凭。仓颉创字，古今遵行。
　　　　嫘祖植桑，民以御冬。教民稼穑，企盼丰登。
　　　　采铜铸造，未必不经。伟哉吾祖，德如峻峰。
　　　　垂裳而治，穆穆春风。德义教化，息忿止争。
　　　　百官不私，法简律明。以战止战，东巡西征。
　　　　不暇席暖，迁徙无恒。岂辞劬劳？尽瘁鞠躬。
　　　　民讳殂落，姑言仙升。咸池断竹，代以今声。
　　　　遐而在迩，永纪圣踪！噫嘻吾祖，视今何世！
　　　　环球播荡，时乱时凶。烽火连绵，饥馑频仍。
　　　　投薪止火，扰扰纷争。唯我华夏，和乐融融。
　　　　百业俱举，各尽所能。屡灾屡奋，日夜兼程。
　　　　倏尔卅载，日益繁荣。大爱遍在，保障民生。
　　　　正义弘扬，文化复兴。噫嘻吾祖，观彼海东。
　　　　美哉荡荡，涛息风平。两岸手足，路畅心通。

古训是式，存异求同。既爱且让，互信日增。
今兹圣诞，齐禀元宗：前路尚遥，唯赖精诚。
振兴中华，重担共承。贡献世界，天下为公。
嗟我烈祖，佑我功成。肃此敬告，伏惟尚飨！

二零一零年祭孔文

維西元二零一零年，岁次庚寅，先師孔聖夫子誕日，謹備時蔬玄酒，雅樂升舞，恭奠於大成殿階下，肅拜追遠，上達夫子暨諸先哲先賢。其辭曰：

吾國文明，淵源何遠！洪荒無徵，蒙昧萬年。
既曆三皇，五帝相銜。賢哲冥思，歸之鬼天。
吾儕何來？終將何還？何者為福？何者為善？
生應何求？何為聖賢？茫茫長夜，踽踽盤桓。
逮及文武，民聽達天。周公制禮，明德尚賢。
享祚八百，維繫血緣。尾漸不掉，王室東遷。
霸者問鼎，逐鹿中原。強則陵弱，富者欺寒。
悖逆詐偽，淫佚興亂。歲歲征伐，竟無義戰。
嗚呼夫子，生憫人寰。少賤多能，屢經磨練。
復禮興樂，欲挽狂瀾。已立立人，孝弟唯先。
修齊治平，悅邇來遠。遊說列國，不懼厄難。
杏壇論學，大同是盼。人心驅霾，晨曦乍現。
道雖不行，學統綿綿。與時俱進，巨匠叠見。
孟軻弘發，荀卿敷衍。董生繼後，道法兼含。
南北一統，合而有辨。孔賈拘守，昌黎吶喊。
迄宋大興，如日中天。程朱相續，周張並肩。
出入佛道，孔孟真傳。人參天地，敬而自反。
天理良心，理學體完。知行合一，世界峰巔。
沉沉浮浮，倏爾千年。偉哉中華，千劫萬艱。

百折不撓，國泰民安。環顧全球，熙攘紛亂。
一如春秋，衝突不斷。弱肉強食，貪欲氾濫。
嗟我夫子，所述皆驗。文明對話，五洲共願。
仁恕之道，日益播散。促進和睦，中華奉獻。
謹此上達，慰我聖賢。伏惟上饗！

一个中国人心目中的孔子※

我选的题目是"一个中国人心目中的孔子"。大家作为孔子学院的院长、老师,应该对孔子有个大体的了解和认识,这样对组织孔子学院的活动与教学,将产生积极的意义。谈谈我心目中的孔子,作为一种交流,希望对大家能有所启发。

孔子生活的时代,周天子的地位已经衰落,出现了"礼崩乐坏"的局面。这种情况下,孔子整合夏商周三代文化,并针对当时情况提出自己的思想。他的思想博大精深,我选取其中几点与大家交流。

一 "礼乐"思想

孔子的礼乐思想主要继承于西周。"礼"是家庭和社会生活规范,最早描述礼的经典是《仪礼》,这本书虽然已经不完备了,但仍看得出是家庭和社会的规范。这种规范是无形的,体现出来就是礼仪,比如说臣见君怎么办,知识分子互相见面什么礼仪,家里有丧事什么礼仪……这些礼仪所承载的是人们对规范的遵守。

"乐",作用于人的心灵,是和"礼"密切结合的,凡举行"礼"的时候都有"乐"。中国的乐早在3000多年前就出现了。当然,今天西方交响乐经过几百年的演变和发展,也已经出神入化。交响乐也是不同乐器,不同声部合奏起来,在指挥的调理下出现和谐的音律,不和谐就成了噪音。所以,中国人很早就懂得"乐"是求"和"的。

"礼",则恰好相反。不同的阶层有不同的"礼",也就是说"礼"

※ 2009年12月1日在"第四届孔子学院大会孔子学院院长研修班"上的讲话。

是把人分开的。比如，一个孩子对父亲有一定的礼，父亲对儿子有一定的礼，这个礼就体现出一个是在上的父亲，一个是在成长的孩子，君和臣也是如此。"乐"求"和"，"礼"讲"分"，这是恰到好处。礼乐并提就是在有和有分的情况下求得平衡，这是一个非常辩证、高妙的思想。

二 "仁"的思想

孔子说"爱人"，"仁"就是"爱人"。那个时候贵族和非贵族，官员和平民，君和臣的界限是很严格的，但是他统用一个"仁"字就消除了这些界限。不管是哪个阶层的人，都要爱他人。

现在被很多外国朋友奉为中国伟大思想的"己所不欲，勿施于人"，可以说是"仁"在行动上的体现。但在我看来，"己所不欲，勿施于人"是孔子偏于消极的思想，全面的理解应当是"己欲立而立人，己欲达而达人"，这样更能体现孔子的"仁"。

"己欲立而立人，己欲达而达人"的一个表现是，"抑为之不厌，诲人不倦"，就是说，在不断提高自己，锤炼自己的同时，让更多的人和我一起走，这样才能做到"仁"。

"己所不欲，勿施于人"现在常被中国的报刊文章引用，但只引这八个字并不全面，应该把后面的八个字也加上，"在邦无怨，在家无怨。"也就是，一个邦里从高官到百姓没有怨恨，一个家族中没有人表示怨恨。有这八个字的补充，"己所不欲，勿施于人"才全面，才是真正的"己欲立而立人，己欲达而达人"。

怎么能做到"仁"？一是要做到对任何事情，任何人都很恭敬；二是对人宽厚、宽容；三是说话算数，讲诚信；四是对任何外界的事物很敏锐；五是在解决问题思考问题的时候很聪慧，有这五者就是仁了。我认为这五点当中，"恭、宽、信"三点又是最重要的。

孔子还有一句非常著名的话，"克己复礼为仁"。孔子注意到，人是有五情六欲的。对物质的需求是人之本性。如果由着自己去发展，人的动物性超过了人应该具备的人性，就是过于自私，不顾忌他人，会导致天下大乱。因而，孔子要求克制自己，克服自己的分外之想。"克服"以什么为标准呢？那就是恢复到"礼"。"礼"是讲层次，讲身份的，按照我的身份努力去做，也不能超出自己的层次，这叫做"义"。古人说，"义者宜也",就是要合适,你所做的、你所想的和你的身份合适。不断地加强修养,"克己复礼",人人这样做,人人就是"仁"。

孔子认为,"仁"是一个无止境的高尚目标,没有最好,只有更好。"君子以文会友,以友辅仁",孔子认为,要求得"仁",光靠自己苦心修炼还不行,还要"会友","友"的前提是以"文"来会的,也就是朋友之间要认真切磋。

"仁"的本质是什么?就是"人""我"和谐。这是人的本性。人的本性可能有自私的一面,但作为人的本能是希望和谐的,谁也不希望整天生活在争吵和不和谐中,但是只有朴素的本性也不行,还需要学习。学习以后就提升了人的本性,"克己"了,学到东西了,本性就提升了。同时,人各有特点,人和人之间是有差异的。"和"的前提是有差异,没有差异就是相同了。所以中国"和而不同"的思想是以承认差异为前提的。无论是国与国之间,民族与民族之间,还是人与人之间,都不要求把差异去掉。

三 "学"的思想

怎么学习?孔子说"三人行必有我师焉,择其善者而从之,其不善者而改之"。为什么不是"二人行"?"二人行必有我师焉"其中一个是我自己,那就是说任何人都是我的老师,这不是孔子的本意。三人行就必然有一个或者有我可学的,或者有我可以吸取教训的,三人的概率就高了。

不但要学,还要思。向书本学,向人学,向大自然学,向实践学。只学而不想就罔然,读上千本书,朦朦胧胧一大片,形不成思想。特别是学的目的是求"仁",那么只"学而不思"对于自己做一个仁者就没有用;反过来说,只"思而不学",整天就那么想,不去向他人学习,不向书本学习,想来想去想不通,也是无益的。所以,学必须和思结合起来。

"敏于事",对于家事和国事都反应快,马上去做。"慎于言",说话的时候要敬,这个"慎"不是谨慎,古人的慎含有敬的意思,是对我所说的内容要敬,因而就会斟酌。"就有道而正焉","就"的本意是"走向"。"就有道"对于有道之人要走向他,以他为榜样来纠正自己,这就是好学了。

有两句话我想特别强调一下,"古之学者为己,今之学者为人"。我认为这句话反映了不同的人生观、价值观。"古之学者为己",这里的"为己"和今天一些人追名逐利是有很大区别的,古人学习是为了修身,修身是为了家庭和睦,家庭和睦是为了治理好诸侯国,治理好诸侯国是为了天下能够太平,因而"古之学者为己"是为了大"我"。虽然我们今天的社会生活要保证基本的住房饮食,但是要把握好度。过去提倡"仁",有一个永远的目标追着走,现在没有这个目标,这是社会的危机,也是世界的危机。

四 结论

孔子最大的贡献,是提出了人的价值在于"德"。"德"最重要的内容是"仁",要做到"仁"就要学习,从书中学,在实践中学,向他人学。"仁"要从自身修养开始,顾及家庭,扩及国家,影响天下。在不同阶层的人身上,"仁"的表现不同,但是核心都离不开"爱人"和"尊礼"。这就是我心目中的孔子,可能有不妥之处,欢迎院长们批评指正。

探究"王道"原旨，关怀世界当下※

当今的世界，真是乱糟糟。冷战之后的种种战争和动乱，以及恐怖主义行径、人居环境恶化、收入差距拉大（包括南北、行业、阶层间的差距）、各国社会动荡等问题威胁着人类的生存，已经成为全球关注的焦点。至今还看不到结束之期的由美国次贷引发的金融危机、北非中东的混乱局势、科特迪瓦的内战，也无不在影响着人类的正常发展。寻究起来，这些都与流行于全球的"霸道"有着直接或间接的关系，就连日本3·11的三灾并至，也不能说全是天灾，与"霸道"无关。

面对世界上种种威胁人类的事件和事故，各国的智者几十年来都在认真思考、分析，为时代把脉，为未来探寻出路。从斯宾格勒到汤恩比，从福柯到哈贝马斯，都曾经用不同的方法、从不同的视角，指出了人类文化、思维和社会面临的危机，不同程度地揭示了西方文化的致命弱点，他们的论证有许多和中华古老的文化有某种程度的暗合，无意间或有意地引导人们向东看，到中国的文化里觅寻智慧。

的确，在中国传统文化里积累了成系统的、经历了五千年磨砺检验的、至今仍然沉淀在中国人生活中的经验与理论。只不过近一百多年来，在有意强化的西方文化的聚光灯下，中国人质朴智慧的光芒显得暗淡了。在中华文化的智慧宝库中，"王道"思想就是一件值得世界各国参考的宝物。

众所周知，"王道"一词始见于《尚书·洪范》："无偏无陂，遵王之义；无有作好，遵王之道；无有作恶，遵王之路。无偏无党，王道荡荡；

※ 2011年4月22日在海峡两岸"弘扬中华文化，探讨'王道'理念，构建和谐世界——'王道'思想的当代意义"研讨会上的讲演。

无党无偏,王道平平;无反无侧,王道正直。"这是从殷纣王的囚室里刚刚被解放出来的箕子在回答周武王向他咨询循天理以治天下的道理时说的话,是他所理想的由一个君王统领众多诸侯国的原则和方针。可能这时王道两字还没有形成为一个固定的词语,所以汉唐经学家解之为"先王之道路"或"先王所立之道"(见郑玄注及孔颖达疏)。所谓"先王"一般是指夏、商、周。到孟子说"养生丧死无憾,王道之始也"时,"王道"已经有了特定时代的特定内涵,即指往古王者以仁义统领诸国之道。三代是一统的,王是最高统帅。孟子的时代周王早已被边缘化,天下群雄并争,人民颠沛离散,饿殍塞路,孟子认为亟须一个能够"朝诸侯,有天下"的王者出现,以恢复三代一统而安定的局面。而达到"王"的途径,就是"王道",也就是对内实行仁政,悦近而来远。通观他游说诸侯时所有宣传"王道"的论述,最为典型的是对齐宣王所说的"仲尼之徒,无道桓文之事者;……无以,则王乎?"和"谨庠序之教,申之以孝悌之义,颁白者不负戴于道路矣。老者衣帛食肉,黎民不饥不寒,然而不王者,未之有也。"(均见于《孟子·梁惠王上》)这和他所说的"养生丧死无憾,王道之始也"是同样的意思。在孟子那里,第一次把"王"和"霸"相对而提,例如他说"以力假仁者霸,霸必有大国;以德行仁者王,王不待大"(《公孙丑上》)。延至荀子,不但有"王夺之人,霸夺之与,强夺之地"(《荀子·王制》)、"隆礼尊贤而王,重法爱民而霸"(《天论》)等关于"王者"之法的论述,而且其书有《王霸》一篇,专论"义立而王,信立而霸,权谋立而亡"的道理,目的也是希望在诸侯中能够出现"一天下"的王者。

其实,孔子的仁政理想和伦理学说,在"郁郁乎文哉,吾从周"的思想中,最终也是指向处理好国与国的关系,实现天下一统。所以司马迁在《史记·十二诸侯年表》里说鉴于"政由五伯(霸),诸侯恣行,淫侈不轨",于是孔子"明王道,干七十余君,莫能用"。

追及汉世,天下早已统一,"王道"所指有了很大变化,所以当汉元帝(时为太子)向其父亲宣帝提出应启用儒家时,得到的却是"汉家自有制度,本以霸王道杂之"的斥责,甚至差点因此而丢掉继承皇位的资格(《汉书·元帝纪》)。不管是宣帝还是元帝,他们所说的霸、王之道,已经与战国时指国与国关系不同,纯然是指在一个大一统帝国内的施政问题了。借用"王道"概念以表达对朝廷施行仁政的期望,恐怕已经是当时的惯例。例如刘向在《新序·善谋》中就说："王道如砥，本乎人情，出乎礼义。"

此后，魏晋六朝、隋唐，或因天下动乱，或由国祚短暂，或以其时儒学不兴，关于王霸之说不彰。直到南宋朱熹与陈亮就王霸、义利问题进行持久（二人书信往还近十一年）而激烈的争论，王霸问题才尖锐地提到士人面前。这就是陈亮所说的"自孟、荀论义利、王霸，汉唐诸儒未能深明其说；本朝伊洛诸公辨析天理人欲，而王霸、义利之说于是大明。"（《陈亮集》，《甲辰复朱元晦书》）他在这里所说的"大明"，应该是指经程、朱辨析，王霸与义利相对应的关系明确了。

陈亮门人芦偘的一段话似乎可以概括朱、陈之争的实质："当乾道、淳熙间，朱、张、吕、陆四君子皆谈性命而辟功利，学者各守其师说，截然不可犯。陈同甫（亮）崛起其旁，独不以为然。且谓'性命之微，子贡不得而闻'，吾夫子（案，指孔子）所罕言，后生小子与之谈之不置，殆多乎哉。禹无功，何以成六府（案，指'五行'和'谷'）？《乾》无利，何以具四德（案，指元、亨、利、贞）？如之何其可废也。于是推孔孟之志、《六经》之旨、诸子百家分析聚散之故，然后知圣贤经理世故与三才并立而不废者，皆皇帝王霸之大略。明白简大，坦然易行。"（《宋元学案·龙川学案》）

陈亮认为程门谓"三代以道治天下，汉、唐以智力把持天下"已经不能使人心服；后之学者（实指朱熹）进而谓"三代专以天理行，汉、唐专以人欲行"，更与历史事实不符。他批评："诸儒自处者曰义曰王，汉、唐做得成者曰利曰霸。一头自如此说，一头自如彼做；说得虽甚好，做得亦不恶，如此却是义利双行，王霸并用。如亮之说，却是直上直下，只有一个头颅做得成耳。"（《甲辰复朱元晦书》）"为士者，耻言文章行义，而曰'尽心知性'；居官者，耻言政事书判，而曰'学道爱人'。相蒙相欺，以尽废天下之实，终于百事不理而已。"（《送吴允成序》）朱熹则批评他说："同父（亮）在利欲胶漆盆中。""江西之学只是禅，浙学却专是功利。禅学后来学者摸索一上，无可摸索，自会转去；若功利，则学者习之，便可见效，此意甚可忧。"（《朱子语类》卷123）陈亮之所以据史实而言义利双行、王霸并用，是鉴于当时国力衰弱，北国南逼，认为空谈性理误国，应该提倡"以经制言事功"（黄宗羲语，见《龙川学案》序录）。因此其所言王霸是与义和利、理和欲、道和器，乃至内圣和外王相对应的概念；而其所谓"利"并非一己过分之利欲，而主要是指"无一念不在斯民"（《策·萧、曹、丙、魏、房、杜、姚、宋何以独名于汉唐》）之利，他的学说在程朱之学被视为正统之时，"遂为世所忌"（《龙川学案》黄百家按语），"无不大声排之"（全祖望《陈同甫论》，转引自《龙川学案》附录），但是对后世却影响至巨。不但在当时培养了一批重事功的学者，影响了浙东等地区的世风，即使明末清初"实学派"中执牛耳者如黄宗羲、顾炎武、王夫之等人其实也是远绍了龙川的精神和学说。如果我们把浙东一带现今民营企业格外发达的情况放到历史的背景中考察，恐怕也和永康、永嘉学说的影响有着不可分割的关系。这从一个侧面证明朱、陈之所谓"王"与"霸"，实已离其原旨益远。而若"王"、"霸"离开了孟荀原意，和义利、理欲以及道器结合起来，其实从来就不是截然二分互不关涉的。

粗略总括自战国至南宋关于王霸思想的运用和阐发，是否可以得出以下四点，以供思考"王道"思想的当代意义作为参考。

1. 孟子同孔子一样，树起传说中的"三代盛世"为标杆，以恢复天下一统为目的。所不同的是，孔子希望诸侯施仁爱、崇礼乐、弃霸业、尊周室；孟子则面对几个争雄的超级大国，希望有一个诸侯国能够实行"王道"以统一天下。换言之，"王道"在孔孟那里是处理国与国关系、寻求一统的利器，"内圣外王"的思想在他们的学说中已经成熟了。

2. 刘汉既已经过提倡黄老思想休养生息，又经文景之治以及武帝固边拓疆，中央集权得到空前加强，政权主要是处理内部问题，自然要"以霸王道杂之"，亦即恩威并用、儒法兼行。实则这时的"王"、"霸"含义已经有别于孔、孟、荀，转指内政了。

3. 宋儒先是惩于五代时期道德沦丧，世风朽败，释氏流行，古学凋零，于是以道统自任，倡孔孟，探理、性，颂王道，正人心；继而陈亮一脉以国弱民贫、御侮无力为忧，故兴不弃利、欲、霸、器之说。其实两派不过各执一端，所以黄宗羲谓"二家之说，皆未得当"，但其实他是有些偏袒陈亮的，所以又说"朱子以事功卑龙川，龙川正不讳言事功，所以终不能服龙川之心。"（均见《龙川学案》按语）

4. 今之世界犹如中国战国时期之纷纷，与古不尽同者，霸权国家不仅凭借武力大倡"人权先于主权"、"反恐无国界"以及"单边主义"，以强推自己的价值观为旗帜，任意征伐弱小，而且极力推销现代功利主义、物质至上、工具理性，影响所及，促成了新兴国家在提高了物质生活水平的同时，却受到前所未有的文化侵蚀，加剧了文化断裂、社会撕裂、人心分裂。现在弘扬"王道"原旨，岂非恰逢其时！

其实近百年来，中华民族的伟人们先后都有过体现"王道"思想的宣示。

例如，孙中山先生在九十年前就说过："中国人说，王道是顺乎自然。换一句话说，自然力便是王道"，"武力便是霸道"（《国父全集》第一册，台湾近代中国出版社1989年版，第4页）；"这种专用武力压迫人民的文化，用我们中国的古话说就是'行霸道'。""讲王道是主张仁义道德，讲霸道是主张功利强权。"（同上，第三册，第538—540页）"现在世界列强所走的路是灭人国家的；如果中国强盛起来，也要灭人国家，也去学列强的帝国主义，走相同的路，便是蹈他们的覆辙。所以我们要先决定一个政策，要济弱扶倾，才是尽我们民族的天职。我们对于弱小民族要扶持他，对于世界列强要抵抗他，如果全国人民都立定这个志愿，这个民族才可以发达。"（同上，第一册，第53页）他的理想是："用固有的道德和平作基础，去统一世界，成一个大同之治，这便是我们四万万人的大责任。"（同上，第54页）

孙中山先生在这方面的种种论述都是本着中华文化历久弥新的思想。惟其如此，所以一脉相承至今。例如在孙中山先生身后约三十年，毛泽东主席就曾在多个场合一再强调，中国将来强大起来也不会侵略别人，但是对人民反抗侵略的革命战争还是要支持的（《毛泽东文集》第八卷，人民出版社1999年版）。又过了二十九年，邓小平先生也说："中国永远不会称霸，永远不会欺负别人。"（《邓小平文选》第三卷，人民出版社1993年版）。因为三位伟人都是基于对中华文化的信心，所以能以中华民族的智慧，预见到中国一定会挣脱帝国主义的枷锁，走上富强之路。现在两岸一起来进一步探讨"王道"的内涵和当代意义，显然也是对孙中山先生思想的继承、延伸和弘扬。

如果说，孙中山先生1924年讲上述那番话时，中国正处于积贫积弱、努力挣脱帝国主义"次殖民"（孙中山语）统治的阶段，此时就说"济弱扶倾"以尽自己的天职，可能被讥为"言之无根"；毛泽东主席在大陆正处经济困难时讲强大起来也不会侵略别人，也可被视为"浪漫"；邓小平先生在大陆实行改革开放初期就说永远不称霸，或可被扭曲为"宣传姿态";那么,在大陆靠 13 亿人民的努力开始强大、两岸关系由于彼此的善意而处于最好阶段、大陆几十年来在国际事务中的实践已经让许多国家了解了中国人对待"天下"的态度的这个时期,我们再次以鲜明的语言向世界介绍中国人民会和世界人民同舟共济的"王道"思想,肯定会有更大的说服力。

"王道"思想,是中华文化的核心价值理念投射到处理"天下"事务方面的结晶。三代时的"天下",不过相当于现在的中原地区;汉代时的"天下"也没有超出现在中国的版图范围。在地球变成一个村庄的今天,我们中国人心中的"天下"已经扩展到了整个地球以至宇宙。这就是说,随着天文地理等知识的不断拓展,"以天下为己任"的责任感和"推己及人"的大爱胸怀也相应地不断扩大。爱屋及乌,由对各国人民的关切友好,自然更增强了对自然环境、社会产业、经济发展等方面的关怀。再者,孔孟提倡"王道",最终是要一统天下,今天我们挖掘"王道"的丰富内涵,意在多元世界的和谐和平——今人早已超越了古之圣贤。王道思想包括了对人与人、人与天、身与心、现实与未来的深刻观察和思考,我们的探讨自然也必将涉及到世界所需要的人文与物质危机的种种方面。我相信,我们的研讨会一定能够在很多议题上取得丰硕的成果。

再谈"王道"思想与中国企业管理※

在明天的大会上,我将就"现代化"、"全球化"和中华文化的关系谈谈我的浅见,提出中国企业的管理如何与中华文化有机结合起来的话题。现在,我就集中而简要地谈谈我对"王道"思想与企业管理的关系的看法,以向大家请教。因为我在施振荣先生办的"王道与企业管理研讨班"上海阶段讲过"王道"问题,所以今天是"再谈",内容基本上和上次所讲不重复。

"王道"是传统文化中很耀眼的一个理念,是儒家提出的处理国与国关系的准则。这样一个古老的思想能不能作为我们研究中国企业管理的参考?用学术的话说就是,"王道"在今天,特别是作为中国企业管理的借鉴,有没有"合法性"?因此,我认为应该首先客观地评价中华传统文化,清除掉长期以来认为儒家"重义轻利"、"保守"、"反对新事物"、"反对开放",等等认识误区。

我们先来看事实。孔子一生履行着"有教无类"的教育民主原则。这在当时是极其进步的主张,是对以往只有王室贵胄和贵族子弟才有资格接受教育的颠覆。他亲自开办私学,让所有能够交上几根干肉("束脩")的人都能到他那里学习。有人为此而批评他没有举办免费教育,眼里只有有钱的人,我认为这种批评是不公平的。要知道,孔子办的是"成人教育"。从《史记·孔子世家》看,到他那里读书的,最小也要15岁以上。如果能够交出"束脩",说明他生活基本上过得去,可以专心学习,"孺子"才"可教"。

在孔子的学生里有一位著名的大儒子贡,是位商人,经营有道,家累

※ 2011年10月19日在"中国管理全球论坛静思会"上的演讲。

千金，孔子说他"货殖焉，亿则屡中"（《论语·先进》）。《论语》里记录了他不少言谈，用孔子的思想衡量，他的确造诣很高；他先后当过鲁、卫的相，多次出使各国，受到诸侯们的尊重。孔子评论他是"瑚琏"之器，也就是宗庙里主要的祭祀之器，意思是治理国家的干才。据此，不能说孔子排斥经商，反而能说明他主张"君子爱财，取之有道"。

在比较原始的农耕社会，粮食等农作物是社会第一需求，当商业活动以及由商业带动起来的手工业威胁了农业生产时，统治者就要抑末（商）兴本（农），贬斥"淫巧"。在整个帝王时代，社会一直在平衡农—商—工三者的关系。后来这被认为是儒家阻碍工商业的发展，其实也是误会了。

儒家不但不守旧，相反，是讲究与时俱进的。儒家学说自身两千多年来的演变发展，对佛、道的包容并从中吸取营养，以致到宋代完成了中国哲学体系的建构和完善，达到了当时世界的哲学最高峰。这条逐步改进发展的道路可以简约如下：孔子—孟子—荀子—董仲舒—汉儒（马融、郑玄等）—唐儒（孔颖达、颜师古、韩愈等）—宋儒（张载、周敦颐、二程、朱熹等）。可以说，儒学在每个时代都有自己的特色和成就，都明确显示了儒学结合时代特征的创新。

在过去对儒学的批判中还有一点需要澄清，这就是，按照儒学内在元素，包括它的发展动力（学者的思考、研究），是否能引领中国走向工业化/现代化？一些人认为，这是绝对不可能的，因此必须欧洲人用坚炮利舰给我们送来，即所谓"西学东渐"，而理由就是我在上面所谈的对儒学的几点误解。说从儒学，或扩而言之从中华文化成长不出工业化/现代化，这是一个没有经过认真论证就得出的并不客观的结论。事实上，到了明代，中国的手工业已经相当发达，虽没有以蒸汽机为动力的现代机器，但工具的进步已经达到农耕时代最先进的水平；民间金融开始出现；南北航运快捷方便。在理论建树上，直接继承宋代以来儒学的一支"永嘉学派"为代表的"义利双行"学说，又有了发展，主张"利生"、"事功"，所谓"功到成处，便是有德；事到济处，便是有理"。当然，要想纠正人们对儒家根深蒂固的误解，还需要作深入的研究；但是我坚信，世界上不同民族在不同时期进步的速度是有差异的，并不都是线性的；凭着中国人的智慧，凭着儒学的博大兼容，中华民族不可能必须等着欧洲人给我们带来现代机器和商业。两三百年来我们落后挨打，不是因为中华文化的宿命，而在于制度的腐败和由此而造成的封闭，中华文化发展的内动力渐渐趋于枯竭，又没有了与异质文化冲撞的外动力。

再从"王道"的内涵检验它的"合法性"。

大家都知道，中华文化的主干是儒家思想。中华文化绵延数千载，与此有着极其密切的关系。儒家学说概括地说，在伦理方面主张仁、义、礼、智（还可以加上"信"）；在世界观方面则认为"天人合一"，即人与客观是一个整体，人又是万物中最有灵性、最宝贵的。为达到上述理想的境界，就要求人们格物—致知—正心—诚意，要"慎独"；处理个人和群体（"他者"）的关系时，主张修身—齐家—治国—平天下。如何"平天下"呢？用"王道"。

"王道"，简言之，就是以先进的文化和高尚的道德吸引、感化他人、他国，善待他人、他国。虽然那时的所谓"国"还只是诸侯，但是诸侯间的关系和现在的国际关系实质上是一样的。从古代到现在，中国人心目中的"天下"逐渐扩大了，所以应该也适用于今天的国际关系。这就是孔子所说的"远人不服，则修文德以来之"。"王道"思想能不能用到一个单位（例如一个企业）、一个地区呢？我看是可以的，这只不过是"王道"所用的范围缩小了，而人与人、国与国的关系本质上是一样的。

到了宋儒那里，他们运用"天人合一"的哲学，格物、致知的认识事物的方法，体验到宇宙间感性上觉得毫无关系的事物间，其实都有着密切的关系，例如非洲的一个部落和中国在珠三角打工的农民之间潜藏着关联，只不过不显著，不到一定时机不为人所知。古代贤哲真了不起，宋儒真了不起，他们所揭示的道理，在当时和以后很长时间里能够理解的人很少，现在技术发达了，信息传输、交通往来便捷了，人们才越来越广泛地认识了这个道理；但是一般人的认识基本上还停留在物质和环境范围内，例如"非典"、"禽流感"在一国发生，能够迅速传遍世界。其实这种世界范围内的传染病跨境传播恐怕古代就有，有证据的，例如西班牙人把感冒和梅毒带到北美，造成印第安的许多部落灭绝。古代交通和信息传输不发达，事例少，即使有，知道的人也少，因而也就没有记录下来。现在不一样了。近期的，如日本福岛的核事故，其周边的中、韩等国就不能不警戒；美国和欧洲的经济衰退，要影响不知道多少国家，"占领华尔街"引得全世界关注，让人联想到所谓"阿拉伯之春"。其实，所谓"蝴蝶效应"所依据的也就是天下一体的道理。

顺便说一说，汉语中的"同胞"一词，原意是一母所生的兄弟姐妹，但是近代扩展为指同一国的所有人（主要是中国有此观念）。这是因为在我们看来，中国人都是同一父母即同一天地所生，彼此应该视同骨肉手足，谁也离不开谁。这种思维恐怕来源于对事物生长过程的细密观察。《周易》上就说过："乾，天也，故称为父；坤，地也，故称为母。"把大地称为母亲，许多民族都是如此，但是把天下之人当作同胞，唯有中国。宋儒不过是把这种感性与理性的认识哲学化了罢了。

我们应该注意的是，这反映了这样一个道理：儒家学说实际是概括了中华大地上人们的生活经验和对从伦理道德到对宇宙的认识；也反映了儒家博大的胸怀，虽然以个人修身为起点，但是放至极致，可以大到整个宇宙。因此，"远人不服，则修文德以来之"不是广告词，而是基于体验和思辨得出的信念。

现在我们进一步探讨儒学与商业的关系，其中自然就包括了企业管理问题。

先从历史上看。在《二十四史》中有14部"史"都列有有关商业流通的专传和论述。例如《史记》就有《平准书》，《汉书》有《食货志》。在这些"书"、"志"中叙述了古代和当代农业等生产和货币间的均衡和失衡关系以及朝廷所采取的措施，因为正如司马迁所说，"农工商交易之路通而龟贝金钱刀布之币兴焉"。因而必须高度重视。汉代还在朝廷的主持下为盐铁是专卖还是由民间经营进行过一场大辩论，其成果就是著名的，历代不断征引的《盐铁论》。

此后，历代（主要是时间较长的朝代）朝野就利和义（实际上也是王与霸）的辩论时时出现。尤可称道的，是宋代儒学中出现了浙东的"永嘉学派"。永嘉学派的重要人物陈亮就是主张事功，即注意经济的，认为商借农而立，农赖商而行；求以相补而非求以相病。他曾经和朱熹就义利、王霸问题往复辩论，长达11年。其后，永嘉学派的代表人物叶适一脉，主张"四民交致其用而后治化兴，抑末厚本，非正论也。使其果出于厚本而抑末，虽偏，尚有义；若后世但夺之以自利，则何名为抑？"甚至明确提出"士农工商皆百姓之本业"。概而言之，他们根据已经发展了的农业生产力（生产工具、方式和效率）以及手工业、商业的发达，提出了四业平等的思想，显然，在这思想中蕴涵着"义利并举"的理念。这是儒家学说与时俱进的又一例证。值得注意的是，永嘉学说在当时的影响就很大，更重要的是对后世的影响十分长远。从其临近处说，启发了元明学者，以致后来形成了中国自己的"启蒙"思潮；从离其较远处说，当代浙江，特别是浙东的商业、加工业异常发达，而且从业者讲究诚信，不能不说有其民风的根源，而这种不轻农而重工商的民风，是永嘉学派的思想深入人心的结果。由此也可见，儒学并非少数学者的事，只要结合时代认真研究并且进行普及，对于一个地区乃至一个国家的经济和社会建设发展，会起到一般人意想不到的巨大效应。

在儒家内部讨论、争辩的问题归结起来，其核心就是利与义、法与德、竞争与共赢、主仆与兄弟等几对矛盾。前两条，是思想理论上的，后两条是实践上的。我们透过对这几组对立概念的考察，大体可以了解"王道"思想是否可以和如何作为我们企业管理的参考。

义与利是所有问题的核心。"义"，古人解释为"宜也"，亦即为社会、为他人做与自己的身份、力量适合的事。社会从来是有层级的，人分男女老幼，身体素质、所受教养各自不同，只要尽了自己的心力，尽职尽责，就谓之"义"；违背了或达不到这一点，就谓之"不义"。"利"并不是坏东西，关键是"取之有道"、"用之得法"。合乎此即为"义"，无道、不得法，即为"不义"。例如华尔街及其背后的资本大鳄追求无限扩张的超额利润，设计了奥巴马所说的谁也弄不明白的金融衍生产品，就是取之无道。义利之辨，自古就有，著名的，例如《孟子》所说的"王何必曰利？亦有仁义而已矣"。这常被从正反两面用来证明儒家不赞成求利。其实孟子并不排斥利，他这段话是针对梁惠王和他一见面就问"叟不远千里而来，亦将有以利吾国乎"，不讲他作为国君应该尽的职责而说的。我想，今天的企业家，只要摆好了利和义的位置，内部的管理、外部的关系就"事功"过半了。

与此相关的是法与德的关系问题。人类既构成了社会，就不能没有法；特别是社会发展了，人口众多了，事务复杂了，社会没有秩序的准绳来制约，就会变得无序，受害的最终是社会上的所有成员。但是法只能是秩序的底线，触及这底线，不是错误的，就是犯罪的，社会就要用法进行纠正或处罚。法是他律，是人们被动接受的。在这底线之上还必须有德的约束。德的高度是无止境的，在中国文化中，最高的是"圣"，其次是"贤"，再次是"君子"，最后是"小人"。儒家的最高追求是圣，永远达不到，永远追求，认为如果这样的人多了，社会的道德就不断提升了，犯法的人就少了，社会就安定了。联系到办企业，约束我们的有许多法律、法规、章程，以及标准、协议，等等。这固然是企业管理不可少的。如果我们的企业在讲法的同时，也提倡"德"的修养，全企业上下成为文化道德的自觉者，我想企业的管理又过半之半了。

　　竞争与共赢的关系很微妙。我对下面这个说法始终有所保留，这就是市场就靠竞争，竞争是人类社会前进最重要的动力。在我看来，竞争是客观存在，合作也是客观存在，二者并非必然矛盾，并非非此即彼。除了竞争，人类还有更为崇高的动力，这就是中华文化中的对小康社会和大同世界的向往。要达到这一有益于全人类的目标，经济上不可能只靠少数垄断企业；合作，未必不能达到相关的个人和企业共同发达，亦即共赢的目标。现在在中国，一个"快"字（快增长、快发财），一个"争"字（竞争、争夺），把许多事情搞乱了，把人心搞乱了。企业都有个持续发展的问题。快赚，只知竞争而不知合作，也许能达到赚的目的，但未必能够持久。原因很简单，只竞争不合作，违背了社会发展的总规律，违背了人们心里隐藏着的最底层的良知。"无欲速，无见小利。欲速则不达，见小利则大事不成。"这才是规律，才是人心。要做到既讲竞争，又讲合作共赢，需要通过学习和实践领悟社会发展规律，领悟谁也离不开谁的大道理，也要深察人心的善良品质。

　　关于兄弟和主仆的关系，是就企业内部企业家和职工的关系而言的，在这里似乎不必多说了，只要在最主要、起到决定性作用的"义、利双收"和"同胞物与（即万物皆是我友）"问题上有了深刻体会，当付诸实践时自然会得到很好的解决。

　　我从来没有企业管理的经验，以上所说，纯为书生之见。在各位成功的企业家面前谈今天的题目，不过是把许多已经这样做了的企业家的经验提到理论上来说说而已。书生所探究的是事物之理，得出的意见有对有错，只能作为大家的参考，或许有点用处，即所谓"择其善者而从之，其不善者而改之"。

　　谢谢大家！

"王道"应该走向世界※

一 汤恩比—伽达默尔—基辛格:"王道"是今日世界之需

1. 人类的十字路口

人类面临的危机,越来越严重了。人类从来没有像现在这样对自己的未来如此普遍而深刻地担忧。学者、企业界、政治家,以至一般民众,都不仅仅从媒体上,更从自身生活中感受到危机的严峻而紧迫。连基辛格也发出了我们就处在十字路口的警告。他借用康德的观点说,世界最终会以两种途径之一实现永久和平。一个途径是通过人类的彻底觉悟,一个途径是通过巨大的冲突和灾难。人类将何去何从?

其实,西方学界早已洞察今日世界的病症。汤恩比(Arnold Toynbee)明确指出:"人类的选择实际上只有两个:要么共有一个世界,要么毁灭。"(《历史研究》,第 373 页)世界著名哲学家伽达默尔(Gadamer Hans. Georg)也说过类似的话:"如果我们仍然像现在这样走下去,如果我们仍然继续实行工业化和人类劳动的利润化并把我们这个星球渐渐地组织成一个巨大的工厂,那么我们就不仅在生物意义上而且在人类自身理想的意义上都危及了人的生存条件,甚至走向自我毁灭。"(《真理与方法》,第 199 页)

从汤恩比、伽达默尔到基辛格的推断——如果我们想再往前追溯的

※ 2011 年 12 月 2 日在台湾"王道文化与永续发展"学术研讨会上的演讲。

话,还可以再提到斯宾格勒(Oswald Spengler)在100年前所写的《西方的没落》一书中发出的警告——代表了第二次世界大战以来西方学界精英的思考和声音。这些思想家和政治家通过总结历史规律、观察现实本质并进行思辨而得出了十分相近的结论。这是人类的良知在这混乱而危险的时刻竖起的警示牌。站在十字路口的人类需要尽快地决断到底应该向哪个方向迈出下一步了。

2. 救之之道?

从汤恩比到基辛格,可以说都是"为西方文化吟唱挽歌的'现代'祭司,是为未来文化诊断命运的'后'现代先知"(《西方的没落》"译者导言")。他们在西方还在张牙舞爪,一般人(包括绝大部分政治家)把西方文化视为永恒经典、绝对真理之时就指出了人类应该另寻出路,呼唤新时代文化的出生,并认定新的出路和文化离不开东方的智慧。这是何等敏锐而智慧的眼光!

那么,拯救人类未来之道在哪里?东方,尤其是中华文化,可以为世界贡献哪些智慧?

中华民族厚重的文化积淀,有许多可以救世界于水火。数千年的实践证明,从围绕衣食住行之好恶取舍和礼仪、宗教、艺术、治国理念到哲学伦理,中华文化有许多内容是更为适合人类的永续发展的。汤恩比说:"现在有些迹象显示,对于西方自己引起的但又无法解决的社会和道德改正问题,似乎有了另一种非西方的解决之道。"(《历史研究》,第380页)"西方目前的优势很有可能被一种混合而统一的文化所取代,那么自封的活力就很有可能与中国的稳定恰当地结合起来,从而产生一种适用于全人类的生活方式——这种方式不仅使人类得以继续生存,而且还能保证人类的幸福安宁。"(上书,第393页)

从汤恩比的论述看,他在中国文化中最为看重的是五千年的"超稳定"和造成这种稳定的阴阳观念、文官制度和屡经应对挑战而形成的政治智慧。就中他并没有提到王道。其实,王道思想是中华智慧中十分重要的一项。王道是处理国家关系的一种胸怀、宗旨、价值和目标,其基础则是对道德的无限崇尚和天人合一、民胞物与的宇宙观。汤恩比和他同时代学者很少是专门研究中国问题的,即使在这方面着力较多,但受到欧洲中心论的影响,他们中的多数对中华文化只有远距离观测的经验,并没有身处中华文化语境的经历(哪怕是文献能够提供的较全面而深刻的语境),

因而对他们为中华文化所做的解剖不该有过高的要求。也许正因为如此，他们所提出的只有中华文化与西方文化结合是人类的出路的见解，才弥足珍贵。

3. 信仰、道德、尊重、仁爱

要向世界介绍并期望对方理解王道思想，就必然要涉及形成王道文化的主体民族的信仰、伦理和处理人际关系的准则。

早在先秦，"道"与"德"已经成为民族的主要信仰，这当然迥异于所谓"高级宗教"的一神论对先验的人格神的无条件信仰。在这个的"道"与"德"中已经隐含了天人合一的理念。虽然在西方哲学中也有类似的趋向，例如斯宾格勒就以"小宇宙"指称人，来和"大宇宙"相应；但是，中国以道和德为后盾的天人合一思想不但早已形成，并且已经在由汉至宋的学者建构了完整细密的形上体系之后，以广泛的面积普及到全民当中。有了这一哲学体系的支撑，古朴的王道思想也变得更加深入人心：出于对道和德的信仰，人们始终期盼着王道的出现，并且在无形地引导着人们的言行，强化着对大同世界的向往。

自古"内圣外王"的思想以不同形式、在不同阶层中流行，成为中国人不断向往和追求的至佳境界，这就使得王道思想所包含的道德和悦近来远之桥更为牢固了。

悦近来远，自然以尊重对方为前提。"和而不同"、"民胞物与"就是相互尊重的理论基础。缺乏尊重也就没有了儒家所强调的"敬"和"诚"，没有了"仁"和"爱"，自然也就得不到他人的尊重。

王道之路就是"对话"之路。伽达默尔说："不通过谈话、回答和由此获得的一致意见，我们就不能说出真理。"（《真理与方法》，第69页）"取得一致意见的基本模式是对话、谈话。如果谈话者之一绝对地相信自己具有比别人优越的地位，从而声称自己事先具有别人被囿于其中的成见的知识，则这种谈话显然是不可能的。他这样做就是陷入了自己的成见之中。如果对话的一方不让谈话自由进行，则通过对话达到一致在原则上是不可能的。"（上书，第147页）尊重就是不要以为真理全在自己手里，要让各方"各言其志""毋吾以也"，要善于耐心倾听，要能够设身处地地理解对方。其实，孔夫子所说的"毋意，毋必，毋固，毋我"已经把伽达默尔的意思完整地概括了。

对话是"成本"最小的取得一致意见的路径。同时要明白，伽达默尔说得对:"在相互取得一致意见的时候绝不是使区别消失于同一性之中。当我们说我们对某事取得一致意见时,这绝不是说,某人同他者在信念上完全一致了。"(上书,第20页)

二 中华民族的伟大创见和实践

1. "王道"应何运而生

王道观念只出现并持久地存在于中华文化中。这是中华民族的伟大创造,也是几千年来无数志士仁人的伟大实践。

王道是霸道的对立物。继"春秋无义战"之后,在战国为争霸权而出现的混战中,生灵涂炭,饿殍填壑,让以孟子为代表的知识精英痛心疾首,从而提出以仁义、王道,意欲取代之。孟子的这一思想,是在和唯利是图的诸侯们"对话"时阐明的,对方当然不会接受。后代则几乎每当世乱,或未能达到盛世的预期,就会有人提出以王道治理外交和内政的主张。

所以我们可以说,王道思想是应霸道盛行之运而生的。现在的世界也可说是乱哄哄的世界,是霸道盛行的时代,国与国之间的猜疑越来越普遍,纷争冲突频发,因而也是应该重新提起并向世界宣传霸道催生的王道的时候了。

2. 物质与精神

王道与霸道的对立,归根结底是人对物质/财富的追求与对精神/灵魂的追求之间的差异。行王道,必然主协调、讲仁爱、倡利他、求稳定、习内敛、爱和平;逞霸道,自会主竞争、造残酷、只利己、喜动乱、惯外向、需战争。物质、财富或精神、灵魂当然不仅限于个人的范畴,而常常是集体的,或家族,或阶层,或集团,甚或是国家的。世事如梦丝,但是用精神—财富的二分法来解剖当今世界,我们就不难看穿许许多多事情的底细。这就是中国历来讲道德的根本原因,也是宋明诸儒承孔孟一系极力提倡究理、明性、放心的缘故。这是中华民族千年经验教训的结晶。

提倡王道,就应该同时向世界高声呼吁人们体验"小宇宙"与"大宇宙"息息相关、抛弃以人类为中心,以一己为中心的惯性思维,反思心灵,回归朴实、纯真、仁爱的心境。

3. "超稳定"的原因

汤恩比之所以欣赏中国的"超稳定",是因为相对于欧洲而言,中国虽经很多动乱,但总体而言和平的时间远远超过战争的时间,并且始终维护了大一统的格局。

上文已经说到王道思想是形成稳定局面的重要原因,如果进一步思考,我们还可以深入到王道思想产生的社会根源中去,得到更为理性的认识。

中国人之重协调、仁爱、利他、稳定、内敛与和平,是因为这一文化发生、成长、定型于农耕时代。中国的农耕历史,到目前为止,有实物可以证明的至少有8000多年。从原始耕作时期起,人们在实践中和对自然、社会以及自身的观察中,体验到协作、和睦、稳定的重要,并由此而孕育、形成了仁爱、利他和内敛的民族性格。因为唯有互相仁爱,才能协调彼此的劳作行动,既然重视靠协调而形成群体,自然要有以利他为基础的和睦,以达到稳定的目的,从开启山林、兴修水利到收获农作物也才成为可能。因为初期的农耕是自足的经济,无需外求和外销,因而内敛也就渐渐发生。

中华民族的这些性格特点,虽经若干朝代而不消减,于是乱则思定,战则思和,分则思一。当然,众所周知,自工业化浪潮席卷了中华大地后,利己、外向、隔离、竞争、掠夺已经浸入民族的机体;但是毕竟中华文化根深干强,破坏力越大,应战力就越强劲,对传统的怀思就越深沉。我们一次又一次地研讨并努力弘扬王道思想,其实就是对二百年来外界挑战的响应。

三 世人对"王道"的疑虑

自四月海峡两岸的朋友们聚会于南京,研讨王道思想,受到社会的普遍关注,我们也听到了人们对今日谈论王道有所不解和疑虑的意见。在我们进一步深化这一话题的时候,了解一些社会的反应还是有益的。用大陆的搜索引擎检索,大约有近百万网友发表了意见,其中不乏质疑者。大体归纳起来,网友主要有以下疑虑。

1. "王道"是封建帝王的骗术。

毋庸讳言,历代王朝确有不少帝王口称王道,却行暴政;即使是

"开明君主"，也是杂霸王而用之，并且延续了两千年。但是须知，历史上利用自古流传下来的、深入人心的思想为自己服务的实例屡见不鲜。昏君且不必说，即使是有为的朝廷，也不能致国家于大同，面对着强力入侵的对手，大多不能株守以德感人的教条。

不少网友都还记得上个世纪初新文化的先驱们对中国封建制度/帝制的揭露和批判，其中有不少涉及王道—霸道的论述。当时，由于已经僵化了的旧文化束缚着国人的思想，必须用帝制的罪恶鞭挞保皇派和保守者。那时来不及更深入、更全面、更准确地研究中华传统文化的深层底蕴，亦即其核心理念；"好则皆好，坏则皆坏"，革命浪潮中出现打倒一切思潮是常有的事。同时，帝王时代之所以兴替循环，正可以佐证王道—霸道之间的平衡与失衡。或者我们可以作这样一个假设性反思：如果两千多年前没有出现具有巨大感召力的王道，任由霸道横行，社会的天平将是什么样子？中华文化会不会还能像现在这个样子，从未中断，至今还生机勃勃？帝王骗人是客观存在，王道是民族的理想也是客观实在。时至今日，关键在于我们是不是和能不能言行一致，以"诚意"去言说之，履行之。

2. 一相情愿：在当今世界，行得通吗？

的确，今天是霸道称霸的时代。几乎全世界都被一种声音覆盖了。金钱—享受—消费—虚荣—逐利—金钱—享受—消费……往复不已，难以遏止。而所谓享受，仅是感官和肢体的刺激和满足，是对人的生物性的张扬、鼓吹。全世界陷入难以摆脱的怪圈，于是经济"繁荣"了，生活提高了，环境恶化了，贫富差距拉大了，金融寡头财富急剧增长了。为了攫取地球不可再生的资源以保证这一怪圈成为永动造钱机，于是不择手段地掠夺，无所不用其极，包括文化的强制和巧妙的输出。在被层层包装过的宣传品流行于五大洲的环境中，介绍王道思想，其艰难可以想见。

但是，把王道贡献给世界并不是善良的人们的"一相情愿"，因为历史和现实已经证明，霸道既不是可以持久之道，更不是会给人类带来幸福之道。现在或许这一声音暂时微弱，但是由于王道符合人类的根本而长远的利益，只要我们坚持下去，一定会和多国人民"两相情愿"，成为未来的主流愿望。

3. 话语权："王道"超出现代知识和理解能力？

我们也清醒地知道，即使我们向西方社会介绍，由于王道的思想内涵和根基丰富深刻，已经不是现代西方自然科学所培养形成的知识所能解释，甚至不是西方多数人的理解能力所能接受。这是不容忽视的困难。

西方思想，本是以希伯来文明和希腊罗马文明的结合为基础，后来又与盎格鲁-撒克逊文化融合。在经过了中世纪之后，随着文艺复兴、科学发展和工业革命的酝酿，大师们实际上已经改造了希腊古老哲学的方法论，"实践理性"逐渐被"目的理性"（工具理性）所取代。"从西方哲学中成长起来的概念形成通过漫长的历史道路导致了把征服欲作为对现实的基本经验。"（《真理与方法》，第254页）"西方的思想史正是使现代意义上的科学能够支配世界。"（上书，第190页）一个征服欲，一个支配欲，在严重毁坏地球和人类之后，西方的智者们已经注意了中国人的宇宙观和伦理观。牟复礼（Frederick W. Mote）说："我们为了理解它（指中国文化），就必须谦逊地谨慎地审视其历史，摒弃用我们自己的文明进行盲目的比附，放弃我们关于时间、空间、因果性、人性和历史的最基础的假定。"（《中国思想之渊源·导论》）"我们的文明故步自封已经由来已久，造成我们几乎不大可能理解古代中国那种迥然相异的世界观。"（上书，第22页）这就支持了我们的信心：随着西方思想界对中华文明了解的广泛深入，王道思想也会越来越受到世界的注意，虽然我们也知道其中的艰难。

四　深究后的行动

只有坐而论道，不能起而行之，王道思想依然不能为世界做出什么大的贡献。我希望，在我们论道的同时，就要考虑如何按王道的原则、目标，作些实实在在的事情。

1. 孙中山先生的理想

在近代政治家中，中山先生最先、最明确地提出了王道思想。他在逝世前三个多月，曾在日本神户高等女校对神户商业会议等团体作了题为《大亚洲主义》的演讲。他说："这种专用武力压迫人的文化，用我们中国人的古话说就是'行霸道'，所以欧洲的文化是霸道的文化。但是我们东洋向来轻视霸道的文化。还有一种文化，好过霸道的文化，这种文化的本质，是仁义道德。用这种仁义道德的文化，是感化人，不是压迫人；是要人怀德，不是要人畏威。这种要人怀德的文化，我们中国的古话就说是'行王道'。"他提出："要造成我们的大亚洲主义，""仁义道德就是我们大亚洲主义的好基础。"

中山先生当时提出大亚洲主义，就是要解决"亚洲受痛苦的民族，要怎么样抵抗欧洲强盛民族的问题"，"是求一切民众""平等解放"（均见《全集》第三册，第541—542页）。现在，从政治上或形式上看，100年前各大洲的殖民地都已经独立；但从经济和文化的角度看，许多国家其实还在被"强盛民族"压迫盘剥着，只不过形式和手段变了，商品、专利、文化、金融代替了枪炮战舰，虽然在商品、专利等等后面还准备着航母、导弹、无人机。因此，中山先生近90年前所提出的命题，至今还具有强大的生命力，我们应该义不容辞地继承和弘扬。

2. 东亚先行

中山先生的"大亚洲主义"之所以在日本提出，我想，一是因为日本属于"东洋"，有着共同或相近的文化背景，彼此间没有像欧美对中华文化那样的隔膜；二是"日本民族既得到了欧美的霸道的文化，又有亚洲王道文化的本质"，正在面临着"是做西方霸道的鹰犬，或是做东方王道的干城"的"慎择"。（上书，第524页）

现在情况和当年大不一样了。所以，东亚几个受到中华文化影响较多国家的学者，可以联起手来，"坐而论道，起而行之"。为此，我建议明年在大陆举行亚洲王道论坛，当然也欢迎对这个问题感兴趣的西方学者与会。

3. 话语转换："王道"的当代阐释与表述

鉴于西方学者了解王道思想者较少，我们如果要向欧美和其他大洲介绍，就需做一番话语转换的工作，亦即要做当代的阐释和表述。按照当代"诠释学"（哲学的和批判的）的意见，不同交谈主体之间通过语言和其他非语言行为形式协调彼此关于对世界的理解来达成协议，但是并不一定达成理想的协议。（哈贝马斯《交往行为理论》）而在伽达默尔那里，已经指出人们在交往对话时"先见"、"先把握"经常干扰了彼此的理解，而不同文化间的翻译也是很难的。（《真理与方法》）这就提示我们，要向世界介绍王道，需要有在学术层面上对必然遇到的困难有所准备，关键在于对世界理解的差异，语言沟通上的困难是巨大的，例如就像郝大维（David L. Hall）、安乐哲（Roger T. Ames）所论述的，不同文化中的"特殊词语"如中国的仁、义、道、命等，要想在英语中找到准确的对应词语几乎是不可能的。（《通过孔子而思》等）这样，对王道进行当代的阐释与表述，就和训诂学/诠释哲学、文献学、历史学等发生了关联。因此就需要多层面、多渠道地开展。何况，"我们并非总能成功"（《真理与方法》，第236页）。

4. 多层面、多渠道

所谓多层面，指的是政治层面、学术层面和大众层面；多渠道，指的是通过面对面交流、媒体介绍、商务交往、文化产品、参观游览等。

这里还包含了这样一个意思：既然我建议东亚乃至亚洲各国学者可以连手研究和介绍王道，而各国的文化、历史、现状、语言各有其鲜明的民族性，对王道的理解与充实、表达与实施也各有特色。充分发挥东亚乃至亚洲文化具有多样性和独创性而又有共同性的特点，这是有利于显现王道思想普遍性的一面，"殊途同归"，大家一起指向世界的和睦与和平，无疑可以增强其他文明中的人们理解和赞同以王道抵制、抵消霸道的理想。

5. 不妨文经并举

在我们"起而行之"之时，经济交往会起到极为重要的作用。刘兆玄先生曾经提出"王道银行"的设想。其大体方案是首先由海峡两岸组建一个民间的专门援助不发达国家的信贷银行，一反世界银行、货币基金组织以苛刻条件、干预受援国内政的做法，是"无条件"的；而且，除了发放贷款，还要根据对方情况进行相关的规划、设计、培训等等事项。我认为这是一个绝佳的、完全以人为本的计划；银行的建立还可以把分散的支持整合起来，帮助不发达国家办点大事。

文化理念最终总要落实到社会、经济、民生中。王道思想的弘扬与经济援助并举，就是中华文化中的知行合一。当然，要想实现兆玄先生的这一美好愿望需要时日，而思想先行也是常态，所以我们需要继续研讨，从宏观到微观，从理论到实践。如果大家觉得我的关于明年在大陆举行东亚或亚洲论坛的建议可行，那么建立"王道银行"的问题就可以是重要的论题之一。

汤恩比说："今天，不同的文化不应该展开敌对的竞争，而应该努力分享彼此的经验，因为它们已经具有共同的人性。"（《历史研究》，第343页）汤恩比在50年前所表达的愿望正在并必然成为现实。

佛教论说

忆念太虚大师，营建人间净土※

一 太虚大师：一部中国佛教20世纪前半叶的历史

今天，我们在这里举行盛大的中华佛教百年礼赞盛典，这既是我们这些享受着无数前辈艰苦奋斗得来的独立、自由、民主成果的后辈们回顾、沉思的难得机会，也是学习百年来高僧大德的智慧，弘扬佛法，为国土清净、世界清净而祈福的无上功德。

回顾并礼赞百年来的中华佛教，就不能不忆念为复兴中华佛教、建设人间净土而舍身的太虚大师。

太虚大师一生的宏伟成就，诚如重庆惟贤法师所说，"一是创办僧伽教育，培养人才。二是弘扬佛教文化，倡导人生佛教。"①

太虚大师所处的时代，正值中华民族内外交困、水深火热、人心惟危的时刻。对于佛教而言，"无数的不平和不幸充满了近代的佛教史"②。赵朴初居士曾把这一时期佛教的情况概括为"自北宋以后，（佛教）逐渐走向衰落。特别是在中华人民共和国成立前的三四十年中，它的情形更为黯淡"。"寺庙被破坏，各地佛学院都陆续停闭，僧人教育和宗教生活都受到了破坏，佛教文物受到了践踏和盗窃。如云岗、敦煌、龙门等石窟的破坏情形是大家所知道的"③。太虚大师在1940年（庚辰）访印时赠著名居士谭云山的诗里曾这样描述当时的世事："况今国土遭残破，戮辱民胞血

※ 2010年9月9日在"首届中华佛教宗风论坛"上的讲话。
① 《太虚大师全书》"序言"。佛教文化出版社2005年版。下引均略称"全书"。
② 赵朴初：《中国的佛教》，《赵朴初文集》，华文出版社2007年版，第189页。
③ 《佛教在中国》，《赵朴初文集》，第145—146页。

泪流！举世魔焰互煎迫，纷纷灾祸增烦愁。"① 在这样的情势下，佛教自身方面又是怎样呢？太虚大师在《自传》里曾叙述即将出家时在苏州小九华山寺中所见：寺僧"与寺外的无赖们联成一气，酗酒、聚赌、犯奸、打架等，向来所不曾见过的社会恶劣方面；觉得僧中也不都是良善的"②。同时，鬼神之说在一些僧侣和信众中颇为流行，背离教义真谛，实则败坏了佛法佛教，复杂的远因复加以上述近因，造成了社会对佛教的种种误解。这些都阻碍着佛教的振兴和在社会上发挥佛教度己度他、饶益有情的作用，同时也显示出此时正是佛教兴亡的关键时期。虽然大师所回忆的是上个世纪20年代末的情况，实际上在此前此后几十年中也仍然在延续这种情景。

  太虚大师提出人生佛教的理念，构建人生佛教的教理体系，发动佛教改革的运动，就是惩于上述令人极其痛心的佛教衰颓现实，为了挽救人心，净化时代。这是大师弘扬佛法契理契机的集中体现，是最具那个时代特色的佛教旗帜，"是中国现代佛教改革的首倡者和先行者"③，"是继禅宗之后中国佛教的又一重大创新"④，"是20世纪中国佛教智慧的结晶"⑤。

  大师提出人生佛教，约在上个世纪20年代末⑥。他在这一时期发表的《即人成佛的真实论》、《佛学的源流及其新运动》、《对于中国佛教革命僧的训词》、《对于苏州北寺之解决方法》等文中屡屡进行阐述开示。由此时起，他本着大乘佛法真义，使人"明白宇宙人生的真相，彻底改造而归于完善，使五浊恶世成为清净国土，人人离诸苦恼而得安乐"的济世宏愿有了明确的纲领，逐渐形成了完整教理体系。大师以其超群、坚强之意志、艰苦卓绝之努力、一夫当关之气概，抗击教内外守旧者之不断攻讦诬陷，遂使"人生佛教"成为二三十年里中国佛教界最响亮的声音，为20世纪后半叶海峡两岸人间佛教的建设打下了深厚的基础。现在，当中国佛教站在一个新的起点上思考本世纪的建设的时候，再一次忆念这位

---

  ① 《全书》，第31卷，第154页。
  ② 同上书，第166页。
  ③ 杨曾文：《太虚的人生佛教论》，《全书》第35卷，第132页。
  ④ 方立天：《全书》题词，第35卷。
  ⑤ 邓子美：《二十世纪中国佛教智慧的结晶》，《法音》1998年第6期。
  ⑥ 杨曾文：《倡导人间佛法理论，推进佛教适应时代发展》；杨惠南：《从"人生佛教"到"人间佛教"》，分别见于《全书》，第35卷，第109、143页。

先行者所走过的路，无疑是有益的。

二　人生佛教与人间佛教

关于人生佛教，数十年来两岸高僧大德已有众多鸿文论述发挥。概而言之，人生佛教即以释尊所说佛法之人本原旨，建设适合中国环境的佛教，改良社会，改善世界，亦即"密切结合人生，努力改善人生，以人生为基础的大乘佛教"①。大师深知，欲达此目的，则必须以现实无量众生世界为其出发处与归宿，必须改造僧团旧有陋习痼弊，所以提出"以关于僧众寺院制度在理论上和事实上的改进为最重要"②，极力推行佛教三个方面的革命：教理、教制、教产之革命③。

人生佛教之教理依据，亦即其理论之核心，诚如诸高僧大德历年所阐述，为大乘教义，尤以禅、唯二宗于人生佛教为殊胜，即所谓"人天乘与小乘皆大乘方便"，"菩提为因，大慈悲为本，方便为究竟"④。众所周知，大师一贯主张五乘共学、八宗平等、各有殊胜，尝谓："此之八宗，皆实非权，皆圆非偏，皆妙非粗；皆究竟菩提故，皆同一佛乘故。"且就学佛者言之："始从八，最初方便学，门门入道；终成一，圆融无碍行，头头是佛。"⑤ 然则其尤重禅宗与唯识者，盖以大乘乃明诸法唯心，所求者为无上菩提，此尤合佛旨。一以直指人心，以得无上正等正觉、变五浊恶世为清净国土为究竟；一以论证人心之转依，明正信正行获菩提之过程及原理，实为增上皈依者之坚信。

大师如此判教，既契合近现代中国佛教之现实，又可示笼统学佛者以门径，复可平息佛门中门派法派无谓之争执，团结一致以建设人生佛教。

大师在提出人生佛教并为之奋斗了数年后，又以"人间佛教"弘法。

1933年10月，大师在汉口市商会以"怎样来建设人间佛教"为题讲

---

① 杨曾文：《太虚的人生佛教论》，《全书》第35卷，第119页。
② 太虚：《我的佛教改进运动略史》，《全书》第31卷，第63页。
③ 太虚：《我的佛教革命失败史》，《全书》第31卷，第57页。
④ 太虚：《佛乘宗要论》，《全书》第1卷，第143—158页。
⑤ 太虚：《整理僧伽制度论·宗依品第二》，《全书》第18卷，第34、27页。

演。开宗明义就讲:"人间佛教,是表明并非教人离开人类去做神做鬼,或皆出家到寺院山林里去做和尚的佛教,乃是以佛教的道理来改良社会,使人类进步,把世界改善的佛教。"并提出"从一般思想中来建设人间佛教"、"从国难救济中建设人间佛教"、"从世运转变中来建设人间佛教"。可以说,这篇讲演实际是他概括论述人间佛教的理论纲领。① 大师此前曾多次以通俗的世俗语言形容过人间净土,例如于1930年谓:"佛学所谓的净土,意指一种良好之社会,或优美之世界。土,谓国土,指世界而言。凡世界这一切人事物象皆庄严清净优美良好者,即为净土。"② 则人间佛教者,盖依人间净土而命名。

据此看来,大师所示之"人间佛教"与前此一贯所用之"人生佛教"似乎并无差别。

若据此以观嗣后众高僧大德就人间佛教所论,似与大师略有差异。杨惠南先生对此曾有所论述,其意盖谓"即(既)不重'鬼'、'死',又不重'天',是印顺所最强调的;也是'人间佛教'和'人生佛教'的分野所在。"这"牵涉到太虚和印顺二人不同的佛身观。"即太虚的佛身观是"天"化、"神"化了的,而印顺则是"人间"的③。但是,大师曾就修成菩萨和佛说过这样的话:"若以合理的思想,道德的行为,推动整个的人生向上进步、向上发达,就是菩萨,亦即一般所谓的贤人君子;再向上进步到最高一层,就是佛,亦即一般所谓大圣人。故佛菩萨,并不是离奇古怪的、神秘的,而是人类生活向上进步的圣贤。""所谓佛果,即以全宇宙、尽虚空、遍法界究竟清净为身,也就是人生烦恼痛苦完全消灭,至于最合理最道德的和平安乐的境界。"④ (这和他那首著名的偈语"仰止唯佛陀,完成在人格。人成即佛成,是名真现实"实在是同一个意

---

① 《全书》第25卷,第354页以次。

② 《建设人间净土》之附录《创造人间净土》,《全书》第25卷,第348页。

③ 杨惠南:《从"人生佛教"到"人间佛教"》,见《全书》第35卷,第167、169页。案,对此杨曾文先生也有所论,见本卷,第111页。

④ 《全书》第3卷,第208、210页。案,杨曾文先生亦引此,谓太虚"也尝试对佛、菩萨做现实化的解释"。见《全书》第35卷,第123—124页。复案,大师所示,原有所本,如《增一阿含经》"等见品":"诸佛世尊皆出人间,非由天而得也。"又"听法品":"我身生于人间,长于人间,于人间得佛。"《华严经》"普贤生愿品":"人是福田,能生一切诸菩萨果故,""如是一切贤圣道果,皆依于人能修证。"经中此类法语甚多,皆不证佛身之"天"化,大师岂肯悖之乎?

思）那么，大师之有时"仍然存有'天'的色彩"，是人生佛教对治当时佛教之不足，还是一种方便法门？是吸收了中国儒家的思想，还是由印度后期佛教而来？或许，人生佛教给人的感觉偏重于个人的解脱，是个人生命时间的纵向延续，而人间佛教则偏重于社会的解救，是社会空间的横向拓展？

要之，人间佛教是从人生佛教演进而来，包括印顺大师在内的两岸高僧，都在根据当地当时的情况实践着、丰富着人生佛教/人间佛教的内涵，扩展着其外延。太虚大师留给后来者的，不仅是一个创新的理念和理论体系，更应该引起我们注意的，是他之所以提出人生佛教的机缘和为我们提供了发展其理念的广阔空间。

大师的人间佛教是他所发动的"佛教三种革命"的旗帜、目标。但是处在那样一个混乱污浊的时代，他的理想不可能实现。为此，他写了《我的佛教革命失败史》，中云："我的失败，固然也由于反对方面障碍力的深广，而（我）本身的弱点，大抵因为我理论有余而实行不足，启导虽巧而统率无能……然我终自信我的理论和启导确有特长，如得实行好统率力充足的人，必可建立适应现代中国之佛教的学理和制度。""我失败弱点的由来，处于个人的性情气质固多，而由于境遇使然亦非少。……大抵皆出于偶然幸致，未经过熟谋深虑，劳力苦行，所以往往出于随缘应付的态度，轻易散漫，不能坚牢强毅，保持固执。""后起的人应知我的弱点及弱点的由来而自矫自勉，勿徒盼望我而苛责我，则我对于佛教的理论和启导，或犹不失其相当作用，以我的失败为来者的成功之母。"①

实际上，以今日之我们观之，大师并非失败者。他的近期目标固然未能实现，但他的理论和他的精神，已经在中华大地上逐步成为现实，虽然佛教的建设与改革是长期的事，即以今日大陆所为，在有些方面所取得的成果已经超出了大师的期望。值得我们深思的是，他在这篇自责的叙事中，反复从自身寻找原因，甚至有过度的地方。孟子说："仁者如射，射者正己而后发。发而不中，不怨胜己者，反求诸己而已矣。"② 孟子所说的是作为习礼、用礼的"乡射"，射而不中则自反较易，而大师所面对的是残酷无情的现实社会，能如此深刻地自我解剖，则非彻底无我无执者孰能如此！

---

① 《全书》第31卷，第58—59页。
② 《孟子·公孙丑上》。

三 太虚伟大成就的内因

大师三种革命未能实现的外缘，固人所尽知，无需多言；而辩证地看其时社会之凋敝，人民之苦难，实为促成其发愿弘扬佛法、为社会寻求解救之最大动力。大师自幼失怙，亲历艰苦，家族及亲人之悲惨、沉沦与皈依，均是其日后献身佛门、发大慈悲之宝贵资粮。

不可否认，大师天生歧嶷，为常人所难及。印顺大师在《太虚大师年谱》中说：太虚"以不世之资，外适时宜而内有所本。"① 实为的论。但其多才多智亦一生勤苦之结果；而其简朴终生，辛劳过人，则又是幼时艰难困苦之所赐。如此众多因素造成其悟性超群，此则大师之为大师，既能随机随缘，又固守佛法真义之重因。其所宣示，皆自心深研所得，体验所悟，与仅依文献说教者异。其谓己"非研究佛书之学者"，"不为专承一宗之徒裔"，"无求实时成佛之贪心"，"为学菩萨发心而修行者。"② 此为一般僧人、学者所难理解者，也是其卓尔于当世后世的原因。

也正是因为大师舍身为法为世，所以能以超越一般人的智慧，不拘于佛典自身，而是博览群书。四书、五经固在其熟读之列，举凡诸子百家、心理学、伦理学、哲学等内外名作、时人论著，莫不尽览。1914年10月至1917年2月，大师闭关于普陀。"在普陀闭关的三年中，一方面着重在个人身心（戒定慧）的修养工夫，同时对于律藏和小乘的经论，大乘曼殊、龙树的一系列经论，弥勒、世亲一系的经论，以及台、贤、净、密、禅诸部，都一一作有系统的研究。我国固有的诸子百家学说，和从西洋译来的新文化，亦时加浏览。由此种身心学术的修养而感发出来的思想，便演成了当时的各种论述"。"经过这番钻研的工夫后，所构成佛学整个体系思想，就和从前迥然不同了"③。观大师《自传》，其间阅读之广，写作之勤，思索之深，实为惊人④。虽广览博取以富我，然始终以佛为骨，于比较中愈显佛法之深刻，之切合人世。"欲行儒之行，而本之于佛而又归

---

① 《印顺法师佛学著作全集》第六卷，中华书局2009年版，第278页。
② 太虚：《〈优婆塞戒经〉讲录》，《全书》第17卷，第25—28页。
③ 《我的佛教改进运动略史》，《全书》第31卷，第73—74页。
④ 《全书》第31卷。

之于佛。"此于大师《墨子平议》、《论荀子》、《论周易》、《论韩愈》等著述中即处处显示。且虽曰掩关，"亦仍不绝俗离世"，其《自传》引闭关时所作《却非痴剑自秣陵来有诗次其韵》句"幽居原异困砖磨，呼吸常通万里波"①，云"可想见其风度"。这"风度"是否即在于并非枯坐，或欲立地成佛，而是冥思万法，心灵体验？故有大师"在闻前寺开大静的一声钟下，忽然心断。心再觉，则光明月圆无际，从泯无内外能所中，渐现能所、内外、远近、久暂。回复根身座舍的原状，则心断后已坐过一长夜，心再觉系再闻前寺之晨钟矣"之对《楞严经》、《大乘起信论》所揭示的证验②。此次闭关，对于大师此后之阐释教义、针砭时弊、开示人心俱有关键作用，确乎三年闭关大师已筑成其佛学体系大厦。

大师气质"和易近人，思想通泰"（鲁迅语），此盖亦出身寒苦、备尝艰辛所植种子，而精诚精进，朗然玄悟，熏染至极之果证。是以每为二众宣法，俱能深入浅出，通俗易懂。其接人待物既"和易"，且"通泰"，则人皆愿亲近之，服膺之，此大师弘法影响巨大之重要原因。

为弘法，为振兴中国佛教，大师除广泛结缘出家在家二众，且与其时政军要人多有过从。而于学术界思想界，则结交尤多。诸如章太炎、梁启超、鲁迅、蔡元培、张君劢、章士钊、邓演达、马寅初、李济深、黄祺祥、胡适之、顾颉刚、黎锦熙、梁漱溟、汤用彤、罗常培、罗庸、张大千、徐悲鸿等皆与之欢晤，乃至反复切磋。此非一般社交应酬之举，既是弘法所需，也是大师多方汲取营养、洞察时局之重要管道。其首推佛教于世界，其所谓净土乃指地球全体，如此宏阔视野，恐亦与此有关。

大师之天资，于其诗作中亦可窥见一斑，大师实为一代诗僧。其作也，随缘随机，即兴亦如宿构，要皆发自胸臆，一似不得不然者，故首首渗透禅意，既是抒怀，亦是对友朋、信徒的开示。然则大师之为诗，或亦一种方便。

不世之才，不世之勤，古往今来未必鲜见，而成一世大师者几人？盖不破我执法执，不怀慈悲之心，不立"地狱不空誓不成佛"之志，不能难为能为，难忍能忍，不转识成智，则才高识广亦无益于人世，难为众生

---

① 原诗见《全书》第34卷，《潮音草舍诗存》，第58页。
② 《自传》，《全书》第31卷，第199页。

师。今之求法者，不独于大师所宣示之经说，即由大师一生经坎坷而增上中，应该也得到很多很多重要的启示。

四　完成太虚大师未竟的事业

大师示寂已逾六秩，中国和世界的情况已然发生天翻地覆的变化。适逢国运昌盛，民族和谐，佛教复兴，大师未竟的伟业，正应由今人继续完成之。

环顾宇内，与太虚在世时相比，现时五浊有过之而无不及，所不同者，不过是主要不用诉诸枪炮，而是利用人人喜悦的物质追求。经济全球化、科技快速发展，其负面结果则是环境恶化，社会分裂，冲突频发，天灾重重。长此以往，地球将毁灭、人类将消亡，这并非耸人之语。究其本根，还是五蕴遮蔽，信仰缺失，背离先圣先知，以物质享受为人生究竟，视精神净化为迂腐，于是贪嗔痴堂而皇之大行其道。概言之，21世纪，本应为充满希望的世纪，而希望则在拯救人心。应该说，这一艰难的事业比大师所引为痛苦的时代更为紧迫。无疑的，中国佛教责无旁贷，应该为国土清净、世界清净做出更多的贡献。

现在人类太浮躁了，忘记了自己是谁，忘记了祖先在历史长河中所积累的经验和总结出的教导。"时代变了"成了为奢靡贪欲辩解的口头禅。时代之变，不过只是物质丰富新奇，在于人类掠夺自然更为高效快捷，但是人之本性并没有变，人对身心安宁祥和的期望并没有变，人类需要宁静，需要反思，需要戒定慧并没有变！

当前，正是建设人间佛教的契机。一方面，深受科技迷信、物质迷信之害的人们开始觉察到如此的生活并不幸福，但又找不到出路；另一方面，各国的学者和思想家已经注意到了公元前东西方的圣哲们对世界、对人生观察的精辟，他们所提出的种种问题和解决的方案不但一直在指导着人类的生活和思考，而且其中很多核心理念对今天还是适用的。此时佛教的一切善举，在国内外都会事半功倍。

佛教要有更为宏阔的眼光，我们的责任不单在中国国土之内，而且应该秉承大师把佛教推广到全世界的遗志，和世界上其他体现着古老而年轻智慧的宗教和其他形态的文化紧密配合，互相学习，在把中国建成人间净土的同时，推动人类的和睦、洁净，止恶行善，离苦得乐。而这实际是在全面实现释尊创建佛教、普度众生的真谛，也是最大最重的功德。

为达此目的，中国佛教应自强。首先应该深研佛典，并且做出与时代相应的阐释，建立新时代的人间佛教教理体系。我们这个时代需要再出现太虚这样的大师，而且不是一个两个，而应该是一批，首尾相续，使法灯不仅不熄而且越燃越旺。其次，大师所奋力推行的僧制建设亟须加强，大陆和港澳台都有相关的法律法规，这也是大师那时百盼百呼而未见到的。有了法律法规的保障，佛教应该大有所为。在僧制建设中，以戒为师，根据当下的具体情况重新整理制定新的戒律是必要的。再次，继续破除社会上对佛教的误解和扭曲。其中最有效的法门还是加强佛典研究，深入众生弘法，关注社会，尤其是对弱势群体多予关爱，以身示法。又次，加快僧才的培养，尤其是杰出僧才、国际型僧才，更要培育、爱护、鼓励。大陆和香港、台湾，在这方面各有优长，现在两岸关系进入到一个新阶段，两岸佛教完全有可能在多年紧密合作的基础上再上一层楼。

大师早有所示，佛教是讲行证的宗教，今天我们纪念中国佛教百年，最好的纪念就是起而行之。当年大师行不得者今则已行。此路哪有尽头？我们个人对菩萨道的追求哪有终点？只要我们大家沿着大师的足迹永不停步，中国，乃至世界，终会建成人间净土！

消除贪欲，回归平淡※

证严： 这是您第一次来台湾？

许嘉璐： 以前曾经来过两次，是学术交流。学术交流的好处是能和新老朋友学者广泛的见面，接触研究所的学生和本科生，甚至可以到小巷子里吃一点小吃。后来就不能来了，直到现在，十三年后重登宝岛。这次结识了更多的新朋友，也就着海峡两岸的和平和共同繁荣做一些深入的探讨，但遗憾的是我很难再见到那么多学术界的朋友，或者是研究所的学生和大学生，因为时间不够。但是无论日程怎么紧张，来拜会上人还是自己的夙愿。

证严： 感恩。

许嘉璐： 对上人在中国及全世界所做的事业早有所知，但是我只能从资讯上、媒体上看到。我觉得您所做的事业最好地体现了佛祖大慈大悲和四报恩的理念，不知道我领会的对不对啊？

证严： 准确。

许嘉璐： 佛祖在他的修行过程中，以及在几次的精舍布道和灵鹫说法过程中，体现的一个重要思想就是，我们生在人世，要面对人世，人世如何能够给每个人带来安宁——心理的安宁和身体的安宁，安宁才有幸福，那么这里很重要的就是发心。当然在发心之前需要有正见、正心，最重要的是发心，我想慈悲——也就是爱心，这是对发心的一个最起码的要求，也是最伟大的要求。每个人都有这样的佛心，但是常常被无明所蔽，所以需要像上人这样的高僧大德让人们有一念之间的转换，这样世间才得平静，人类之间才能够和谐。我过去看到上人白手起家，从零开始，其结果

※ 2009年3月23日会见台湾慈济功德会证严法师的谈话。

不仅仅直接救助和解救了那么多众生，而且让很多的众生开悟了，产生了这么大的影响，这同时也就证明了佛祖在"行深般若波罗蜜多的时候①"，他给世人的启示，不知道我领会的对不对？

证严：正确！许主席对佛教很有研究。

刚刚我在跟美国回来的一位教授说，等一下许嘉璐主席会来，他说，哇，他在大陆是德高望重呀！所以这一次你造访台湾期间，特地来花莲，我非常的感恩，也请多指教。

刚刚说到佛教，的确，它是一门宗教，但它是很哲学的宗教，也是很科学的宗教。请用茶，抱歉，我们都是淡茶。

许嘉璐：禅与茶不可分。

证严：所以，佛法在人间。其实它的目标是为了一大事因缘来的。佛陀是很期待，我们人的生命不仅是为生活而生活，因为人的生命是有使命感的生命，天地之间的众生——所谓众生就是很多很多的生命，虽然形态不一样，但是它们的名字都叫做众生。而人类是众生的领导，是众生之中最有灵的，所以人既然来到人间，总是要对人世间有贡献，这才是人生。虽然不同的人都有不同的习气，不同的时代，不同的环境使他养成了他自己认为理所当然的生活习惯。佛陀来人间就是要告诉我们，人的目标就是要大爱。就如许主席刚刚提到的慈悲，不仅要慈悲，还要喜舍——很开心地去付出，去布施，去舍得，这都是体现在佛陀教义中的，这就是大爱。其实不管是天主教、基督教，等等，都是提倡一个爱字，它们叫作"博爱"，我们叫作"大爱"，同样是慈悲，同样是彼此的感恩。但是假如只拘束在一个小小的宗教范围，那不叫做真正的人生的宗旨、生活的教义，真正的人生的宗旨、生活的教义则是，只要好的事情，我们都应该不分彼此，同去做，所以多年来慈济也是很期待把宗教回归到佛陀的时代。佛陀的时代希望实现一个目标：让人人看开了，突破个人的习性，把心放宽，能包容天下事，为天下苦难众生去付出。这都是因为宗教家没有家室的束缚，也没有事业的拖累，他们都是一心一意的为人群而付出，他们认为应该要做的是天下事。

我是从台湾西部来的②，来到花莲将近五十年了，时间过得很快啊！

---

① "行深般若波罗蜜多"出玄奘译《般若波罗蜜多心经》。
② 证严法师1937年出生于台中。

在四十多年前我来到花莲,感到花莲很漂亮,有山、有水、有大海,但是可惜交通很不方便,那时候只有石花公路,每一次到台北,需要八个小时,很不方便,所以年轻人都往西部走,留下来的都是原著民和老年人,花莲的山这么美、海那么宽,但感觉到的却是生命的凋零,另外,老人多,年轻人都不在,没有朝气,在那几年里我慢慢会体会到生命应该是同等的,这么美好的地方应该有很有朝气的生命力。所以我才会在花莲留下来。

刚刚谈到天主教和基督教,我跟天主教也很有渊源。天主教也好、基督教也好,它们可以漂洋过海来到台湾,做了很大的付出。所以我认为也应该为台湾付出,所以慢慢形成了这个功德会。

后来,在救济和接触困难的民众时,感觉到因病而贫的人很多,有的因为没有办法看病,小病变大病。所以我们在救济过后就马上又开起了义诊所,在义诊所才体会到东部的医疗很落伍,生命本来是平等的,为什么西部医疗条件可以那么高,而东部医疗那样差?这时候我会想到了佛陀当年的思考:冥冥众生的苦难,最苦的莫过于病痛,穷还可以忍,病痛是忍不得的,真的苦不堪言。我也感觉到义诊实在是很无奈,许多生命明明可救,但是医疗缺乏无法去救,于是才会在这盖起了医院,为他们义诊。为了盖医院就会想到,尽管时代在变化,医疗科技不断进步,可是东部的人才非常少,而现在的年轻人功利心比较强,不太肯到东部来,所以又会想到医师永远要保持一颗立志要当医生的志愿,那就是为救生命而做医生,于是我们就设立医学院,所以现在的慈济大学,就是为了医院盖起来的,期待在这么一块漂亮的土地上能有一个学府来培养好医师,让他们发心。刚刚许主席一直在说发心,让他们内心发出来我要当医生之心,那一定都是好的念头,要把这个好的念头留住,留在他心中,留在他人生的方向中,所以我们才会说不管花费多少人力、物力,还是要把医学院创立起来。

刚刚有位胡教授说,来到花莲,看到医院的研究、医院的医生,都是在为病人服务,他很赞叹。

我跟他说,其实这一切都是以人为中心。人的贫和病,都是宗教教义最最想要紧急去解决的苦难,慈悲的爱发出来最真诚。慈济人内心都要有诚、正、信、实,这是慈济人的宗教观。每一个慈济人,他们要进来之前都要先接受培训,来了解慈济要走的方向跟它的精神理念,他们要上的最重要的课程就是人格的培养——内心要很诚，诚又要正，要有信，做事情要实实在在。这种诚、正、信、实为内修。然后要慈悲，就是为人群的幸福或者众生的苦难，这叫作慈悲；要喜舍，要很开心地付出，要无所求；还要向对方说感恩——感恩他能接受我们的付出。我常常跟慈济人说，我们要用真诚来感恩，就如医生要感恩病人，因为他医术的进步都是在病人的身上得到的。我们的慈悲心都是在苦难人的身上，让我们的慈悲更加深、更加广，所以我们一定要对接受的人感恩。慈济人的理念都是付出无所求，还要对对方说感恩，这都是慈济人进来之前要理解的。

我还跟胡教授提起我们的慈济大学的解剖学模拟手术，解剖学模拟手术让我真的非常的感恩。我们现在都说环保，其实慈济人身体是做到了最环保的。慈济的每一位大体老师，当他健康的时候是为了慈济而付出，为了天下事去付出，哪里有灾难他就到哪里去，那时候他要出钱、要出力，还要付出时间，还不怕辛苦走遍天下，但是到了他身体有病了，而且假如医师跟他说："你剩下不久的时间"。这时候他就会准备回到花莲来，住进心莲病房。他回到花莲来还有时间，还能说话，所以我们医学院的学生就会跟他在一起，他就会在可以说话的时候跟我们的学生说："我的身体交给你，你可以在我身上划错千刀万刀，但你不能在病人的身上划错一刀。"所以这都是一个最环保的人生，他得到了真正的那种喜，生命还剩下不多的时间他也不惶恐，而且会欢喜付出，他把我们医学院的学生看作是我们的一群孩子，可以让我们的孩子在自己的身体上去探讨生命的奥秘，抱着欢喜的心，把他的身体又施舍，这就是喜。这就是慈悲、喜舍，也就是佛教所说的真空。

空吗？空！但是他们还是做——那就是有。他们的做、他们的有是出于人生的使命感，人总是要去付出，等到了人生的最后呢？不会执著。他最后的目标就是把这个身体交给你了，还会叮咛他说，你可以在我的这个身体上划错千刀万刀，但是千万记得不要在病人的身上划错一刀。这都是最好的良语，所以我说古语良师啊，这都是我们的人体老师啊！刚刚在跟胡教授分享这一块，非常的难得，美国也没有办法做到这一点。

许嘉璐：是的，非常感谢上人的这番开示。我过去没有亲临其境，没有亲耳听到上人的亲口开示，但我在看关于上人的各种报道，后来在厦门又得到一些资料。上人刚才用大体老师的作为来解释慈悲、喜舍，慈济的居士或者信众把自己的身体捐献出来是一种报恩，而所有的学生今后再模拟，也是怀着一种感恩，这是我今天到了慈济之后，听上人系统地解说才详细了解的。所以我刚才就向慈济发出邀请，今年的十月份我们在杭州举行海峡两岸医务界的交流论坛，这是海峡两岸医务界的一次盛会，我邀请慈济也派代表去——因为海峡两岸很多医学界的精英都会集中在那里。我觉得现在全世界的医学界几乎差不多，都是技术至上，缺乏对生命本质的认识，缺乏怀着感恩之心，怀着慈悲喜舍的信念来救治病人。现在人们最需要的是灵魂的充实，每个行业都是这样，所以我说慈济应该到论坛上弘扬这种理念。到时候饶先生和夫人也要去，因为这是第七届的海峡两岸中华传统文化与现代化论坛，这次论坛以医务为中心，包括中医和西医，涵盖了医疗、护理、卫生，还有药剂等医学领域。

刚才上人为我们作了长长的开示，给我很大的启发。现在社会上对宗教，特别是对佛教有很多的误解，这些误解恐怕到处都有，比如很多人觉得佛教是出世的。我在大陆做报告的时候，或者在我的文章里，都再三强调佛教是以出世之心来入世的。就像刚才上人所说，它既是一种宗教，同时也是一种博大精深的文化，也是一种很奥妙和深刻的哲学，这些都是一般人不了解的。我想世尊生在人间，求法于人间，开悟在人间，涅槃在人间，这已经足够说明它是一种人间的宗教。

各个宗教都是平等的，都有它产生的原因、生存的理由和对社会的贡献，但是佛教与其他宗教，比如天主教、伊斯兰教，有很大的不同。世尊是在他做王子时，观察到人类生、老、病、死的苦难之后，突然有所动，于是求法。在求法过程中，他既追随过婆罗门教，也追随过其他的外道，但发现它们都不能够解决问题。最后他在菩提树下，冥思苦想七天七夜，是牧羊女给他奶喝，才救了他生命。他病了以后怀着感恩之心，坐在那里彻底思考人生和宇宙的问题，最后他开悟。他开悟的是什么？还是解决人的生、老、病、死的苦难问题，所以佛教是一个入世的宗教。但是和一般人的入世不一样，佛教要求人以出世的心理、思想、心态来入世。我想慈济的所有事业、上人的一生，就是对佛教这种真正的面貌的一个最生动的说明。

特别在当前，几乎没有一个国家例外，都被物质的欲望搞得神魂颠倒，搞得社会浮躁，这个时候尤其需要宗教。我在大陆也不断向各大丛林的方丈、法师请教，坐下来跟方丈一谈都有感应，是心心相通的。我在咱们的客家高峰论坛上讲，我认为这次金融危机的发生和蔓延，不单纯是经济问题，不是管理的问题，也不是技术的问题，归根结底更重要的是一种文化的问题，是信仰与追求的问题。无节制的贪欲，才是它根本的原因。所以如果用佛教的观点说，现在是末法时代，正需要佛教通过行、住、坐、卧来感召世人，让更多的人能悟——真正的悟是很不容易的，彻底悟了就成佛了，然而我觉得这个时期，让世人能悟尤其显得极其重要而急迫。但是社会上的误解往往阻碍了人们，所以我想慈济的所行、所思、所做就是一个最好的说明。

当然在佛教内部也容易产生对于世尊和后来像龙树菩萨等的一些论述的曲解，我不知道对不对？比如说，在慈悲喜舍上面，功德最大的是法师，但是在《佛说波罗蜜多金刚经》的时候，并没有排除其他的施舍，只是强调一个法师最根本的境界是彻底的无求的，但是现在有的地方强调法师不去做别的事——我不知道台湾情况，这种观念我在大陆见到过——那就让法师们成为世俗当中的空头理论家了，这种观念在宗教内部是要澄清的。

再一点，我觉得刚才上人给我们的开示，用的都是平白如话的语言，也就是用我们日常的话来说佛教最深刻的教义，用"深入而浅出"已经不足以形容了。现在常常有这种情况，在一个行业里钻研的很深了，他说出话来别人就不懂了。我在大陆还研究计算机技术，计算机界的专家们说出话来一般人真的不懂。在我和大陆的僧、道朋友接触的时候，也发现他们讲道的时候，很难摆脱一些宗教的用语。如果是随着师傅学习久了，还都能够明白，初听的时候常常有很多地方不明白。可能上人也没有想到我能说出这番话来，您的开示本身就是一个最好的榜样。我和一诚法师、学诚法师在一起，向他们请教的时候，我发现这二位也和我们上人一样，说的就是平常话。既然佛法在人间，就应该用人间的话，用生动地实例来表达深刻的教义，这一点将来我也要向上人学习。

因为越是把话说得让一般人听不懂，信众和众生就越容易觉得和宗教有距离。他们需要花很多精力读很多书才能明白，这样反而降低了宗教的影响力。上人几十年来你都是用平常话宣讲佛理，用身体力行践行佛理，上人自己可能不觉得什么，就觉得应该如此，但是作为我来讲，是第一次当面聆听上人的开示，我也只有在参透了佛理，把它真正地化为自己的内在，真正把受、想、行、识都真的意味着它是空，才能变为行动中的有，这也是中观的思想。上人就没有说这是中观，但是实际上我认为是体现了，不知道是不是有所误解。

证严：说来也很惭愧，我没有研究得那么深，只是期待佛陀的开示。虽然说佛陀来人间开示、悟路，是他的一大事因缘，但是悟路是在众生，所以我最近跟慈济人说，开示在佛陀，悟路在众生。这个悟字好像很深奥，其实最重要的就是听而能致用，能用的时候才是悟到了。因为你用到了、体会到了，才知道其中的道理是什么，所以先做了以后，再跟你说，你会更明白。

许嘉璐：行入在先，理入在后。

证严：是，这都是慈济人他们的付出。您刚刚提起了现在的金融风暴，其实早上我在早会时候跟慈济人说——我们的早会通过通讯可以在全省同时进行，在其他的国家慈济人都可以用网络看到——并不是真的有什么金融风暴，实在是因为人心哪！它是一种心灵风暴，都是因为一种观念而起。从去年开始，慈济人知道美国发生的一些事情可能会波及到全球，我就开始在台湾跟大家说，不会那么严重，只要人心能定下来、安下来、大家清清淡淡地生活，就能平平安安地渡过。

慈济人在济贫、救济之前，都要去家访，这样才能知道这个家庭需要我们帮助他什么。我们现在照顾着几千户家庭，分为照顾户和关怀户两类。所谓照顾户，就是需要我们用物质的帮助和人的帮助去关怀的家庭，这些家庭或是因为贫呢，或是有病呢，或者家庭有精神病人，或者是鳏寡孤独没人照顾的。比照顾户更多的就是关怀户，所谓关怀户是一群老人家，儿女都远离家乡，不是经济上需要帮助，而是需要有人关怀，有人常常去跟他聊天，了解他心理的状况，等等，不是经济，是心灵空虚、忧郁症或者是其他，等等，这都是我们在关怀的。

从去年开始，不只是对照顾户和关怀户，全省的慈济人都要动员起来，在每一个社区、每一个地方，都要去关怀、照顾，去问问当地的孩子要注册有问题么？最近家庭怎么样啊？是不是被裁员了？等等。我们都要去做这方面的照顾和关怀。同时，我们还动员了教联会的老师们——台湾全省都有教师联谊会，共有三万多人，其中有在职的也有退休的，我们也期待这些老师们就所在的学校问他们的学生或者是别的班级的学生，有没有家庭问题。我们还动员了大学青年——叫做慈青，也有好几万人呢，也让他们问周围的同学、学弟、学妹等等家庭的需要，现在各种的回应林林总总已经都报回来了。大家访问过了将近千所学校，汇齐回来的讯息是有五千多户需要帮助，这五千多户人家的孩子有的是过去的照顾户和关怀户，有的不是，这要一一去了解，以后让这一群孩子去安心就读，不让他们辍学和交不起学费。经过辅导，他们有的就可以去就学，当然有的需要我们帮助交学费。

只要让大家知道生活上要平平淡淡的，很自然就会平平安安，真有需要的时候是动员大家投入关怀，所以说这次金融风暴在台湾的情况并不算太严重，实在是因为媒体报道得很严重。

我也常常跟企业家说，其实我们早年听到的是叫实业家，现在都叫企业家，实业家都是有多少资本就做多少事，现在都是企划，他想要做多少的时候，就不断地搞连锁，靠的不是自己实实在在有多少钱而是银行借款，一旦出了问题，就会像倒骨牌一样，说来就是一个心理的缘故，所以这次金融风暴也是心灵风暴。当然也有媒体的缘故啦，慈济有个大爱台……

许嘉璐：我在大陆看到过。

证严：怎么样？

许嘉璐：感动。

证严：其实我们大爱台常常跟记者说，你要报正、道正啊！要实在的才可以报，假如社会有偏颇的，你们要用媒体的方向把他们导正过来，这叫做报正、道正，所以看大爱的新闻是最真实的了。这就是说媒体要净化一些。但是现在的社会，媒体总是太颠倒人生，所以慈济的事业也都是希望能给人以启发，不光做慈善而已，最重要的是我们要教富，让富有的人，不仅是钱很富有，还要富有力量、富有爱心，去帮助那些没有力量站起来的人，互相扶持。

昨天我也跟大家提起了，有一位匈牙利的神父，他来台湾五十五年了，之前在大陆也有20年了。他25岁就从匈牙利来到大陆，后来他到台湾，在台湾一住就是55年。他是用博爱来付出。几天前他过世了，99岁。在十年前，99年，"9·21"大地震那年，我到了新竹，他来到我们在新竹的会所，大家相谈得很欢喜，因为我们都是对自己没有挂碍的，都提倡博爱，这是种同样的精神。谈起了台湾他真的很赞叹。他跟我提起台湾"9·21"大地震，那段时间他要盖一个智障孩子的生活无障空间，他看到我后跟我提起，说能不能给他的这个建筑起个名字。跟他聊过我才知道，台湾"9·21"以后，他要劝募盖这个残障中心，但那一年，他已经快90岁了。我听了很感动,回来就请我们的访事组去了解情况,了解到这个工程他没办法完成,于是我们决定由慈济帮他完成这一幢大楼。完成以后,因为神父年纪已经很大了,那一群残疾人士需要有人照顾,所以有一群慈济人会常常去帮他们整理空间,或照顾孩子。几天前听说他往生了,我心里很不舍,我就提出来,我们要很感恩他,他是从外国来的外籍人士,来到台湾,一住55年,把台湾这群智障的孩子当成自己的孩子,所以我们要用最诚恳的感恩,感恩他帮助我们照顾这些孩子。这都是人与人之间互相的感恩,也是彼此的尊重。

许嘉璐: 感谢,感谢!刚才我说的危机的根本原因是文化的问题,也就是上人所说的,如果我们不是要追求那种无止境的财富、无止境的奢侈,就过平常的日子,就不会有这个危机。这和上人的想法相一致,或者是因为我追随其后,不幸而言中了。前年11月,在经过一段时间很苦恼的思考之后,我向有关部门提出来,世界的经济泡沫已经形成了,中国的经济泡沫也已经形成,要未雨绸缪。我是一个学习语言学的人,我不懂经济学,但我在前年11月已经把这个问题提供给有关部门了。为什么要苦苦地思考?我苦恼的是我到底说不说,因为当时上上下下都为经济的增长和股市的飙升而欢欣鼓舞,我这时候说出话来人家不会爱听,但最后还是决定要说。

那么我作为一个学文科的,是怎么看到的?第一个当然就是离不开数字——这个数字距离实体不一致了,就在关注这些数字变动的过程当中,我看到人的贪欲进一步的放大了。我向有关部门说了那些话以后,没有几个月泡沫就开始出现。我想这就是用心去看,用理去看,用宗教、用文化的眼光去剖析人的心的结果,现在的人心已经是一步步地远离了平常心。

再一点,我可以和上人说,在我众多的头衔上,去年年底又加上了一个头衔,现在还没有对外宣布,那就是中华社会救助基金会的理事长。为什么没有对外宣布呢?因为我们正在筹备成立大会,我们要把成立大会办成一个社会救助的大会、爱心传播的大会,让社会各界的爱心有所释放的一个大会。我们的工作人员已经在筹备了,说老实话,我已经很忙很累了,但是他们向我通报的时候,有一句话感动了我,就是我们要做的第一件事情,是对大陆的农村孤寡老人进行救助,我听了之后觉得非常有意义。政府对农村孤寡老人已经很照顾,从中央、省、市,一直到村,都想方设法地在照顾,但是再怎么也只是最基本的物质上的照顾,如果在物质上有点什么特殊需求还是没有钱——政府顾不过来呀，另外还有心灵的照顾现在还做不到。这些就是中华社会救助基金会首先要开展的。

这二十几年来，我经常到乡下去，而且专门到贫困落后的地方去，我看到了很多催人泪下的景象，其中也包括一些老人的。今年是我本命年，我七十二周岁了，我见到的一些农村老人，年龄还没有我大，但是他们面容的苍老和步履的蹒跚，显得比我岁数还大，所以当这些有爱心的朋友极力主张我来出任理事长的时候，我就想到以前见过的那些茅草屋、那些老人的形象，同时我还想到，我一直在城里生活，在大都市生活，我吃的每一粒米、每一片菜、每一杯茶都不是我生产的，说不定就是我要救助的那个老人所种的，那么现在我有这个社会赋予的一点职责，我来为他们做一些事情，这是一种报恩，不是施舍。

所以在开第一次理事会的时候，最后让我作为理事长讲话，我就讲了两点，第一点我谈的是技术，成立大会怎么开，第二点我就特别强调，大家作为社会救助基金会的理事，我们自己要报着报恩的思想来做事情，这报恩其实就包括了佛教讲的四报恩，包括报父母恩、报众生恩、报国土恩、报佛陀恩。不仅仅是理事，还要教育我们所有的志工，所有以后的工作人员，都要报着感恩、报恩的思想去做，绝不允许有一丝一毫的我是官员、我是领导、我是捐赠者，我是看你们可怜来施舍的意思。按照佛陀所说，简而言之，世界是一种循环，你说施舍这个东西，其实是人家施舍你的，没什么可自豪、骄傲的。所以刚才上人后面所说的这句话，我想我要进一步学习，在我的基金会里更好地宣传贯彻。

证严：那我就要恭喜你，也要恭喜大陆人民，真的是福音。这跟慈济现在做的都是完全一样的。

许嘉璐：所以我今天必须要来。

证严：真的很开心。

许嘉璐：我们做了一个统计。在大陆的农村，没有人照顾的孤寡老人有536万，已经进了各级养老院的有160万，还有370多万没有进养老院。政府和当地农村的互助组织只是为他们提供粮食、蔬菜、柴草。我们要努力做到把536万全部覆盖。这个要逐步做，我们想第一年能够做到救助100万老人。救助者和被救助者直接联系，不是封个福音包就完了，志工要给他写信，给他寄东西，可以去看望他，也可以把他接到城里来住上几天，四处走一走、玩一玩，让老人觉得社会没有抛弃他，他年轻的时候把精力都贡献给社会了，现在老了，远处还有人在关心他，这样他可以长寿啊！

证严：是啊，这就是最好的，是民众的福啊！真的非常有福！不只这一群老人家或者是穷困人是受惠者，其实对关心他们的富有人，也是一种福音。另外，您还可以把年轻人带去"见苦知福"，现在的年轻人都不知道人生苦在哪里。在慈济，会把这些年轻人带到苦难的地方去，让他看到人生是这样的，那种的付出，跟我无缘无故，但我愿意去拥抱他，我愿意去抚慰他，他们年轻人在旁边看着，也会很受感动，他们也会付出，因为这种帮助人的感觉真好！所以有钱人、富有的人，也可以有机会去看一看这群需要他关怀、需要他照顾的人，这是很好的教育。

许嘉璐：以后还要请上人多多指教。

证严：不敢、不敢！不过很开心，听到了大陆还有这么好的领导的观念。

许嘉璐：这个我也很受感动。现在，在经济的浪潮里，有些人也钻政府政策的空子，成立各式各样的基金会，目前全国的基金会有1300多个，其中公募基金会的数目我忘了，大概是200多，这里面很多是有问题的。因此，中央政府已经做出决定：现在一个公募基金都不批，必须先整顿——这一整顿需要几年，要一家一家整顿，所以一个都不批。当我的这个基金会筹备成立时，送到民政部审批，因为中央有正式文件的命令，所以民政部的权限就被收回，又上报了国务院。国务院因为这个基金会是做社会救助的，所以特别批准的。

批准成立难，我出任理事长也难。我是去年3月卸去实际职务的，如果我担任实际职务，我就不能做这个理事长，因为涉及到钱，实职和钱挂上钩，就容易出问题。说来我也很感动，在这样一个封闭令、结止令的时候，中央政府又特别批了一个基金会，而批准的原因就是因为社会救助。这说明大陆的政府也感到，在慈善事业上，民间的团体可以大补政府力所不及之处，所以这种爱心是一体的。我想整个社会是一样的，将来我们还要向慈济取经、学习，最重要的是学习这种爱心。

证严：希望会长多关怀、多帮助，我们要做的方向是一致的，也许我们都可以一起来做。同样的内心是付出无所求，能做到的都是很感恩的。

许嘉璐：是的。所以我觉得佛教的有些话都是很精到的。比如说，

"无缘大慈,同体大悲",我与他没有任何的缘,但是慈心一样,这都是现代人说不出的话,但越体会这八个字,就越能发现它深刻地体现了佛陀的思想。

证严:许主席提到了"无缘大慈,同体大悲"。世人在说到"无缘大慈,同体大悲"的时候,总是会很开心、很欢喜,但是要做到了才能够真正地体验到这样的无缘大慈。所以我会常常跟大家说,我们应该普天之下都是生命共同体,我们不只是要爱人,更要爱地球。昨天我也在开全省的环保志工干部会议上说,现在我们不只是要救人,还要救地球。其实都是因为人心的贪欲,人如果都是清清淡淡地生活,物质也不会用得那样浪费,也不会造成那么多的环保问题。

所以我们在大陆的很多地方做事,就是要让大家知道环保的重要。最近在震后的四川,我们跟老人家过年,做围炉,开始是慈济人在做,然后当地中、小学生也参与了。从"5·12"开始我们去做义诊,有我们医院的医师,还有台湾来的人民会。四川话我们听不懂,所以就请当地的孩子们来翻译——刚地震时他们还没法上课,我们称他们为小志工。把这群小志工带好了以后,我们就跟他们说,你们要尊重爷爷、奶奶,因为他们都是你们爸爸、妈妈的长辈,所以要尊重。100天以后我们这18个医疗团队才慢慢回台湾,要回来的时候,这一群孩子跟慈济人有约,他们说,"你们回去以后,我们会继承你们的爱心,我们会到爷爷、奶奶的家,帮他们清扫,我们会去照顾他们,我们会关怀他们有没有吃药"——这都是很贴心的。我们要回来之前,正好是"8·8"节,就顺了这样的因缘,为他们报孝恩,我们就跟他们说,父母恩重,你们应该如何孝顺父母啊,要报父母恩。我们请他们向父母奉茶、洗脚,在洗脚的时候那些孩子都会哭,他们摸到了爷爷的脚,摸到了父、母亲的手,长辈的手脚那样的粗糙,那些孩子哭了,他们说不知道父母那么的辛苦,所以他们开始也学会孝顺。在年底我们要围炉的时候,同样也让这一群孩子们一起来。

在这样的互动下,慢慢地慈济人就跟他们说,我们地球为什么会地震呢?是四大不调嘛!地大不调、风大不调、雨大不调、火大不调,这样四大不调,都是我们的人心的缘故,我们做了很多坏事,让大地也污染了,空气也污染了,所以才会有这么多的灾难,希望人人痛惜。

我们用回收的宝特瓶做成毛毯。这次"五·一二"大地震,我们送去了几万条这样的毛毯。在年底很冷的时候给他们棉被、毛毯,跟他们说这些棉被、毛毯都是宝特瓶回收来做的，他们知道了原来宝特瓶也可以回收。其实不只是宝特瓶，还有很多的物质都可回收。

许嘉璐：手感怎么样？

证严：很好的。这一件衣服也是宝特瓶的。

许嘉璐：我只有宝特瓶回收之后做的领带，日本做的，很软，但这个技术不知道。

证严：物质回收回来变成的原料其实都是很好的。美国德州市长说，他们全市政府职员都可以穿这个，能不能做给他们，我们会跟他们分享。所有的物质都是来自于大地的，我们可以把这种种的物质回收，再利用。

许嘉璐：环境的污染也是贪欲和对生命的不尊重、对地球的不尊重所造成的。

证严：所以我们都提倡清清淡淡地生活，那就不会浪费太多。同时也希望他们资源回收，这样垃圾才不会到处丢，水才不会到处塞，因为人口多，垃圾就会变成一种很大的问题，会造成很大的灾难。有的时候就在于一念之差。

许嘉璐：一念之差，永远是众生；一念而悟，破除了迷、蔽，成佛。

证严：都是在一念嘛！很抱歉，你来了，也没有很好的招待。

许嘉璐：您的一番开示就是最好、最好的招待了，享用不尽。

证严：将来我们的慈济跟你的社会救助基金会，可以会有同一个方向，请多给予指教！

许嘉璐：请多给予指教！谢谢！

惟贤讲堂记

惟贤讲堂，女居士陈华所建也。以惟贤名之，为弘佛法耳。弘法，何以名惟贤？惟贤者，当代高僧也。自古佛法僧三宝均得名堂；今以高僧法号名，盖有以焉。居士皈依有年，自忖幸逢盛世，佛法重昌；贤师一生所度，不知凡几，今虽耄耋，犹矍铄捷敏；若创建道场，请师说法，则亦如己之法施焉。于是筹资鸠工，年许而成。噫！正像末三时，何乏菩萨行者，而居士联高僧以兴堂，属以僧号，盖亦憖矣，亦宜矣。斯堂所在镇曰思居，岂谓适为学而冥思之所欤？且合川既以涪与嘉陵相汇于此而得称，或亦寓佛法西来与华夏两合之意乎？而堂居天花苑中，自为散花之象矣；况玉树周匝，澄江永绕，是斯堂已得天地佛人之和，可不庆哉！师四川蓬溪人，甫离襁褓，双亲见背，赖姊抚育；年方一纪，即入沙门；才阅四载，入太虚大师汉藏教理院，年最少而业精，心既聪而思深，潜心五载，得师心印，曰八宗平等、人生佛教、菩萨学处。师奉校训淡宁明敏八十春，未尝稍懈。是以虽遇大厄，其信益坚，其智愈明，足迹遍南北，法音彻内外。《大日如来灌顶经》曰：菩提为因，大悲为根本，方便为究竟，盖师之所崇与？师复遵契机契理、二谛圆融之旨，故闻其阐扬楞严、法华、华严、般若、十地诸经者，莫不欢忭鼓舞，如灌醍醐。既有此堂，则欲聆妙音者可接踵来归，师传法灯亦免奔波矣。堂成，居士命为之记，遂叙所感如是。淮安许嘉璐若石庚寅仲夏三十日谨撰。

动静皆修，释儒圆融[※]

尊敬的学诚法师、各位善信：

我有幸再次来到龙泉寺。学诚法师命我来做个讲座，不可违呀！但是我一开始，还是婉拒了，主要是在佛门面前，我还是小学生。学诚法师的学养修为乃至他的持戒、他的慈悲，我想大家都是了解的。虽然我们年龄有差异，但是我仍然把他作为我学习的榜样，所以我开句玩笑地说，我到龙泉寺来讲课，岂不是圣人门前卖《三字经》。后来他还是坚持让我来，我说那就请学诚法师先给我开示，给个命题吧。法师也不答应。于是我就自己想了个题目，当时没经过大脑，就是"动静皆修，三教圆融"。

两会之后的这段时间，我恰好特别忙，没有时间准备。学诚法师说，你不用准备。但世尊面前不能任意地说啊！最终，我还是挤了时间准备，但我发现讲三教圆融，内容太多，同时在两个小时的讲座里也讲不清楚，于是就讲二教圆融，就是"释儒圆融"，这样对我来说，可能更方便些。

多年来，我围绕着儒家和佛教经典的思考多一些，所以今天与其说我来做讲座，不如说我来和大家交流。我把我学佛的一些心得体会，我不敢说体悟，其实也包含我的一些体验——学儒家经典、先圣先哲的一些体悟，向我们各位法师，各位善信做个汇报。学诚法师告诉我，讲完以后有半小时的交流时间，也请大家多多批评。

今天我要围绕着这样几个问题来讲：第一，为什么要修学？这个问题似乎不成问题。每个人来到龙泉寺都抱着一种虔诚的胸怀来学习，每个人都有自己的目标。我为什么要讲这个问题呢？我要把它放到人类整个社会背景下谈这个问题。第二，怎样修学？这个按说也不需要我说，因为各位

[※] 2010年3月20日在北京龙泉寺的讲座。

法师对各位居士、各位信众都有很多这样的开示，指出很多的路径、次第。我是从什么角度讲呢？是从人类心理、人类历史、社会现象这几个角度讲。第三，修学的科学性。很多文章、著作都谈到这个问题，第一次"世界佛教论坛"和第二次"世界佛教论坛"论文集里有一集专门就是谈这一问题。我认为，无论信仰什么，在这样一个氛围、系统中，努力去修、去学是对的，是科学的。这三个问题贯穿着世尊所说的精神，以及儒家的一些精神。接下来的第四个问题是"释儒圆融"。

一 为什么修学？

（一）人人都需要信仰，人人都有信仰——人与动物的分界线

无论是虔诚的出家人、居士，还是现在仍然懵懵懂懂生活的人们，都需要信仰。开门七件事——柴、米、油、盐、酱、醋、茶，整天忙碌于日常生活的人们都需要信仰，也都有信仰，只不过他们自己不明白而已，应了一句中国古话——"百姓日用而不知"。为什么很多人用而不知？主要是因为他没有静下来反思，如果能静下来反思，就发现自己是有信仰的。信仰，这是人成为万物之灵，人区别于动物的一个重要分界线。人与动物之区别，在于其有思想，有语言。

有思想就有追求，就会想到超出自己生活圈子以外的一些事情。单想还不行，他还要涉足到、介入到超出自己生活圈子以外的事情。大家想一想，汶川大地震，引发了13亿人那种悲壮，那种仁爱，这不是我们生活圈子里的事情，早已超出我们的小家、小单位、小地区了。海地大地震牵动了多少中国人的心。最近家家户户在议论，云南、广西遇到了百年一遇的大旱。这些都不是我们生活范围内的事情。我们了解这些事情，关注这些事情，是因为我们有思想，有语言——发出信息最便捷的工具。我们想的可以说出来，可以交流，这就更加扩大了人的生活范围和生活内容。

（二）人的追求是多元化的，有平凡的，有低下的，有高尚的

生活圈子之外的事情都是什么呢？其中包含的重要内容就是"信仰"。人们的追求是多元化的，可以说有十个人就有十种追求，但是我们可以将这种多元化的追求归类。有的人的追求是平凡的，有的追求是低下的，有的是高尚的。平凡的追求并不算错误，低下的追求不好，但我们不能歧视有低下追求的人，要以大慈大悲之心来看待，更增加了我们的责任

感，我们要度他们。为什么呢？人人皆有佛性，只不过他被世间的五蕴遮蔽了。

何为平凡的追求？正当为自己，也就是衣食住行之所需。孟子的一个弟子在两千多年前就说过："食色，性也。"人是动物，动物要生存就离不开吃，动物物种要延续就离不开性，这是无可责怪的，是人类生存发展的基本条件。但它是平凡的。任何动物离开食和性，物种就要断绝，这是人和动物共同的基本需求。低下的追求是龌龊的，是人身上动物本能的无限扩大。我理解佛所说的轮回中有畜生道，恐怕也包含这层意思。就是说生活在现世的某些人，虽然有人的外形，也有思想，有语言，但他的追求等同于畜生，当他自认为很美妙的时候，实质上已经堕入畜生道。六十多年前，我还是孩提的时候，不是像现在满街的秽语，骂得最厉害的两个词，一个是"罪犯"，另一个就是"畜生"。为什么是这两个词？因为"罪犯"是正常的人类社会所不容，"畜生"是失去了做人的品行。当时评论人最重的话就是"不要理他，他是个罪犯"、"这个人像个畜生"。

高尚的追求是正当地为己，尽量地为人。也就是自觉觉他，自度度他，自利利他。人人皆有信仰，信仰层次不同。我们的善知识——师父平时的开示其实都在引导我们，如何从一个平凡的人成为一个高尚的人。最高尚的人是谁？是佛。佛教的信仰，是高尚信仰中的杰出者。我并不是身在佛堂，面对众多的出家人和男女二众才说这话，我在所有的场合都这样讲，这是值得我们中国人骄傲的地方。中国人在两千多年前接受了从西土来的佛教，经过我们的消化、发展、建设，我们实现了佛教中国化，佛教已成为中国宗教。中国化的佛教是对全民族的贡献，对全世界的贡献，对全人类智慧的巨大奉献，这个信仰就是高尚杰出的一种信仰。

（三）佛教的信仰是高尚信仰中的杰出者

为什么？

第一点，因为中国佛教各宗都以发菩提心为弘法的核心，祈求的是人心净、国土净，我再扩大一点说，天下净。拿我刚才所说的标准来说，我们这样做已远远超出了各种范围，而且超出很远很远了，超出到把我们在场的、在座的这几百人所到过的地方加到一起还要大的范围。

第二点，中国佛教从不排他。两千多年来，佛教与儒家和道家曾经有过理论上的冲突、争辩，有的时候甚至相当的激烈。但是在中国国土上，佛教与道教、儒家从未发生过武装冲突，这在人类的历史上是个奇迹。如果大家有时间，翻一翻欧洲史，直到今天，整个一部欧洲史都是一部血腥史，战争从未长时间休息过。发动战争的原因，百分之九十以上是因为宗教冲突。十字军九次东征，从法国、意大利一直打到耶路撒冷，后就是屠城啊！近代两次世界大战，死了上亿人啊！宗教都是其中的主导或重要因素。中世纪在欧洲天主教一统天下，"异教徒"这个词就意味着死刑，而且是用火活活烧死。虽然也经过法庭审判，但法官就是天主教的僧侣。我们佛教从自身来说，到唐代演变形成了八宗，不同意见就另立一宗。佛教和儒家、佛教与道教从来没有发生过哪怕是动一把刀、一条枪的冲突。这归功于佛教没有排他性，也归功于儒家没有排他性。三武灭佛可以说是一瞬间的事情，那是朝廷的行为，灭佛有时就是一年的时间，第二年很快又恢复了。

佛教与儒家和道家有过争辩，激烈的争辩，而争辩有好处啊！用宋明理学家的话说，"辩则进"。佛教徒对儒家的学说提出质疑，提出批评，儒家要想回答必须反思自己，改进自己。儒学批评佛教，佛教也会反思。必须与时俱进，相互学习、相互吸收、共存共生，儒和佛各自保持自己的个性，又你中有我，我中有你，大家共同地不断升华。我举一个人所尽知的人，唐宋八大家之首，唐代的大文人——韩愈，他对皇帝迎佛骨坚决反对，写了一篇《谏迎佛骨表》，因此被贬到现在的潮州。在韩愈的许多文章中，看起来他是反佛教的，但《韩昌黎文集》中有许多和寺庙的高僧大德酣畅淋漓的唱和诗篇，他有很多高僧大德朋友。《谏迎佛骨表》是政治层面的问题，他与僧人私下交往，是个人的情感和学术的问题，这大概只有在中国才有这种奇特的现象。

第三点，中国的佛教发扬了佛陀的思想，博大精深，是中华精神中重要的组成部分。

我们还可以举出第四条、第五条、第六条理由，但举出三条就够了。中国佛教是高尚信仰中的杰出者。历史证明国运兴则佛教兴，个人信仰纯则人品高，这就是师父常说的正气。这个问题的大题目是"为什么要修学"，我的思考是人需要信仰，佛教是好信仰，要想信仰就需要不断地修学，这就是所谓的"学无止境"。我们的信仰追求的最终目标——成佛，成佛是需要永远追求的目标。大家所崇拜的文殊菩萨，经过千百亿劫，至今仍然是菩萨。我们不能因为这个目标，在我们有限的一生达不到，我们就放弃这种信仰，而这正是佛教高尚之处。我们要时时刻刻想到，世上等待我们去度的人太多太多了，而难度又是极大，因此说，佛教及其信仰者任重道远。

（四）历史证明：国运兴则佛教兴；信仰纯（正信）则人品高

我在平常的生活中也曾经遇到有人给我提出这样一个问题：儒家引导人"仁、义、礼、智"，佛教自度度人，怎么社会上从来都是乱糟糟，什么时候也没出现过儒家想象的那种大同世界、太平世界，也没出现佛家理想的莲花铺地，处处祥和？我的回答是，正是因为有了佛、儒的理想和信仰，有一批献身于佛教事业的僧侣和不断追求的善知识，也是因为有了一批以圣贤为榜样不断提高自己人格的学者，所以社会才是平衡的。如同天平，一边承载着正义、善良，一边承载着邪恶、龌龊，不同时候天平可能向某一方向倾斜，但总不会让龌龊和非正义统治一切，如果没有我们这些坚持自己信仰的人，社会不堪设想，这是其一。其二，正是因为儒家的先圣贤者，也因为佛教、佛陀的教法和众多菩萨的榜样，他们的预想，我相信人类社会总是向上的，只不过这种走势是缓慢的。66亿人排成队伍可以绕地球几圈啊！我们人生短促，可能感受不到，但放眼历史的话，历史是在前进的。佛教的伟大就在这里，不一定自己看到啊，为的是众生啊！我们任重道远，要修学、要有信仰。

可是过去、现在，人们对佛教还有很多的误解。第一种误解，佛教是出世的。这种误解可以说是历史沉淀、延续下来的，实际情况并非如此。佛教是以出世的胸怀积极地入世，以积极的态度来入世。孟子曰："有天爵者，有人爵者。仁义忠信，乐善不倦，此天爵也；公卿大夫，此人爵也。古之人修其天爵，而人爵从之。今之人修其天爵，以要人爵；既得人爵，而弃其天爵，则惑之甚者也，终亦必亡而已矣。"大意是说，人区别于动物是他有仁义之心。但是人间的爵位，就是卿大夫，做官的，古人并不求人爵，他努力提高自己的品格、修养，结果获得了人爵。现在的人呢？也求天爵，目的是为了获得人爵，等拿到了人爵，当上了大官，就把仁义给扔了。孟子都感慨，这是古今之异啊！

佛教使我体悟佛学的伟大。佛教徒不断提高自己，为的是什么？一句话，我们佛教徒不是不食人间烟火的。用出世的态度把"色空"的问题解决了，因为一切都无自性，用我们平常话说，一切都是过眼云烟，唯有自己的品德可以传给自己的孩子、自己的学生，永远传下去。其结果呢？你可能获得了社会的承认，朋友的赞赏，儿女的孝顺，这就是回报。所以，佛教不是出世的。就拿龙泉寺来说，有这么多的居士，善男子、善女人到我们这里来，这是在家人出世，也是出家人入世。我们做了那么多的社会救助工作，就是入世。我现在是"中华社会救助基金会"理事长，学诚法师是基金会的理事，我们一起入世嘛。

第二个误解，"一切皆空"。"色不异空，空不异色，色即是空，空即是色。"这四句话包含着非常深刻的哲学道理，却在某些人眼里被误解为一切都是空的。从宋到明，很多大学者在问："你吃的饭是不是空的？你这个人是不是空的？"这是没有读懂才会这么说。何谓色？何谓空？"色不异空"是什么意思？"色即是空"又是什么意思？在佛教徒的眼里，一切都是虚妄的。

第三个误解，信佛全是"为己"。确实，有的人到寺庙里拜佛、烧香就是很虔诚地为自己的儿孙求福，为自己的婚姻圆满祈福，为自己能考上大学祈福。这么做并不是坏事，但它不能真正代表佛教徒的高尚境界。我们拜佛，是佛的美妙庄严对自己的一种感召，求得心静，想象着佛陀的教导，提升自己的人格，同时，也是为国泰民安祈福。即使老婆婆求的是儿孙的平安，那也是美好的事情，如果所有老婆婆都希望儿孙平安，那天下也就平安了嘛！所以，说是"为己"，是不知道佛教的利他和度他，或者是知道而掩盖，有意这么讲。我想，这都是误解。为什么我说这些？因为和我后面要谈的我们的修学是有关的。

振兴佛教，既需要社会建设的不断完善，也需要佛教自身的健康发展。所谓社会建设的不断完善，那就是整个社会文化素质的提高，国家有关宗教管理的法律、法规的进一步改善和完善，以及社会对于不同信仰尊重的气魄。近些年来这些方面都有了很快的提高。最近又颁布了宗教场所财务管理条例，各方面都在不断地完善。宗教信仰自由，会得到越来越周密的法律、法规的保护。然而，佛教更需要自身的健康发展。有关佛教建设的问题，我不在这里展开了。我们今天谈的是儒和佛的圆融问题，我跟学诚法师就这一问题进行过多次推心置腹的交谈。消除历史和现实误解至关重要，这是关系到佛教发展的问题。消除误解没有别的良方，也不能靠我到处去说，最重要的是靠出家和在家二众的"信、解、行、证"，来证明今天的佛教已经不是清末、民初或者四十年代的佛教了。那时候国家衰败，佛教也衰败，就是"国运兴则佛教兴"，当国家衰败的时候佛教也衰败了。那时候，缺乏管理，良莠不齐，那是佛教史上一段令人痛心的时日。我们需要行动，用我们二众的言行，用佛教的"信、解、行、证"来破解那些误解。

《维摩诘所说经》里说："若菩萨欲得净土，当净其心，随其心净，则国土净"。这几句话是我们常说的，如何理解？我领会"心净则国土净"就是用"信、解、行、证"来证明，佛教是高尚信仰中的杰出者，那就要从这里做起。芸芸众生，如果人人都心净了，自然天下太平，和谐相处，不是国土净了吗！这是一个普遍的想法！但是我想维摩诘菩萨说这话的时候还有另外的含义。大家都读过《维摩诘所说经》吧，他病了，也不知道是真病还是假病，也许他病本身就是一种开示的法门，佛祖派众多的菩萨到他那儿去看望，很多菩萨不敢去，因为维摩诘居士佛法太高。把他们之间的谈话放到那个语言环境里来想想，实际上是不是还有这样一层含义，就是作为我们菩萨，今天来说就是我们的信众，你的心净了——这个净不是什么都没有，而是干净、纯净——之后还有什么东西呢？就是佛陀的教导。这里就包含着你不能只自己净，你还要让他人净，也就是人人是一个道场，人人是在弘法。当你的周边，你所在的地方，人人都获得了真正的无上正觉，正气就成为社会的主导，国土就净了。我想我们处在现在的环境，就是后一种理解。

弘一法师是我们很崇敬的当代高僧。大师说："念佛不忘救国，救国不忘念佛。"从前我读的时候理解弘一大师的意思是：自己念着佛，拜读着佛经，但是还想着救国。弘一大师所处的时代正处国运艰难的抗日战争时期。后来我想不对，一心不可二用啊。当我在读观自在菩萨观察世界得出的结论——"色不异空"的时候，还想着战场上的炮火，这是不可能的事情。因此，我认为弘一大师所说的念佛和救国是融合为一的，他的念佛就是自净其心，自见其性，而且要用这个东西扩散到他周边的出家人和信众当中，这本身就是一个出家人在救国这件事情上能做的最重要的一件事情。但是不能局限于此，他在寺庙里还给前线抗战的战士募捐，还救助伤病员，等等。当时各个寺庙都做了很多这样的事情。大家都知道栖霞寺，在南京大屠杀时栖霞寺成为难民避难的一个场所。弘一大师在做具体的、直接的救国行动的时候，也没有忘记念佛。那就是心中有佛，我所做的一切都是在实现佛陀的教导，我又朝着菩萨位前进了一步，而这一步又不是我追求的，就如孟子所说的这是天爵，不是追求天爵，是我做了之后自然就向前进了。这两个例子说明什么？这都是在驳斥信佛全是"为己"、一切皆空、佛教是出世的等，这些错误的认识。

佛教是出世的。尽管我读的是儒家的书，对佛教存有误解的人物中，有我非常崇敬的，在中国儒学史上举足轻重的称为大师的人物，但是当我看到他们对佛教的这些误解的时候，我很为这些古人惋惜，他们没有真正了解佛教。中国的佛教徒，我们人人坚守自己的信仰，人人修学，不仅仅是于个人，于自己的家庭，于我们周边的人群、社区、我们的社会、我们的国家，都有好处，而且我认为具有世界性的意义。对这一问题谈三点。

1. 当前三界险恶，"贪、嗔、痴、慢、疑"已经成为世界性的流行病。SARS不可怕，禽流感不可怕，猪流感不可怕，艾滋病也不可怕……当然落到个人身上还是可怕的，我是说这些东西都是"贪、嗔、痴、慢、疑"所带来的恶果，这些是病而不是根。病根是另外一种流行病，就是"贪、嗔、痴、慢、疑"。何以疗之？唯有拯救人心！佛教是干什么的？就是拯救人心的。

2. 世界不同文明的对话已经成为一种国际潮流。三天前100多个发展中国家在马尼拉召开一个会议——不结盟运动会议，这个会议做了一个重要的决议，就是加强世界不同文明对话，积极提倡、呼吁世界不同的文明展开对话。在这100多个国家里，有佛教国家，有基督教国家，有天主教国家，有伊斯兰教国家，有婆罗门教国家，还有部落宗教（也就是原始崇拜）……这些首脑能坐在一起签署这样一个宣言，就说明他们的对话是成功的。哪里对话不成功？什么样的对话不成功？那就是西方发达国家和发展中国家，他们所代表的西方文化和东方文化。西方国家不公开的呼应，更不用说提倡不同文明的对话。他们也对话，是用另外一种方式对话——精确制导的导弹，一对就化了。在这样一个发展中国家和众多有识之士提倡的文明对话中，佛教应该成为对话的重要一方。

正是为了实现这一目标，我和学诚法师一起努力了多年。学诚法师代表佛教出访参加对话就是具体行动。但是总在国外对话也不行，而且我们佛教常常不是主角，而是列席代表。基于这一原因，我现在正和有关方面合作，要在山东孔子的出生地尼山，打造一个"尼山世界文明"对话的论坛，争取打造成为一个固定的论坛，成为一个世界著名的论坛。西班牙、新加坡、美国等地的论坛是轮流的，我们这儿是固定的。今年9月25号将举行第一次对话，而当前最迫切需要的对话是儒家和基督教的对话。目前，我们已初步确定，明年在北京举行"尼山论坛"之"北京论坛"，由我和学诚法师联手，儒、释合作，由北京师范大学人文宗教高等研究院来承办"佛教与基督教的对话"。我们来做主人。我既然在这里讲了"佛教应该成为世界不同文明对话的重要一方"，就要有所行动，不能光说不练。我们知、解后就要有行，这就是我们的行。

3. 佛教早已成为国际性的宗教。在世界佛教论坛上，有法国和尚、有美国和尚，其实早就有南传佛教十几个国家；国内还有藏传佛教和北传佛教，就是汉传佛教。它本就是一个国际性的宗教，通过各国佛教信众的众善奉行，可以扩大影响，可以结交更多的国际朋友。这不就是有世界意义么？要知道基督教和天主教早就在中国落地，但始终就没有扎下根。基督教在中国真正开始传播，不过是一百年多一点而已，而且它们是随着炮火来的。我们佛教在传播的时候从来没有使用过武力，我们是用佛道结法缘，交朋友。我想佛教一贯奉行的这一准则，符合今天的社会潮流，符合世界上人们的需求。我相信，随着佛教国际化的进一步扩大，我们为世界做的贡献也会越来越大。

二　怎么修学？

（一）修学有序

修学有序，就是佛经上所说的"次第"。但是我所说的序，并不是严格的时间的线性的这个序，而是不同的人的心路，"心"开悟之序。人的善根不同，有上根的、有中根的、有钝根的。不同的人，顺序实际上是有不同的。师父们常给大家讲的戒定慧、闻思修、信解行证。这是一个逻辑的排序，你只有虔诚地守戒，你才能够在适当做成的时候，才能够定，定中才生慧。声闻之教是需要的，更重要的是修。你要知道怎么修，应该怎么去做，这是要有逻辑的。但是不同的人，可以有不同的切入点。我在这里谈一点自己的体会，这是我在读佛经和儒家经典的时候，我自己的一点体验。我比不上大家，比不上出家人，每天有固定的时间修行、过堂、做功课和坐禅。但是行住坐卧莫非佛法，我在行住坐卧中来体会。严格地说，我最初并不是从佛经上得到一点体验的，我是在做当中体会的，但是这不够，还要回过头来再读佛经。在读佛经的时候，我自己认为，豁然开朗、升华了，原来我所做的有些不符合佛法，有些恰好和佛法吻合。时间次第不一样，但是逻辑的次序是这样的。

这里我要强调，戒是重要的。佛圆寂之后徒弟们没有老师了，他留下遗言，以戒为师，这句话流传至今。我不用佛陀这句话，而用《楞严经》中的一句话，"摄心为戒，因戒生定，因定生慧，是则名为三无漏学。"无论出家还是在家都要受戒。但是，人非圣人，孰能无过。有的时候，有点犯了戒法，那怎么办？忏悔。

声闻也是重要的，《华严经》上说"若因精进，其闻思修，则名为智。"

信是重要的。你光哇啦哇啦在那儿读，你心中没有信仰，没有一种心的皈依，只有仪式上的皈依，那是不行的。打个比方，无信就像那通往一个美妙境界的门，有门而不入，怎么能得到正信呢？有闻、有思、有修行，等等，也就是师父所开示的修学次第上的东西都要有，在这里慢慢培养自己虔诚的信仰。我认为无论说了多少，关键的问题是你要发心，其中很重要的是见性！

何谓见性呢？平时我们没有这个思考，所以静下来想想，到底你心里追求的是什么？没有高尚追求的人可以醒悟，我过得有什么意思呀？早上起来擦把脸，老婆给准备好了一杯牛奶，咕咚咕咚喝完了，哒哒哒哒下楼，开着汽车呜呜呜到了写字楼，噔噔噔噔来到办公室，刷卡，坐在计算机前面哗哗哗哗，午饭连楼都不用下，就在自己的小椅子上吃外卖盒饭，吃完弄瓶矿泉水一喝，接着继续敲电脑。晚上快下班时，老板说："咱们的活很急，大家都加班。"一加班加到十点，累得全身都瘫了。开着宝马车回到家，孩子也睡了。一见面，老婆说："怎么这么晚才回来？""别提了，加班！嗯呀，不说了，不说了。"咕咚！倒在那睡着了。第二天又是如此的重复生活。让他想一想，我奔的是什么呀？长此以往，日复一日，月复一月，年复一年，我的价值在哪里？就在别墅么？就在存折上的钱不断加零么？这时候他如果觉得空了，好了，他开始见性了。原来人除了物质外，更高尚的是精神，这就是见性。

怎么去修这个精神？你或者学佛，或者学儒，或者学道，都会引导你向上的。关键是发心，发心就能见性，见性则能成佛。发什么心呢？发菩提心。行是学之果，学的时候要有行动。我知道龙泉寺的居士们都有行动，常年都有很好的善行。行即是修的果，同时又是修的途径和表现。行很关键，行什么呢？不外乎"慈悲喜舍"四无量心！喜，要给自己的亲人、周边的人带来喜悦，喜也是一种舍。舍，你可以有捐献，帮助我们龙泉寺这个道场修得好一点，但是更重要的像《金刚经》上所说的，法师才走入上位，那就是度人。

（二）皈依有宗

佛教在中国有八宗，禅宗到后来又一花五叶，它出现是有因的，我们不是讲因缘吗？这因是什么呢？不同的大师对佛法思考的角度不同，不同的时代，社会有不同的需求。每一宗都有自己的本经，《妙法莲华经》是天台宗的重要经典，净土的本经是《阿弥陀佛经》等。本经不同，法门也不一样。佛说八万四千法门是因人、因地而定，八万四千法门说的是一个法，不同人、不同场合他用不同的方式、方法引导，不同的开示，慢慢就形成宗了。佛陀灭度几百年后的印度，佛教本身也是宗很多，但是它目标是一样，视缘起而定。在中国，突出缘起性空的三相宗；万法唯识；天台就一念三千，讲止观，止观兼修。这些都是法门的不同，都是一种方便，但目标是一致的，这就是心清净。实际上就是培养我们信众的自立，你要提升不能老靠外力，需要培养自立，最终目标是发菩提心。今天我们多数的寺庙都是禅、净兼修的，所以我在佛教界提倡，这样还不够，其他宗，特别是律宗和唯识还是要发展，虽然它很难。

我仿照偈语写了两个偈子，第一个偈子："花有多叶，教有其宗，兼收并蓄，有本圆融。"也就是佛教有七宗，对于学佛的人到一定水平，要对各宗都有所了解，但是你要皈依一个宗，否则就乱了。圆融，可以看到七宗之间是相互沟通的。我们不能说在天台宗里就没有禅宗的东西，没有华严的东西，只不过重点不同，视角不同而已。第二个偈子："万法无法，方便多门，殊胜非一，菩提为真。"方便多门是佛陀的开示——教法，佛教也有一段时间，有门户之见。如果认为我这一宗才是殊胜的，这是不必要的，"殊胜非一"。那么关键就是，是不是"菩提为真"。

（三）动静皆修

学诚法师曾给大家开示，"上从佛道是静中修；下化众生是动中修"。我是这么体会学诚法师所说的这两句的内涵的：如果一个人不静，心猿意马，声闻不入，不悟佛道。因此要得佛法就需要静，你安静了就可以慢慢得到纯净，安静而纯净了，你就升发了一种敬，崇敬恭敬。对谁恭敬？对佛陀，对为弘法做出无数贡献的众菩萨，对历史上的高僧大德，一句话——三宝。所有的出家人是我们的老师，他们做出了表率，佛法就更不用说了。不动也不行，不动形同枯树，或停留于知，就不得阿耨多罗三藐三菩提，不得解脱。下化众生，就是行、证。怎么证呢？我说点个人体验，当我教学生，学生进步了，当我说了一个道理，我刚说半句，学生把下半句回答出来，这是知识；当我开导一些人的心灵时，这个人的心态从失望变成希望了，有自信了，生活改变了，我这时候的愉快是言语无法表达，同时我也得到了提升。佛经常说不可言说，真是啊！到了这种境界真是不可言说的，只有自己能体会，夫妇之间有时语言都沟通不了。这是证的一端。我非常赞成学诚法师的开示，动静皆修，历史上高僧大德也有很多这方面的教导。《华严经》说："忘失菩提心，修诸善根，是为魔业。"关键是不能失掉菩提心。因此我又有一个四句偈："持守大乘，生大愿力，利乐有情，转化无明。"

（四）法不外求

这其中全是历代高僧大德所说的。坛经上说，"佛法在世间，不离世间觉。离世觅菩提，恰如寻兔角。"兔子什么时候有角，事实上是没有的。法不外求，那向哪里求？在自性上求！在本性上求！我们所说闻思修的思，其中有一个方面就是要反思自身，不要只想着用佛经上的话或师父开示的话，要真正拿那些话对照、反思自己过去所作所为，昨天所作所为，反思自己的眼、耳、鼻、舌、身是否洁净？受想行识是否纯正？意有所蔽，是否敢于自责？行是否发自自然？行中是否证得菩提？我的自性在哪里？是善的还是恶的？在这自性上有什么灰尘没有？有，拂拭去了么？——如慧能大师说的，如果说本来没有明镜台，那就不用拂拭它。他说的是佛法，我们的心还是有的，自性还是有的。——我做的善事是不是发乎自然？还是经过一种强制，师父这么教导，我就这么做了？

各位善知识，我每天都要看电视，在座的不管是善男子、善女人，汶川大地震的时候，谁没有流泪！为汶川人民所遭受的苦难流泪；为我们的战士流泪；为我们的志愿者，包括我们很多出家人舍身救难流泪。当我们在网上所看到的那些撕人心肺的诗歌，或是对汶川人民鼓舞的言辞，我们也会流泪。这就是发自自然，没有谁强迫你，没有谁要求你。行到这样的境地，还要反思，反思我的行中有否证得菩提。我想这样的反思，就是自净其意。不管在家、出家，有罪当忏悔，忏悔得安乐，你自己没有悔恨之心，那就永远是痛苦的。"初发心时便成正觉，知一切法真实之性，具足慧身不由他悟。"《维摩诘所说经》："汝等便发阿耨多罗三藐三菩提心，即是出家，是即具足。"出家也是一种方便，我们在家一样也可以发阿耨多罗三藐三菩提。因此我们讲人人都应发四弘愿："众生无边誓愿度，烦恼无尽誓愿断，法门无量誓愿学，佛道无上誓愿成。"我认为发菩提心就是觉悟，让自己觉悟是学佛的出发点，也是学佛的归宿。

三 修学的科学性

（一）世界"轴心时代"

西方学者提出在公元前200年到公元前800年这样一段时间里，世界出现了四个伟人——佛祖、孔子、亚拉伯罕和柏拉图。佛祖创建了佛教，孔子开拓形成了儒学，亚拉伯罕创建了犹太教，由犹太教派生出基督教，由基督教派生出天主教和东正教，由基督教又派生出伊斯兰教。柏拉图——古希腊的大哲学家，代表他们那个时代一批大哲学家。当时没有电报，没有火车，更没有飞机，也没有手机发短信，然而，这四个人先后出生年代接近，佛祖、孔子、亚伯拉罕又都在东方，都在亚洲，这是个迷呀。他们当时从不同的国土环境，都在思考几个重大的问题。从那以后2000多年的历史，人们的生活、社会的发展都在遵循着他们的教导，对他们的研究从那时到现在没有一天停止过。所以西方学者称之为世界的"轴心时代"，就是世界围着他们这四个人转，一直转了两千多年了。

（二）形成"轴心时代"的原因

为什么这时候产生了四大伟人？成了轴心时代？第一，这时的东方不管是游牧还是农耕都发展到了一定的水平，当时的发展可以解决基本的吃饭穿衣问题，有些人可以有空儿静下来思考问题。专业人士出现了，他不用种地、不放牛……就是琢磨这个事，静下来才能产生思想。第二，人群开始有组织了，有的是部落，有的是形成固定的家庭，有的是家庭扩展形成家族，有的地方是形成了国家。哪里还是部落呢？犹太——就是今天的迦南地区，还有阿拉伯地区，但是已经开始有家庭了，但是没有形成家族。为什么？家族需要稳定，生了几个孩子，孩子结婚了有了一群孙子，他们都住在一起。如果说儿子到结婚就走了，形成不了家族。因为走了之后，当时交通工具不方便，可能一辈子都不能见面。"族"是聚来的意思。什么地方形成了国家呢？中国和印度。柏拉图时有城邦国家，所谓城邦是后来说的，就是一个小城里面住着两万人，一万二的奴隶和外来人不算在内，当时真正的居民就几千，这就叫一个城邦国家。我们中国的城邦多了，诸侯国不仅是城邦，真正形成国家的就是中国和印度。

社会组织为什么对轴心时代有直接影响？即使是部落人们也都要在一起生活，于是就有人和人的关系问题，人的思维发达了，还要考虑人和大自然的关系问题——天人关系问题。你看我们养的宠物，小猫、小狗，狗的寿命十二三年，到十五年了就高寿了，相当于人105岁了。动物对死亡不恐惧，它顶多老了不能动了，眼睛也看不见了，但它没痛苦。人不一样，人智力到了一定程度，产生了对死亡的恐惧，对生的渴望。如何理解生和死呢？死了到哪去了？为什么婴儿出生呢？这些问题只有生产发展到一定程度，文化到一定程度，社会组织到一定程度才会提出。死了怎么处理？大家到房山去看看"北京人"，死人埋在一起，那时已经知道对死人如何处理了，后来逐渐形成了丧葬仪式。动物倒在哪儿死了就死在哪儿了，让别的动物吃他的肉——天葬，它死后没有一个安排。

（三）东西方文化的差异由此而生

轴心时代四大伟人创立的学说一直影响到今天的我们，他们探讨天与人，人与人（包括人和集体的关系问题），现实和未来的关系问题——就是生死的问题。这些都是先圣、先哲、世尊长期思考、体悟、积累的结果。《圣经》的《旧约》、《新约》，《古兰经》、《奥义书》都没有记载开宗大师是如何苦思冥想的，唯有在佛教《阿含经》及其他的经典中记述了佛陀怎么苦思、苦行，最后在菩提树下冥思悟道的过程。这更证明了心需要静，静了就有净了，正是我们在澳门对话所谈到的问题：敬、静、净。

所以公元前200年到800年的时候，当时允许有人有时间来思考人类的几个大的问题。东西方文化的差异就由这个时候产生了。用佛教的话来说，法由何而来？佛陀总结了他当时的外道——婆罗门教的种种学说，加入了他自己对于人类生老病死痛苦的观察以及他的体验，也就是从印度当时的历史和生活当中冥思总结出来的。儒家学说是孔子总结了夏商的生活经验、治国经验，提出了"仁义礼智"的一个说法，核心是"仁"。孟子又把它称为"仁"之四端——"仁义礼智"。都是来自生活中的总结，是经验的。西方宗教的教义是上帝这么教导的，上帝哪儿来的不需要论证，他是存在的，在宗教学里有一个专有名词——"神启"——神的启示。我们今天说佛的开示、佛的教导，是佛自己得来的，不是神的教导，是生活的教导。这是东西方文化一个根本而又根本的区别。

西方思想直到今天仍然是二元对立的，这个二元对立由哪出来的呢？由其信仰。上帝是造物主，是不需要证明的存在，我们今天所看到的一切，包括我们这些人，都是上帝创造的。这就是对立，对立不是打架，这使他——造物主永远不会成为被创造的。我们这些人，山川树木永远成不了造物主。由这就派生出了一系列的二元对立。在我们的社会生活中，就出现了人群不同信仰之间的对立，对立就打斗。佛教是一元圆融，八万四千法门讲的就是一个法，这个法就是无法，无法就是法，提高到最后的哲学就是这个道理。它是圆融的，圆融有具体的实践，就是我所说的佛道儒是圆融在一起的。禅宗教外别传，也是七宗之一，和别的宗也是圆融的。

西方宗教说什么呢？上帝造人，希望他好，但是他不听上帝的话，偷吃了禁果，兄妹乱伦，所以现在66亿人里有相当一部分是兄妹乱伦的后代。还有一部分人不是，是上帝太累了，到了星期五，太累了，他不做了，拿个绳子在泥浆里一甩，甩出泥点儿都变成了人。最早的祖先就是亚当夏娃偷吃禁果犯了罪，老祖宗犯了罪了，你100代的孙子都得承担。所以西方有"原罪"之说，生来就有罪，也就是生来就是性恶的。我们不是，佛教和儒教是一样的，认为性善。你要明心见性，明自己的心，见自己的性，你就得"道"了。那你如果心是恶的，我发现我这人生来就是想吃人，你能得"道"吗？明心见性就是说心和性本来是善的，只不过被尘事所避垢、遮住，现在佛教是要把你的垢去掉。人人皆有佛性，也就是性善，才能明心见性。一系列的差异都是在公元前200年到800年形成的，根深蒂固！

（四）一个新的"轴心时代"即将产生？

文明要对话，不要你打我，我打你，咱们交朋友，你干你的，我干我的，你学我，我学你。完全融合为一不可能，毕竟2000多年的分歧，一朝合一是不可能的。我们现在的人怎么办？要体悟先哲的话所蕴涵的内容。我就想到这个问题，我也跟学诚法师说过，是不是世界又到了一个新的轴心时代？这个轴心时代的大师在哪里？应该就在各个学说当中的未来人里。要在这个时代提出人类向何处去，人类如何处理人和人的关系，人和天的关系，现实和未来的关系，恐怕这得是大的通家，以一家为主兼收别人的东西、别的学说。要解决的是世界朝哪里去，人的心灵应该是什么样子。为什么我说佛教是人类崇高信仰当中的杰出者？我认为，无论是天与人的关系，人与人的关系，还是生死问题，都源于心。拿生活打比方，不管是年轻的你刚有了孩子，还是我们老人刚有了第一个孙子或外孙子，那是非常疼爱的，没人教你，抱着那个亲呦，这是源于心。一般是不会有这种人的，抱着孩子说：这孩子真好！然后，叭！打一巴掌。爱是缘于心，爱心生不出恨来，恨是心被蒙蔽了，而佛家恰好是作用于心的，所以我说他是杰出的。

四　释儒圆融

最后，我就水到渠成地说"释儒圆融"。从哪几方面来说呢？要从四方面来谈这一问题：修学目标、修学法门、修学精神和弘法境界。修学目标就是价值观念，说得现代一点，也就是价值，自我价值。修学法门，也就是方式方法。修学精神，也就是锲而不舍的精神。弘法的境界，无法无我。

（一）修学目标（价值观念）

佛教追求的最终目标是成佛，是有果位的，首先是罗汉果，然后是菩萨果，最后到佛果。儒家，最高目标是成圣，可谁都成不了圣。只有一个孔子被后人尊称为圣人，但是他自己不承认，说："若圣与仁，则吾岂敢？"我怎么敢成为圣人呢？但比较起来他确实是圣人，孟子只是亚圣。我们只有世尊一佛，但他可以有很多法身、化身。佛不是一下就能成就的，要经过不同的果位。圣人也不能一下变成，先要成为君子，君子要文质彬彬等等一套标准。由君子要成为贤人。谁是贤人呢？古代人说了，伊尹是贤人，子产是贤人。最后才是圣人。目标是什么？佛教要在心灵上证得菩提；儒家要尽心、知心。明代王阳明提出来"致良知"，所谓"良知"就是人的本心，"良能"是孟子提出来的，到明代王阳明提出来了"良知"。儒学最后的境界是"致良知"——让你的"良知"出来。

今天我们常说"天理良心"，"天理"是宋代儒家的话，"良心"是明代人的话，我们合起来讲"天理良心"。学佛到一定境界就圆融无碍了。孔子曰："吾十有五而志于学，三十而立，四十而不惑，五十而知天命，六十而耳顺，七十而从心所欲，不逾矩。""吾十有五而志于学"，就是立志要学，学不是学电脑……是学人生的道理。"三十而立"，现在年轻人说你三十了怎么还不结婚，"三十而立"不是那个意思，"立"是确立人生目标，我要做一个贤人，我要永远提升自己的道德品格，有了这个，我就不怕电脑学不好，财会学不好……"四十而不惑"，三十"立"了，但是还时时遇到些疑问，到四十岁更坚定了，学问更广大了，没有任何疑惑了。这个时候，再经过十年的修炼，"五十而知天命"，一切都是有因缘的。"六十而耳顺"，再修炼十年，不管你说什么，包括骂我的话，我都能从中吸取营养。我正在研究茶，你突然说电脑，对我也有启发，"耳顺"了，全能吸收。再苦学十年，到七十岁了，不想了，我拿茶杯的姿势都符合儒家学说。来了客人，突然"当当"一敲门，我的回答、我的转身、我开门的动作都没经过大脑，但全符合规矩。这个道理佛教称之为"圆融无碍"。"发自本心，出自自然"也是这个道理。外界有事直接反应，没经过大脑，这个目标一致的。

（二）法门一致

法门一致，方法也一致。佛教讲"闻思修"，儒家讲"学思行"。王阳明说："知而不行，只是未知"，知道而不行是没用的。佛教讲"明心见性"，儒家提出"万物皆备于我，反身而诚，乐莫大焉。"这是《孟子·尽心》上的话。曾子曰："吾日三省吾身——为人谋而不忠乎？与朋友交而不信乎？传不习乎？""吾日三省吾身"，每天我要至少三次反省我这一天所作所为，其实不是三次，是三个方面。"为人谋而不忠呼？"我替别人设想，出主意，我是不是完全忠信呢？"与朋交而不信乎？"在和朋友交往时，我说了一百句话，有没有半句话是不真诚的？"传不习乎？"这个"传"[zhuàn]有人念[chuán]，也就是自古传下来的遗产我是不是温习了？每天在三个方面来反思自己做的够不够，一个是继承先圣先哲的问题，一个是平等交流的问题，一个是为人谋，是为国君的，对上的问题。

孟子说："道在迩而求诸远。"儒家告诉你：道就在你身边，就在你行住坐卧、挑水、种菜之中。这个你不找，而非要到远处去找，道在哪里？慧能大师说："何期自性本自具足……"是告诉你别到处找，就在你心中。很多佛教公案，机锋都提到自性。宋明理学有句名言——"求其本然"，"然"是这样，本来这样。同时佛教说"人人皆有佛性"，"法不外求"。孟子说"人皆可以为尧舜"，这话是弟子问孟子，孟子回答的。曹交问曰："人皆可以为尧舜，有诸？"孟子曰："然。"弟子问："夫子，你说过人人皆可以成尧舜是吗？"孟子回答说："是啊，是这样。"人人之所以能成尧舜是因为人性善，人人都有自己的本心。儒家讲"道不外索",这是南宋著名哲学家陆九渊的话。孟子说"仁义"(相当于佛家的佛法)就在我身上,是上天给我的,天生的,"不由外烁",不由外界照耀他,启发他。这不就是"法不外求"的意思吗?

(三)修学精神

佛教是"无缘大慈,同体大悲";儒家提倡"仁者爱人",四海之内皆兄弟。兄弟就是手足,你不爱吗?两教是一样的心胸。地藏菩萨说"地狱不空,誓不成佛",永远在世间来超度人。《论语》说"杀身成仁",孟子说"舍生取义",都是一种献身精神,甚至把自己最宝贵的生命献出去。两学境界一样。学佛学到最高处,就跟儒学学到最高处一样,语言是没用的,表达不了的,只有自己心里明白。

佛教"拈花而笑"这个故事是说,佛在涅槃的时候,众弟子请教他灭度以后,佛教如何办,世尊拈花,笑而不语,这就是传道。《维摩诘所说经》记载,文殊菩萨最后请他开示,结果维摩诘默然无言,于是文殊菩萨说:"啊,这是不二法门。"心息相通,当下即明。大家看《五灯会元》、《高僧传》等等,里面有很多公案,很多的机锋,那些都是用语言说别的事情,让你领悟语言不能表达的东西。儒家早就提出了这样的理论。孔子有一次对弟子说:你们不要以为我对你们隐瞒了什么,我能传给你们的都传了,就在我平常跟你们问答当中,就在我抚琴当中,就在我对盲人行礼时,搀扶他走上台阶并告诉他,"阶也"、"户也"、"席也",这里是上台阶了,这里要进屋门了,这里是席子,请坐下。仁就在这做当中,你还让我说什么,我毫无隐瞒。孔子弟子说,"夫子之言性与天道,不可得而闻也。"孔子不是天天说人之性和天道,而是在无言中,是不能听到的。

(四)弘法境界(无法无我)

《论语·先进第十一》中记载,孔子跟几个弟子(子路、曾晳、冉有、公西华)座谈,孔子请弟子们谈自己的志向。子路先说:我能治千乘之国,既大国。冉有次之说:我可以治小一点的国家。"夫子哂之",笑不露齿为之"哂",就是有点讥讽的意思。公西华一看老师的表情,觉得他们说大了,自己说小点。孔子问他:"那你呢?"他回答说:"我不能说治国,也就是宗教祭祀的时候,可以主持这个祭祀"。有一个不说话,就是曾晳。老师问:"你呢"?他正在鼓瑟,老师这一问停下来,把瑟放在席上,说"我跟他们都不一样"。"那你说说,没关系。""我就是想啊,到暮春时节，大家穿着春衣，带着几个人去游泳。然后我们到台子上，吹着凉风，唱着歌回来。"孔子说："吾与点也！"我跟你是一样的。

是不是孔子想退隐，想过悠闲的生活，不再去治国？不是。他是告诉我们一个道理，对于世间的一切事情都要能放下。佛家的话就是，所有的一切都没有自性，不要执著。要有这种心态，一切都会放松的。这是一个更高的境界，这种境界是说不出来的。就在带着人游泳，吹风，咏而归，就是这种状态。怎么能描写出心情？孔子理解了，"吾与点也！"前面都是执著，这是不执著。然而，一旦国君让他去治理国家，他绝对要出马，出马的时候就准备不出马。孔子最喜欢的弟子颜渊不幸早逝，孔子赞他"一箪食，一瓢饮，在陋巷，人不堪其忧，回也不改其乐。贤哉，回也！"一盆粗饭，一瓢水，别人不堪其忧，他不改其乐，乐什么？颜渊的乐是儒家学说里的一大公案。乐得"道"了，得的那个"道"不能言说，是自己能体会的，是自己人格的提升。

"为什么修学"、"怎样修学"、"修学的科学性"和"释儒圆融"这四方面都是相通的。到此大家会不会说：我不学佛了，和师父告别，我找许先生去学儒家经典。这么做不对，相通是相通，学佛者当以佛所说法为殊胜，为究竟。别的教，道教、儒教……不要拒绝，但这些只是一种加持之力，没有加持之力你进步慢。我们龙泉寺的出家人都在读儒家经典，我想师父是让你们增加加持之力。真正的力是自力，自力来自哪里？来自佛经。人必须有一个坚定的信仰。有人从事儒家，就以儒家为主，拿别的来加持。坚定信仰，不能动摇，这跟西方不一样。在西方，我信奉某教派，要嫁的男人信奉另一教派，我就放弃了。信仰不是一夜之间就能改变的，如果是那样，那就不是信仰。佛学有严密的体系，不是三年、五年能把握的，佛教最终是引导人们走向真理之路，所以不要放弃。

最后我献给大家六句话："法轮常转，佛光普照；世人解脱，国泰民安；大慈大悲，世界和平！"这样下去，就是国土净，天下净，世界和平！

谢谢大家！

问：许先生你好，您先前提到说放眼历史，它是不断前进的，我想问的是：您从哪些方面去判断这个历史是在前进？在您后来提到"轴心时代"出现的几个条件里面，从生产力的发展然后有了社会组织，那是不是从这些方面去判断？还有一个问题就是许先生提到孔子一生"十有五而志于学，七十而从心所欲不逾矩"，能不能请许先生就自己一生的经历和体悟给我们讲一下？谢谢。

答：我虽不是像各位一样已经是真正的佛弟子，我是"非不为也，实不能也。"我还是以佛弟子的心态来回答这位居士的问题，也就是我们说实实在在的话。

历史前进怎么评价？我想历史发展的真正动力还是生产力、生产关系，因为它是解决人类生存发展的物质基础；另一个标准就是人类的精神境界的不断地提升。

当今世界，宗教何其重要，全世界66亿人口没有宗教信仰的大概是将近10亿人，剩下56亿人都有宗教信仰，没有宗教信仰可以有别的信仰。这接近10亿没有宗教信仰的有8亿多在中国，但是这8亿多人里，有的信祖宗，有的信土地神，有的信儒家，有的虽说自己不是佛教徒，但是他初一、十五到庙里烧香，所以这个是难以统计的。现在我们国家的信仰在恢复，西方的信仰在沦落。科技会越来越发达，将来从美国纽约飞到北京可能就用三小时，但这不是历史的前进！人类的精神不提高，历史不会写出新的篇章。这也是为什么党中央、国务院一再强调文化建设的问题。如何判断历史前进的标准，目前没有一个人能拿出来。

首先，我们要恢复我们的信仰。随着时代的前进，整个中国人为己为他、利己利他的精神境界不断地提高，信仰会慢慢恢复。当然恢复很困难，不仅佛教困难，儒学也困难，道家也困难。为什么？因为有西方文化的阻碍。当然，西方文化并不都是坏的，但其中相当一部分是诉诸感官的。佛经上说"人身难得"；儒家说"人是万物之灵"，"人之有道也，饱食暖衣，逸居而无教，则近于禽兽。"这是孟子的话。"做人是有道的，如果饱食、暖衣、逸居，整天悠悠荡荡而无教，没有受到教育、教化，则近于禽兽也。"因为只解决了食和性的问题。

孟子又说："人之异于禽兽者几希"。人与禽兽之间的界别就差那么一点点，往这边一走是人，往那边一滑就成禽兽，进入畜生道。现在有些文化就把我们经过几百万年好不容易才得到的人身，也就是区别于禽兽的人的这种境界，又拖回到动物界去。别人的喜好咱们都无权去干预，但是你可以欣赏，或者不欣赏，我就不欣赏五千多人跑到悉尼歌剧院都脱光了来表示一种艺术。我看他们，说句不敬的话来比喻，就跟进了动物园一样，还不如杂技团，杂技团的一些表演还穿上点儿假衣服。还有的运动项目，把对方往死里打，还不如禽兽呢！同类动物之间不互相撕咬，你听说过老虎吃老虎吗？我想历史的进步，就是我们通过不同的渠道，不同的信仰——崇高的信仰，把人类的思想境界推到一个新的高度。

我们个人怎么解决66亿人的问题？先从自身做起。这辈子就在这儿不断地追求，虽然自己家里可能没有住着几百平方米的别墅，没有开过奔驰车，甚至连门儿都没进过，但是我是富足的。我富足，我纯净。人家有钱的，是让别人看的、欣赏的，你这个在头脑里的东西别人看不见，没人赞赏，但我根本不求报。法是不求报的，这才是最高的境界，这才是出于自然的。

说说我个人的体验。我十五尚未"志于学"，十五岁，我已经上高一了，快上高二了，我"志"于玩儿；三十，我立了一半，就是我作为一名大学老师，我要做一个好老师，这个境界是不高的，老老实实教书，老老实实做学问；四十而不惑，我追上来了，基本上到四十岁，对我所确定的人生道路，我没有疑惑，从没有动摇过；五十岁，我开始跨入政界，知天命了，一直过了二十多年；六十而耳顺，我这人其实脾气有的时候有点急躁，从这个角度说我耳还不顺，但是已经懂得从任何东西里，任何有关于我的、无关于我的言论当中，我能从多个角度去看待它，最终从中吸取营养；"七十从心所欲"，说得真准哪！为什么？在七十岁以前，我在我的职位上，我需要按照国家的需要、法律的需要做事情，很多时候从不了我的心，我从实际职务退下来了，真是从心所欲，但关键还不是只从心所欲，还要不逾矩。说老实话，我没有什么时间像大家一样静修，往往来了一个人找我，面对一件事，我需要马上反馈，这个事情做，那个事情不做，这个事情这样做，那个事情那样做，没有时间去像咱们这样坐下来论道，研究几天，那来不及了，往往需要当场拍板定案。然后我发现"没逾矩"，我说我"没逾矩"，是没有超越。

我总结自己这一生，关键是对于儒学，对于佛学，没有一日停止过学习。也不能说是一生，开始读佛经是二十几岁，因为繁忙的工作断断续续，但没停止过，我不仅仅是书面上学，而是按照闻思修、学思行这个角度，知行合一去做的。我给我看书的屋子起名叫"日读一卷书屋"，这是我在开始最忙的时候起的名字，一个人承担几个人工作的时候，当时我就提出来，我每天必须读一卷书，古书的一卷，或者咱们佛经的一卷。几十年来，除了我生病，包括我出国，在飞机上一坐十几个小时，我都要读完一卷书。点点滴滴，日积月累，学问没长，但是我认为我的心境提高了，所以，我整天乐呵呵的！

问：有一个问题我想请教许教授，我看到《地藏经》里面说，一个人在世上修学，最重要的事情就是发愿，发愿是一个人的本性，一个人的本性其中最重要的就是孝。我联想到，我以前读的《孝经》里面说"孝，德之本也"，我想问这是不是也是儒佛圆通的一个体现，许教授是怎么看的？

答："孝为仁之本，本立而道生。"这是儒家生活经验的总结。中国是全世界最早进入农耕社会，同时农业又非常发达的国家。农耕社会需要土地、生产工具、生产技能。我们的祖辈、父辈处理家庭和邻里关系的方法是儒家的伦理纲常，非常注重这个传统。三弟兄如果老打架，那地别种了；如果跟邻居老打架，报复你，把你的柴垛给烧掉，没法生活了……因此，"和合"就是由这儿产生的。那么作为家庭应该怎么办？孩子的身体是父母给的，孩子的知识、技能、生存的条件是父母留下来的，你要感恩、报恩。儒家讲"父慈"，父要爱；"子孝"，子要孝。你学会孝了，拿这个孝心、仁心，看看所有邻里，你对所有老人都会敬，他们不容易呀！父母有三个孩子，对每个孩子都那么疼爱，每个人都孝，由此就会想到，他们是我的一体同胞，一个胞胎里出来的，也应该像父亲、母亲一样爱自己的弟兄，这就是孝悌。家庭和睦了，邻里和睦了，全城不也和睦了么？古代所谓国，就是指的都城，或者诸侯国。所以，儒家提倡"修身、齐家、治国"的理念。

佛教讲报"四重恩"——"国土恩、佛祖恩、父母恩、众生恩"。没有国土，哪来的我们；没有父母，哪来我们的人身；没有佛陀，我们哪来的觉悟；没有众生，我们吃什么、喝什么？我们一天都活不下去。盂兰盆节是为什么？就是宣传孝道，报父母恩。在这一点上，的确像你所说的，释儒是相通的，并且是我们与西方不同的地方。在西方文化中，我是上帝造的。有个工人已经有10个孩子，又怀孕了，跟他说不要生了，他不同意，认为这是上帝赐予的，不能违背上帝的意志。西方为什么是二元对立呢？因为除了造物主——上帝谁也代替不了之外，其他人都是平等的，西方的平等思想源自于此，儿子与老子也是平等的。西方人，儿子、女儿，叫自己的父亲，特别是继父，直呼其名，对叔叔、姨等都是直呼其名。他们已形成习惯了，长辈们也接受这样的叫法，不这样叫可能长辈们也不舒服。他们等孩子长到十八岁就不管了，因为你是上帝的儿子，大自然的一切供你享用。从此独立了，跟父母关系也就淡化了，他们没有尽孝心的观念。对于西方的相状，我们有很多人还很欣赏，看看中国的孩子都四十了，爹妈还总惦记着。《圣经》是公元前后形成的，你们可以看看《旧约》里的小故事，今天西方家庭关系跟那时有什么不同吗？没有什么不同的，没有提升。无论佛教，还是儒家，都提倡孝，这是基于我们自己的文化的。

因缘殊胜，携手精进※

尊敬的学诚法师，尊敬的高区长，尊敬的各位法师僧众，各位居士，各位善知识：

今天的确是因缘殊胜，本来基地的揭牌初步设想是在二十号，但是，当我们得知，今年七月十五龙泉寺仍然要举行盛大的盂兰盆会，我们就和学诚法师商议，我们基地的挂牌选在这一天。

为什么北师大的人文宗教高等研究院要和龙泉寺携手建立这么一个基地呢？本来学诚法师已经是我们研究院的副院长，而且不止一次地来到北京师范大学，对来自北京市各高校的研究生、本科生乃至大学的老师进行开示，讲解佛理，为什么还要建立个基地呢？

这就是想让我们国家的高等学府和宗教场所进行深度的、多层次、多方面的合作。因为佛教是一种文化。江泽民总书记在多次地考察了佛教场所之后，不止一次地提到"宗教是文化，佛教是文化"。从今天我们进入全面建设小康社会，党中央国务院十分重视中国的文化建设，以及文化走出去。而中华文化的建设，目标早已明确。这就要把优秀的中华传统文化和时代精神相结合，来创造中华民族的、大众的、科学的、社会主义新文化，这条路很长很艰难，有很多规律性的东西我们还不认识，但是有一点大家取得了共识，这就是儒、释、道，是中华文化的骨干、主干。也可以用非学术语言说，研究保护弘扬推广中华文化，如果不懂宗教，特别是不懂佛教、道教，敬请闭嘴。大家生活在北京，生活在文化气氛浓郁的环境里，只注意到如果谈论中华优秀传统文化和时代精神结合，不谈儒家不

※ 2011年9月14日在"北京师范大学人文宗教高等研究院龙泉基地揭牌仪式"上的讲话。

行。其实不谈佛家，不谈道家也是一样。因为经过千百年前人的努力，在中国儒、释、道早已相通。在今天我们所见到的儒家学说里，有很多是佛教的启发，佛教的内涵。同样的在佛教的理论中教义中，特别是学诚法师一直身体力行地把佛教的经典与今天的生活相结合，里面也有儒家的东西，道家也一样。过去由于对于宗教没有本质的了解，所以人们带有一定的偏见，而且错误地翻译和错误地理解了马克思在他早年所说的一句话，这就是"宗教是人民的鸦片"。所以人文宗教高等研究院必须要和佛教、道教做多层次多方面的密切合作。而且人文宗教高等研究院的宗旨和学诚法师所倡导的、龙泉寺僧众所体现的理念是十分的契合。

我们人文宗教高等研究院的院训是十六个字，四句话。第一句四个字是"感恩敬畏"。我想在座的居士们对"感恩"两个字并不生疏，今天我们举行盂兰盆法会就是在感恩报恩。所谓"敬畏"就是要信仰，对自己所信仰的东西要敬，要怕。怕什么？怕我有这个信仰之后动摇丢弃。大家都知道有没有信仰，可以说是人与禽兽的根本区别之一。一个没有任何信仰的人，是可怕的人；一个没有信仰的民族，是可怕的民族，是别的民族要远远躲开你的民族。回顾历史的经验，我们不难发现，所有盛世，无不宗教发达；所有的宗教繁盛的时代，也都能够促进国家与民族的振兴。看看古代史，看看近代史，看看当代史，无不告诉我们这样一个道理。今天五大宗教在中华大地上蓬蓬勃勃，这正是盛世的反应，同时五大宗教致力于促进社会的和谐，又促进了中国人文和社会经济建设的发展。

我们院训的第二句话"人皆我师"。世上每一个人都是自己的老师：从正面说人各有其长，每一个人的一点点长处，都应该给自己以启发和激励；从反面说社会上的恶人、恶行、一阐提也是我们的老师，因为他向我们发出警示，原来世上还有那样一条路，把人引向罪恶，我们要警觉，我们要走另外一条路。这不就是老师吗？也就是毛泽东主席反复说的反面教员吗？所以我们要求人文宗教高等研究院所有的成员，不管是副院长、部门主任、工作人员、老师以及所有进入这个院大门的朋友都要谦虚谦虚再谦虚，一觉醒来睁开眼满目芸芸众生，要知道这都是自己的老师。

第三句话"安居乐道"。"安居"就是结夏，今天刚好是僧侣结夏的最后一天。我们并不是要求来学习的老师和学生一定要坐禅，一定要到山林里学习忏悔与反思，而是说借用这个词，一定要安静地坐下来。坐下来干什么呢？论道研究，儒家所说的礼、心性，道家所说的道，佛家所说的法。不安居永远浮躁。三天赶一篇文章,送礼请客,然后在一个刊物上登出个豆腐块来,这不是安居,这不是论道。但是这样做,我也能理解我也原谅,因为年底学校要填表必须要有著作,还要在核心刊物上发表。但是我们尽我们的力量告诉大家,不能永远浮躁。永远浮躁的结果毁了我们个人的未来也毁了国家的未来。

院训的第四句话"奋起行之"。懂得了感恩敬畏,向所有人学习,同时自己能沉静下来,和同伴一起论道,也就是我的声闻提高了。但是只有奋起行之,什么行?菩萨行,这才是一个人在人格上和在学识上真正的提高。这四句院训和龙泉寺的宗旨以及今天我们这个场合——漂亮的见行堂的"见行"完全吻合,这是我们契理,选在七月十五又是契机。刚才我说了,七月十五是结夏的最后一天,盂兰盆会,按照世尊的教导,就是这一天举行,这是因为世上的万众比丘走出山林,走出了精舍,要接受万方的布施,来解世上的倒悬之苦。盂兰盆节,盂兰是梵文,本意是倒悬。把一个人脚朝上捆着倒悬,倒悬之苦啊。目犍连有六通,在世尊诸弟子中,神通最大,但他的神通救不了他的母亲,因为罪孽深重,要借助三宝功德之力来解救。

朋友们,今天我们的世界上是不是有很多民族当中的很多人正在受着倒悬之苦啊?就在我们国家的内部是不是有些人也在受着倒悬之苦啊?发财了、当官了、当了博导了,但是,五蕴之弊,遮蔽了人性本来的慈悲之心,被钱在折磨着、被名利折磨着、被人间的是非折磨着,岂非倒悬呐?所以在盂兰盆节我们举行这个会,就是和佛教的教义、龙泉寺的宗旨、学诚法师的志愿,和人文宗教高等研究院的宗旨、目标,以及对自身的要求完全相合。我们不是为了自己,我们不是为了一己之私,我们是为了民族、国家,为了这个精神失常、已经被撕裂、被折磨的地球。佛教的博大胸怀,所谓三千大千世界,以及儒家所说的天下,不仅仅指地球,它包含了整个的宇宙,这是我们儒、佛的胸怀。我想,从这点上说,今天挂牌、揭牌又是契理。一个事情契理契机更为殊胜嘛!愿我们两方不再分别,要去掉把龙泉寺和研究院分开的分别心,应该让他们圆融起来成一家。(掌声)大家一鼓掌,就把我的话都鼓回去了。最后,我祝愿在座的比丘、优婆塞、优婆夷,大家万事如意、合家幸福!祝愿龙泉寺越来越昌盛发达,给海淀区、北京市乃至国家做出更大的贡献!

谢谢大家!

弘扬玄奘精神当今尤显重要[※]

长安佛教学术研讨会

记：现在很多人只知道"唐僧取经",不知道"玄奘西行",(笑)可能是《西游记》看多了?

许：《西游记》是道教的,不是佛教的东西。它是小说嘛,(笑)知道有个唐僧就不错了。

记：玄奘大师在人格魅力上最打动您的是什么?

许：坚定的信仰、无上的定力和舍身精神,这也是他九死一生终不悔、万水千山总东归的无穷动力。他意欲西行求取佛法,可是当时正值朝廷禁绝东西交通,有诏不许,可玄奘大师却誓不回头,毅然西去。在大师身上我们深刻感受到信仰的无量威力,有信仰而生定力,有定力方能献身。

记：弘扬玄奘精神对当今社会的价值在哪里?

许：弘扬玄奘大师的伟大精神在当今尤显重要,特别是在当前物欲横流、人心浮躁难得宁静的时候就更显得急迫了。生于今世的各界人士如果能有越来越多的人能从大师身上得到体悟,我们的社会就会更加和谐,生活更加幸福,国土愈静,人心愈静。太虚大师说过"仰止唯佛陀,完成在人格,人成即佛成,是名真现实",我想他所说的人格就是玄奘大师的风格、品格。

※ 2009年10月28日在"长安佛教学术研讨会"上接受《华商报》专访的谈话。

记：我觉得您和玄奘大师还有点像，他是搞翻译的，您是搞训诂的，都有异曲同工之妙。

许：（笑）那不一样，不一样。

记：这次长安佛教学术研讨会开幕式主题晚会有一个最大创意，就是将古老的秦腔和千年的佛教文化结合，创作出了一种全新的艺术表现形式。主创方负责人告诉我，他们有一个主导思想就是将佛教的义理、精神，"翻译"给普通的民众，不知道他们"翻译"得怎么样？

许：应该是演绎吧。要允许艺术家们的奇思妙想，用各式各样的方式、方法、形象、语言去演绎。如果今后佛教不断发展，我相信，还会有艺术家去探索。你说用芭蕾舞演天鹅湖，现在大家都承认了，好，最初的时候也不见得就是一片叫好声吧。所以一种艺术要允许创造，同时要不断打磨，最好多一些人创作，（笑）总之应该鼓掌。

《心经》每句话都可以写几本书

记：开幕式致辞中，您用了一个词，"在家二众"，当时我身边一些老百姓不知道什么意思。由此我发现一个很有意思的现象：现在出现两个极端，一是专家学者对佛教文化研究的越来越深入；二是众多的佛教信众对佛教的理解还仅仅停留在烧香拜佛的粗浅层面，您怎么看待这样一个现象？

许：（笑）"在家二众"就是善男子、善女人。"出家二众"就是比丘、比丘尼，就和尚跟尼姑啊。

你说的这个现象是一个历史必然。佛教也中断了这么多年，改革开放以后又恢复宗教活动，整个僧侣队伍几乎从零开始建设。

另外人们也有误解，以为宗教就是迷信。宗教容易造成迷信，迷信是借着宗教这个载体派生的。

佛教是让人解脱的。它看清楚了宇宙和人生的规律，一是讲因缘、因果，凡是有因必有果，前世之果是后世之因，这是很重要的一点；再一个就是色空。

记：《心经》就讲到色空。

许：《心经》千万不要读。把佛经至少看上一百部之后再来读《心经》，上来读《心经》等于在这儿给你念首《诗经》里的"周颂"，老百姓根本就不知道怎么回事。

今天谁发言说，玄奘就在长安，在大慈恩寺翻译了600卷的《大般若经》，那是般若这一系列中最重要的经典，它的精要就是《金刚经》，而《金刚经》的精要就是《心经》。

没读《大般若经》，或者没读其他很多经典就看《心经》，不好理解。《心经》每一句话都可以写几本书。

记：没学会走就想跑。

许：还不是这个问题，这等于让中学生学了物理后直接进核物理实验室工作去，是一样的。

记：能不能推荐一些比较适合大众的佛经读本？

许：没有。普通大众就需要从普通小册子入门，然后再慢慢去读，否则如堕雾里梦中，不知所云。

回到你刚才的问题。我觉得这属于正常现象，正因为这样，所以寺庙里的僧侣应该向信众、非信众，正确宣传佛教的教义。

人总是要有信仰的。世界上的信仰五花八门，千万种，但是没有没信仰的人，说我是唯物论者、无神论者，清明你要不要扫墓？这也是一种信仰；车号要888，也是一种信仰。

佛教也是一种信仰。它的教理教义我认为就是一个因缘问题，因果问题。另外，我说的色空，把这个因缘认识清楚了，色空看透了，对待一切事物精神就解脱了，解脱了就心态平和了，就幸福了，吃糠咽菜都是幸福的。

记：现在不少人信佛、拜佛，是希望佛能够保佑他们，实现他们的种种愿望，可能离信仰还有些距离。

许：烧香拜佛有他功利的目的，但不能一概杜绝，毕竟它使烧香拜佛的人心里得到了安宁，我已经拜佛了。做了错事跟谁去检讨啊，上佛那拜个香，闭着眼，我做错了，老佛爷宽恕吧，至少这也是好的。有人没钱了希望拜了佛能发财。有的眼看着正科八年了，该升副处了，拜佛希望能升个副处。这虽然不是佛教本意，但你要容许，他有一种寄托，总比去扰乱社会强。

一般民众对佛教的认识和学者、僧侣，以及在家作为居士、守居士戒的人对佛教的认识都不一样，这些层次都应该分开。所谓和合，就是这些都要互相包容。像居士戒要求不打诳语、不奸淫、不偷盗、不吃不净之肉、不饮酒，多好啊，都是对社会有好处的嘛！

记：不净之肉指什么？

许：自己亲手杀的，或者是专门为自己杀的。比如今天咱吃个甲鱼，端上活甲鱼来给你看看，这个甲鱼是专门为你杀的，就是不净之肉。去超市买肉馅，杀的那个猪不是专门为你杀的，你吃了没关系，能守住这就不错了。不吃不净之肉，少吃肉，对身体也有好处，现在的鸡鸭鱼肉多了，人的病也多了，（笑）萝卜白菜最保健康。

教义需要研究更需要普及

记：有人认为宗教就是迷信？

许：江泽民同志讲，宗教不是迷信是文化，这句话是很深刻的，写成几十万字的书都可以。有些迷信不要归到宗教里去，宗教本身是不迷信的。

既然不是迷信那干嘛要塑像啊？这种塑像是希腊文化传过来的，先传到印度，印度又通过西域、河西走廊传过来。

像是一种代表，塑造的庄严美妙，看到佛像，其实是在提醒自己，应该像佛像一样的沉静。

现在有些误解，我一拜佛，儿子就考上北大了，那北大也太便宜了，烧几炷香就能考上北大？其实烧香的人也明白，他不是迷信，不迷，信而不迷，我心里踏实就得了。

凡与社会无损的都应该包容，与社会有益的都要鼓励。可是真正让佛教度众生，起到感召人，让人开悟的作用，和尚、尼姑、教授都要加深研究，研究了还不算完，还要在研究深的基础上写普及小册子。现在研究和普及两个都缺。一个宗教的教义不能普及到大众，这个宗教必然被边缘化。进一步说，一个社会大众只知其表不知其里的宗教是难以在社会上立足的。

佛教正面临振兴的绝好机缘

记：您经常参加一些与佛教相关的活动，不怕有人说许嘉璐与宗教走得太近了。

许：离宗教近有什么可怕的呢？

记：现在一些人"谈佛色变"。

许：那谁对呢？其实道理很简单。我还没有听到这种议论，就有这种议论又怎么样，谁对呢？该不该走近呢？

唐朝是中国的文学最发达的时候，是中国学术的低潮，但却是文学的高潮，唐代学术是不行的。咱们看看，杜甫、李白、王维、白居易、刘禹锡、杜牧……看他们的集子，跟和尚一块儿住到庙里给和尚写诗。都说杜甫是儒家诗人，他也没少上庙里去，也没少给和尚写诗。看看《全唐文》、《全唐诗》，几乎每个诗人都跟和尚有来往，所以文学发达。

韩愈反对迎佛骨，但是你看《韩昌黎集》，到庙里给和尚写诗，所以他是反迎佛骨并不反佛。如果朝廷迎佛骨不搞的那么兴师动众，耗费那么多金钱，他也不见得反对。

应该好好研究唐代，现在研究还不够。到目前为止，唐代还是中国在世界上最鼎盛、最强大的时候，现在我们还没有到那个时候。

记：您说佛教现在正面临振兴的绝好机缘，何以见得？

许：一方面经济全球化和科学技术的快速发展，促进了各国经济和人们生活水平的提高；另一方面对物质金钱的追求，也遮蔽了人的自信，不仅制造了社会的污浊，也毁坏了天地自然。

面对世界的这种灾难，教内外人士都在思考救治之道。佛教以其丰富、博大、深刻、精微的教义和哲学内涵，以其崇高理念，以其慈悲喜舍的无我胸怀，已经让越来越多的人士认识到，佛教在促进中国和世界的和谐这一伟大工程中的重要作用。因缘二字不可缺一，如果我们把当前社会的需求看作缘，那么佛教自身努力、抓住机遇就是因。

同时我们也要看到事情的另一面，毋庸讳言，佛教在教义教理的研究方面，在寺院居士的管理以及出家人的持律方面，在协调社会法师众生方面，都还不能完全适应社会发展的形势，不能满足社会各界对佛教的期盼，还远远没有把促进社会和谐的作用发挥到极致，而佛教自身的不足又有可能助长由于历史和社会的原因已经存在着的对佛教的误解，严重损害佛教的形象，影响佛教促进和谐作用的发挥。

因此要想抓住千载难逢的历史性机缘，更重要的是佛教自身能够与时俱进，秉持佛祖以戒为师，杜一切腐恶，这样才可以保持并提高佛教和出家二众的庄严、神圣、感召力和说服力，从而使佛法得以广渡，给这个世界注入一股清凉剂，增加和谐的力量。

陕西是佛教的重镇

记：怎样评价陕西佛教的地位？

许：佛教传入中国后，也在不断演变，正是因为他和中国固有的文化相互吸收，相互促进，才形成了中国化这一伟大的改革。这个改革主要完成于唐代，而唐代改革最重要的体现就在陕西。中国佛教在唐代形成八宗，有六宗祖庭在陕西。陕西是佛教的重镇，可以说，是当时全国佛教文化底蕴最为厚、最为深的地区。

记：您怎样看待佛教在唐代的兴盛？

许：从历史的经验，我说14个字，就是"国运昌则宗教兴，宗教盛则国力强"。我看现在也脱不开这样一个规律。

所以在唐代这样一个强盛的朝代佛教非常兴旺。它兴旺的时候又支撑了政权，维持了当时社会，但是它不是决定的力量，真正决定力量还是生产力和生产关系。

我认为陕西目前佛教的功能还没有完全发挥出来，我相信今后全国的佛教会进一步发展，陕西这种历史文化遗产在未来的佛教发展当中的地位会凸显，但要注意到任何事物都是两面的。

记：佛教和社会之间的关系，如果"若即若离"，可能是最佳的关系？

许：不能这么说。佛教是社会的一部分，没有即和离的问题。刚才楼宇烈老师讲，佛教到唐代已经成为中华文化不可分割的一个重要组成部分，所以它不是若即若离的问题。

总而言之，佛教还有很大的发展振兴的空间，但是就像刚才你所说的，佛教教义是这样的，结果跟从的人五花八门，其实任何事物都是如此，所以我们要帮助引导宗教的发展，不使之偏离。

记：陕西佛教文化资源很丰富，比如有佛指舍利，有六大祖庭。陕西如何更好地挖掘这些宗教文化资源，为和谐社会作贡献，我想这可能不是修几个庙那么简单。您能不能提一些建议？

许：这个资源前应该加个附加语：历史遗留的。现在中国作为一个正在强盛的国家，陕西现在的僧侣和寺庙你能做出什么贡献来？不能老靠老祖宗的遗产，如果没有佛指舍利，没有玄奘的头顶骨，那靠什么？难道佛教就不振兴？

老祖宗的，该用还是要用，要发挥作用，但是佛教振兴不能单靠这些，靠的是出家人按照佛教教义守自己的规矩，好好念佛钻研，用钻研出来的道理去让人们信仰，明白宇宙和人世间的道理，有所归宿。

记： 两年前我们谈了"道"，今天又谈了"佛"，希望以后能有机会向您请教"儒"。

许： 我不是只注意儒释道，他们只是我生活的一小部分。我在关注民生，关心我的学生，关心弱势群体，也关心老伴。

世界上的宗教没有人明确统计，可能有上千种，教里还有派，西方叫教会，不同的教会就有不同的派。单说佛教吧，博大精深，所以我在佛教人士面前总是胆战心惊，因为我没有也不可能通读《大藏经》，通读一遍又如何，难道读一遍就行了？那得几十年不知道读多少遍才能说话。

我是不敢再试这个水的深浅了，我浅尝辄止了，太深了，把我后面这些年的全部精力投进去都不会有什么成就，算了，（笑）我就给宗教敲敲边鼓吧。

记： 关心、研究中国传统文化给您带来哪些特殊的享受？

许： 关心，本身就是享受。一个人无可关心，我觉得他是在受罪。遇到困难，对我也是享受，没有困难我不长见识，不长本事，（笑）没有困难没意思。

道教论说

深研经典，环顾宇内，振兴道家※

各位大师，各位道长，各位高道大德，各位嘉宾：

非常荣幸能够参加2008崂山论道暨首届玄门讲经活动，这将是我学习道学的大好机会。佛门讲经，玄门论道，这是宗教自身生存和发展的需要，是建设社会主义和谐社会的需要，也是中国人民和世界人民一道消除"欧洲中心论"，抵御"物质至上"、"科技迷信"等现代世界性疾病，共同建立适合人类未来发展需要的伦理观、世界观，促进世界和谐的需要。

道家对中华文化、对人类最大的贡献就在于建立了以"道"为核心的一整套世界观、人生观、伦理观的价值体系，并且成为中华文化的脊骨。这次的论道和讲经，将有各大宫观的高道就《道德经》一展多年学道、修道的收获和体验，无疑将对中国道教界的自身建设、对学界今后的研究起到巨大的推动作用。在这里，我要向道教协会邀请我参加这一盛会表示衷心的感谢，预祝崂山论道和讲经活动圆满成功！

中华民族在两千五百年前出现了老子，接着又出现了孔子和孟子，这是中华民族的幸运。虽然两千多年来历代都有兵荒马乱，都有饥馑流离，但是循道以求"和"、求善、求真的思想始终支撑着无数中国人的心灵，在无形无声中抵消着不和、不善之行，维系着中华民族的生存和一统。当前，经济全球化挟裹着消费主义、贪欲膨胀等等违背人生、社会和自然规律的意识形态滚滚而来，侵蚀着人们的灵魂，腐蚀着人们本应亲切和谐的关系，扭曲了人本来纯朴善良的性格。照此下去，社会不得安宁，世界不得安宁。无论是伊拉克战争，还是近来惊骇全球的金融危机，究其实质，无不是悖"道"而行之的结果。在混乱不安的当今世界，唯有中国"风

※ 2008年10月11日在"崂山论道暨首届玄门讲经活动"上的讲话。

景这边独好",呈现出一片祥和安定,即使我们遇到了自然的灾害和人为的干扰,我们都能沉着应对,使挑衅失败,变难关为不难。这是偶然的吗?不,这是因为我们的制度优越、我们的领导力量坚强、我们的人民可爱;而贯穿于制度、领导和人民心理意识中的,是中华优秀传统文化和社会主义的时代精神。在飘忽不定、动荡不安的世界风云中,中国要立于不败之地,要对世界的和平与繁荣做出我们独特的贡献,就必须弘扬中华民族优秀的文化传统,就需要充分发挥宗教在构建和谐社会主义社会和促进中国与世界各国人民交流对话的作用,而要做到这一点,我们就必须深入研究各个宗教的经典,强化宗教的戒律和仪轨,加强宗教与社会的结合。

  道家的核心教义和信仰,集中含蕴在《道德经》这短短的五千文中。《道德经》言简意赅、博大精深,世人皆知。论道,讲经,首先就应该从这部伟大的元典开始。回顾历史,世界上不同文化源头的经典,几乎都是每当社会发生变革时都要出现结合当时的社会情况和需求而重新进行阐释的浪潮。欧洲文艺复兴以来,西方社会对《圣经》的重新阐释几乎每隔三四十年就要进行一次。我国历代对中华文化元典的阐释一直在进行,但真正大范围的潮流,大约需要经过几百年才出现一次。现在当我们面对麦当劳式文化的挑战和逼迫的时候,站在今天的高度,以全球的视野,在前人研究的基础上再来一次对《道德经》的认识和阐发,无疑已经紧迫地提到了所有出家人和在家的道学研究者的面前。对此,我们必须积极应对,否则就要落伍,就有可能被时代所淘汰。概言之,时代需要道学道教,道学道教需要理论,理论需要创新,创新需要继承。我之所以说这次论道和讲经"对中国道教界的自身建设、对学界今后的研究起到巨大的推动作用"就是因为这个缘故。

  我认为,在当前以这次论道和讲经作为一个非常好的开始的标志,在道教和道学今后的发展壮大中,需要注意并处理好以下几个关系,我冒昧说出来,请各位高道、大德不吝赐教。

一 学道与修道的关系

  学道对于出家人的重要性,无需多说。但是,学道,亦即以钻研经典为中心的学习代替不了修道。《道德经》说:"道可道,非常道;名可名,非常名。"这是说,老君所发现并坚持的道,是无法用语言表述清楚的。

我认为开宗明义先把"道不可道"说在开卷第一章，是有深义的，是一开始就告诫后人，要在实践中用心去体验，而不应该拘拘于语言和文字。按照中国古代哲人的观察认识，人类的语言有着很大的局限性，人的思想感情不是语言概念，所以没有给它下过西方式的定义；颜渊在称颂老师的时候也只是用了"仰之弥高，钻之弥坚；瞻之在前，忽焉在后"这类语句来作模糊的描述。佛家"拈花微笑"的故事，固然是为禅宗"不立文字，教外别传"确立依据，但却也符合语言的实际。这是中国古代圣哲绝顶聪明的地方。但是，多么深奥的道理总还是要用语言作为传递的媒介，因此《道德经》又说："有物混成，先天地生。寂兮寥兮。独立而不改（垓），周行不殆，可以为天地母。吾不知其名，字之曰'道'，强为之名曰'大'。"这是说"道"这个词充其量只是"先天地生"、"可以为天下母"、"恍兮忽兮"之"物"的别名，称之为"道"，也是不得已而名之。

因此我认为，我们学道，在钻研经典时，既不可人人斤斤于一字一音的考证，也不可只停留在文句的表面，而应该静思沉虑，体悟道之至大永恒，道之为一切的本源；同时还应该结合参与社会和谐的构建和社会各界人民意气风发的生活实际，体味道之无穷。《内观经》说："道不可见，因生以明之。"而"生"就在我们眼前、身边，无处不在。我高兴地看到，"生活道教"的理念已经得到越来越多教内人士的赞同。我想，"生活道教"既符合党的宗教政策，也符合道教的教义和悠久的历史传统，同时有利于道教中人士对教义的领悟。宗教的神圣性在很大程度上来源于它的纯洁性，而纯洁性又主要来源于出家人严守戒律，"诸恶莫作，诸善奉行"。持戒，这也是修道必须的环节，归根结蒂，是让奉道者清静寡欲，能够"道心不二"，深入体验"道"的真谛。只有这样，受箓者才能成为信道众生的表率。毋庸讳言，现在全世界处处弥漫着浮躁，出家人清正宁静的表率作用太有意义了。要之，戒律保证了道教的纯洁性，宗教所应有的神圣性也就自然而升了。

二 道与儒、佛的关系

儒、释、道是中华文化的三大支柱。在儒学突破了董仲舒及其末流的束缚、佛教在经历了六七百年对中土的适应过程中，道教同时走过了创立、发展、理论系统化的几个阶段，三家已经是我中有你，你中有我，而又各自保持着自己的特色了。三家曾经有过对立、冲撞，彼此的每一次挑战都诱导着对方认真思考、建树、进一步完善自身。兴盛于明代的三教合流论，不管其科学不科学，可行不可行，却是三教异中有同、同中有异的反映。我曾经说过，中国三大宗教的相融共生，是人类历史上的奇迹，也是中华文化包容大度的表现。正是因为三教自古相融共存，更增强了中华民族对异质文化包括外来宗教的包容能力，所以此后陆续进入中国的基督教、伊斯兰教和天主教，也都能在不同程度上中国化，在中国生根、开花。现在，三教的教职人员和信徒彼此间融洽相处，正是大家在享受着自古以来无数先哲的遗泽。

在这样的环境下，我一直在思考，处在新时代、发展新阶段的儒、释、道，还有没有继续互相研究、彼此学习的必要？我的结论是还有这个必要，而且是非常必要。因为第一，大家都在进行重新阐释经典的工作，各有自己的体会，在这些收获中也是有异有同，彼此应该了解，相互学习。第二，各家经典中，本来就存在着前人吸取他家营养后的创造，如果我们只读本教经典而对外典不知不晓，就只能知其然而不知其所以然，难得真谛。第三，相互比照，彼所云者的涵义或可帮助我们对本教教义获得新的理解。例如，无论是道家、佛家都讲宗教体验，讲开悟，也就是经过修为，用心去领悟那无形无声、不可言说的真谛。其实，儒家何尝不是如此？儒家讲言一行一思合一，而其最高级的境界也是不可言说的。云何孔子说："知者乐水，仁者乐山；知者动，仁者静；知者乐，仁者寿。"对这句话，其弟子和后人也只能仔细地慢慢地领会。所以子贡说："夫子之文章，可得而闻也；夫子之言性与天道，不可得而闻也。"不是孔子不关心性和天道，而是他无法用语言表述，学生只能从老师的所行和所言中，从自己达到"告诸往而知来者"的过程中去开悟了。在这点上，三家是不是可以交流呢？又如，道家讲"气"，孟子则有"浩然之气"；邱处机高道主张"直下见性"，禅宗则讲"明心见性"，理学讲究一个"理"字，其实三家都是主张要寻觅自性的；儒家和道家都讲"和"，等等，这中间是否有宋儒所说的"理一分殊"的道理在？这"一"是什么？"殊"在何处？何以"殊"？如何分？都是只有在研究了他家学说和教义之后才能得出答案的。

基于以上的思考，所以我曾向各大宗教的领袖们建议，大家不要满足于各教之间的和睦相处，还应该进行宗教的"对话"。"对话"，意味着对对方了解、理解、尊重、学习，其间当然也会出现彼此辩难，而辩难正是交流深入的手段和表现。对话的结果不仅仅是自己视野的开阔，更重要的是携手并进，大家都像古代大德那样进入到一个更高的层次。在《道藏》中有不少儒家乃至墨、农、兵、医等家的经典，意即在此。古人没有社会发展规律和文化演变的自觉，因而三教的交流基本上是被动的；现在的我们就应该自觉地实现相互对话，加强交流。今年4月，我和澳门中华文化交流协会合作，在道教协会、佛教协会的支持下，在澳门大学举办了"儒释道对话暨论坛"，取得了初步试验的成功。我希望这类活动今后能继续下去。但是，这种向社会公开的对话还是有很大局限的，我们可以把这种对话日常化，生活化，使交流和辩难成为各方必不可少的求学求道和生活的内容。

三 出家与在家的关系

近年来，一个可喜的现象是在家的道学学者多起来了，著述日丰；同时，在家居士也渐渐增多，其中不乏对道教经典有较高造诣者。这对道教今后的兴盛无疑是重要的辅助力量。如何加强出家、在家人的联系，对未来道教促进社会和谐发挥更大的作用，是摆在我们面前的重要问题。

出家人与在家人的联系既要体现在对教理教义研究方面的默契分工合作，也要有合适的组织形式。先说前者。出家人和在家人对道教经典的研究是彼此不能替代的。如上所述，出家人有自己的信仰和宗教体验；在家人，特别是宗教学学者，自有其冷静、客观的心态和一套研究的"工具"。二者各有其长，应该紧密联系，互补互促。现在各大宫观和各地大学和研究院所中的宗教学者的关系都很良好，但双方主要是在各种研讨会上见面，也有些学者到宫观讲学，或高道到高校任教。前一种方式双方接触时间既少，后一种方式彼此接触面也不够大。建议大家继续探索新的方式和渠道，促进两支力量形成更大的合力。

道教要为促进社会和谐做出更大贡献，除了发挥宫观的作用外，修道之人还应该走进社会；而在家人本来就在不同社群中生活。二者如何合作，帮助社会需要物质和精神帮助的人们，如何以道教教义使更多的人精神有所依归，也是值得研究的问题。我在经过一些调查研究后认为，无论佛、道，居士和居士林都可以在这方面发挥很大的作用。但是，居士林怎样管理，要不要发展，是需要认真研究的。上海佛教居士林由宗教局为主管单位，组织运行良好，是可以借鉴的经验。

中国道教要振兴，提高对道教经典和教义的研究水平，就需要走出国门，和各种宗教进行交流切磋。在这方面，出家人和在家人也是可以紧密合作配合的。应该承认，迄今我国本土宗教——道教和佛教，乃至儒学，在世界上的话语权很小。我们应该发下宏愿，让道教和佛教真正成为世界显学，中国的出家人和在家人真正成为这一显学的主力，同时本着"自觉觉他"、"度己度人"的精神，成为世界和谐和安宁的有生力量。现在比较急迫的是努力培养出一批（而不是一个两个）精通一两种外语、在哲学、历史、文学等有关领域具有一定修养的国际型的出家人和在家学者。为此，我曾经做过一点点试验，先后在澳门和北京组织或单独进行儒—释—道以及儒—犹、儒—耶面对面的对话。这些对话虽然是初步的，还不够深入，但已经增强了我的中国宗教和儒学完全可以在新的时代以一个新的视角、新的高度与异质文化和宗教进行对话的信心。在山东省有关部门的支持和配合下，明年9月我将在曲阜主持国际性的首届"尼山论坛"。希望这一论坛在各方共同努力下逐步成为我国主办的世界不同文明对话的主要平台，也成为帮助我国学者和出家人成为国际型人才的一股力量。"尼山论坛"基本上两年举行一次，明年拟先进行儒—耶对话，可能以宗教与社会伦理为年度主题；以后还会开展儒—伊、佛—印、道—犹等对话。每届我们都将尽量多邀请一些世界著名的学者和神职人员，他们将带来西方和中东、印度研究宗教和文化问题的最新思路和成果。希望在座各位对这个论坛给予大力支持，踊跃参加。

要培养一批国际型人才，只靠请进来还是远远不够的，还应该走出去。去年在西安和香港举行国际论坛，我看到不少外国求道者，身着道服，甚为虔诚。经了解，其中有些人经常到中国来，有些还曾经长期居住在中国。我想，我所说的"走出去"，也应该包括像人家那样到某个国家去住上几年这样的方式。

四　道教和哲学的关系

任何宗教都有自己的哲学。丰富的道教经典中同样包含着深刻的哲学思想和成果。《道德经》、《南华经》当然是道教哲学的源头，而历代高道居士也有很多人为丰富道家的哲学宝库做出了杰出贡献。我们钻研经典不能不就其中的哲学，也就是形而上深入思考。所谓冥思静虑，也就包括了对经典中不可道不可名、玄之又玄的"道"作深刻的领悟。

中国的哲学，特别是道家的哲学，与西方哲学有着出发点、旨趣和归宿的不同。古代贤哲所创立的哲学是从自然、人生、社会中经过体验/经验，通过关联性思维，把宇宙、社会、人身作为整体进行观察分析而总结出来的，不管是哪一代的哲人，其学说最终都要面对现实。西方哲学则是先验的，是从推论圣父圣子圣灵之有无以及三者的关系、从神的启示的内涵及其内在逻辑开始的。基督教哲学与希腊哲学（同样与神有着极其密不可分的关系）结合，逐步完善，体系博大，分支迭出。但他们历代的哲学家总离不开基督教的影子。人神对立，天人对立，心身对立，现象和本质对立，好与坏对立，以致在家里夫妻对立、父子对立，等等。总之，一切事物都由对立物组成，施之于自然科学，即二分法，原以为分之又分，等到认识了部分也就认识了整体，亦即所谓还原论。但实践证明，只有二分法，缺了整体论，就还原不成。扩至人文社会，则也是一概以二元对立思考，于是一味竞争、斗争，乃至进行战争，再加上把自然科学的达尔文主义移到人类社会，于是种族优胜劣汰、适者生存作为侵略他人的理论依据。天人的对立，造成二百多年来大自然的急速毁坏；人与人的对立，造成家庭、社会、国家、世界的分裂，心身的对立，促使多少人获得了物质，丢失了灵魂，抑郁症、分裂症患者越来越多。长此下去，人何以堪，社会何以堪，世界何以堪！救之之道，唯有东西方文化互相尊重、学习、吸收，经过若干时间的努力，形成一种新的哲学理念，贯彻于万事万物，恢复世界的整体，人与自然的整体，心与身的整体。显然在这方面道家大有可为。但是如果我们只限于历代经典的表层意思，而不能归纳提升到哲学层面，是难以服人的，也是经不起主客观世界的纷繁复杂考验的。西方有的学者以爱护心情说道，中国的哲学和科学、经济等领域一样，已经被殖民化，希望中国哲学摆脱"欧洲中心论"的羁绊，从自己传统哲学中汲取营养，建成中国现代的哲学体系。我想，这番话是客观的，冷静的，严肃的，很值得我们参考。

五　道家与其他科学

　　中国古代的种种学说，大多出于老君。史书上说诸子中的许多家出于史官，而老君就是位史官，他的学说实际上是历史的总结。因为"道"的思想揭示的是主客观的规律，所以先秦诸子几乎无不与之有着渊源或借鉴关系。《道藏》中收有许多其他家的典籍是有道理的。认识事物和道理的规律就是这样，仅仅在本系统内认识是不够的，常常需要环顾其周围，特别是与之有亲缘关系的领域。时至今日，由于受了近代西学的影响，学校和科研单位里学科越分越细，连我们的宗教钻研的范围也越来越窄，大概只有藏传佛教还保留着原来的传统，每位喇嘛除了佛典，还要学习医、数、天文、地理、艺术，等等。回顾道教的历史，历代有多少高道不但精通道学，而且是高明的医学家、数术家、诗人。这个道理，只要我们温习一下《南华经》的《天下》篇，就能够不言自明。

　　历史的经验值得注意。我希望各个宫观在普遍提高出家人素质的同时，要鼓励一些基础较好、悟性较强的道士，涉猎道家经典之外的学问。也许再过若干年，在我们广大的道众和居士中就会涌现出一批道义专精、又饱学其他学科的杰出人才。这同样是道教的需要，国家的需要，世界的需要。

　　各位大师，各位道长，各位高道大德，各位嘉宾，

　　我是一个学中国古代语言学的人。虽然也有近五十年的教龄，但是由于社会的原因，加上不知用功，可谓先天不足，后天失调，自己的本行都没有精通，今天在这里却信口谈论道教和道学，实为不自量力，班门弄斧。因此所言不当应属必然。但请相信，我是以一种热爱道教道学，崇敬道教道学的心情，以一种知无不言的态度在向大家请教，诚恳地希望听到高道大德的批评指教，以帮助我今后继续学习道家经典和精神。

　　谢谢！

回顾来路，珍惜"青年"；
护国济民，万世太平※

首先，我要对在道教圣地嵩山举办"祈福中华，论道中岳"的盛大活动表示衷心的祝贺。今天，参加了"祈祷国泰民安，祝福和谐昌盛"的"五岳同祈大法会"，场面之宏大，道友之肃穆，善众之虔敬，正是13亿人民祈望和谐稳定、幸福安康的生动显现，令人感动不已。祈福法会充分体现了道教千年传承的辅国裕民优秀传统和现代道内外人士养性正心，热爱祖国，祈求和平，造福社会的功德；生当今日，内外四众仍以古德先道所关怀之天下为念，不同的是，现在人人可以通过海陆空交通工具、各种媒体和书籍周览小小环球，视野更为宽阔了，胸怀更为广大了，这集中体现在《五岳同祈祝愿文》中。祝愿文曰："解禳金融之危机，复苏经济之繁荣。人类文明、邦邻亲睦，息兵戈而蠲消伐戮；和平共处、寰宇相安，释争纷而世界咸宁。广行太上冲和之道，尽善人间朴正之风。尊天利物，化日长春，歌乐升平，天下和熙。"这不仅是中国人民的心声，也是世界上一切善良人们的渴望和急需。

当今的地球，是一个身与心、人与人、国与国、人与天分裂对抗的世界。为了一个"欲"字，于是贪，于是夺，于是破坏自然，于是人与人争，国与国斗，于是几百亿美元的诈骗，上万亿美元的亏空，于是世界无一日无战火，无一日无恐怖袭击，无一日无饥饿而亡的人。人心的迷茫、躁动，贫富差距增大，则又进一步加剧了对抗与争斗。长此以往，人失性，世乱纲，天紊序，则世无宁日，人类必将自我毁灭。强烈的刺激、敏锐的观察和冷静的反思，使得中西方越来越多的智者和宗教界人士体察到

※ 2009年9月12日在"中和之道"研讨会上的讲话。

危机的根源在于人心，是近三百年来统治着世界的强势思维以毫无节制的物欲为目标，以一己的意想为准绳，以残忍虞诈为手段，以人为的规则为依据的结果。于是反思，于是批判，于是呐喊，于是发现一向被西方宣扬为人类最高文明和普世真理的西方传统文化原来弊病百出，而一向被视为蒙昧的、原始的、落后的中华文化中竟然一直储存着大量极其高明的关于安顿人与人、身与心、人与天关系的经验和智慧。

中国人的这种智慧，归根结蒂就是儒、道、释对人心的重视和认识。千百年来，儒、道、释又不断地用各自不同时代的语言和方式开导世人。而道家秉承《老》、《庄》的基本精神，在卷帙浩繁的道家经典中，无论是论内丹养生，还是讲修神仙道，抑或言治国安民，都突出了"中"、"和"与"中和"的重要。

我在这里之所以把"中"与"和"以及"中和"分提，是因为"中"与"和"内涵既有关联而又有异，"中和"组合起来使用年代较晚，合用时的意义与两字分用时又有不同。在这里，来不及就此展开，我只想强调，不管在经典文本中是不是直接用了"中"、"和"字样，从最早的传世文献，直至道、儒、佛正式形成学派或宗教，在其各自的经典中，"中和"的理念都是核心。

这次研讨会立足于中岳文化地理实情和道教教义体系，以"中和之道"为主题，实际上是在直探中华文化的底层。在我国促进社会和谐、世界和平的过程中，深入剖析"中和"的丰富涵义，兼及这一观念的历史沿革，其所以生、所以成，所以化为中华文化的基因的多种原因，有着重要的现实意义和学术意义。

"中和"的理念最初出现和存在于何时，至今众说纷纭，我们还可以继续探究。"一个观念的历史可能并不完全等同于相应术语的历史，尽管该观念最终要靠那个术语来辨认。"（[美]本杰明·史华兹：《中国古代的思想世界》，江苏人民出版社2008年版，第236页）从文献上看，《尚书》已经表现出对"和"的崇尚，是中外学者多数人的共识；至于"中"的明确提出至今尚争议很大。但在我看来，在目的性很强的"和"出现后，就必然要走向方法论性质很强的"中"；反之，把握了"中"，才能达到"和"的境界。这也就是为什么后来两字连用的内在依据。

姑且不论"中和"的理念是何时形成的，也不管明确使用"中"、"和"两个字的最初文本是什么，我认为都应该从"中"、"和"与"中和"理念发生、发展的环境和背景来开掘其形成的必然性。

人类的一切认识、知识,都来源于生活和生产实践。在种种实践中必然发生主观和客观的关系;人类在适应、观察、思考、归纳这些关系的同时,逐步养成协调主客观的智慧;生产力越提高,这些关系就越复杂,人的智慧也就越发达。因而人类对"关系"的认识有层级之分,有从低级走向高级的过程。人能自觉到这些关系,这是人类正式从一般动物群中划分出来而成为人类的根本因素。此后,在生产发展经历采集狩猎、游牧驯养、农田耕作、工业生产和最近的所谓知识经济或后工业化时代几个阶段的历史长河中,每一个阶段人类对主客观的认识都有所提高。但是细究起来,应该说,唯有农耕阶段生产方式、生活条件,尤其是从社会开始有了较多富裕的生活资料而又未形成如唐宋时期那样的奢华时,人们对身心、人人、人天关系的思考最细腻、最深刻、最接近真理。此前则人与人、人与自然的关系较为疏远,低下的生产力也不允许为获得基本生活资料而辛苦劳累的人们花费很多时间去仰观天文,俯察地理,也没有人专门从事近取诸身,远取诸物,系统地总结人体和自然的关联比况关系,并抽象出类似中国八卦太极、象形文字等标志(或曰"符号")。这种情况是此前的采集狩猎和游牧时代所无法相比的。而其后的人类,从田野走进车间,从聚族而居的村落走进繁华的城市,从与左邻右舍一生相处于栉比鳞次的街坊走进只能看到窄窄天空的楼群,远离了他人,漠视了自然。工业化是和资本主义化同步出现的,工业革命的第一目的并不是提高人们的生活水平,而是追求前所未有的高额利润。在"利"的催动下,人类渐渐被绑在转动得越来越快的利益的车轮上,欲止不能,欲下不能。天人合一、自然之真,惩忿窒欲、见素抱朴,都是在忙忙乱乱的生活中无法理解、体会的,更不用说去总结和提倡了。所以上个世纪初,德国哲学家斯宾格勒就认为现代城市的兴起就是文化的灭亡,因为农耕生活给予人类的启示和灵感已经不复存在。(见其所著《西方的没落》,上海三联书店 2006 年版)

反观中华文化,儒、道、释都十分重视"中和之道",而又各有侧重:儒家重在修身之德;佛家重在认识论和方法论;而道家则就道之本原、把握主客观以至求得长生久视作出了全面论述。例如《中庸》上说"喜怒哀乐之未发谓之中;发而皆中节谓之和。"按照儒家由己身而推及天下的既定思路,于是又说:"中也者,天下之大本也;和也者,天下之达道也。""致中和,天地位焉,万物育焉。"当然也有人认为《中庸》并非子思所作，因为里面包含了道家的思想；但我们从另外一个角度看，这岂不是说明儒道之相通吗？在《荀子》一书中，言王制、论音乐，都以"中和"为节，所以杨倞以"宽猛得中"释"中和"，这已经把"中和"降到两字原本的意义"过犹不及"上了。到董仲舒时，"中"与"和"分作二事，把"和"基本归为主观，"中"则主要用于客观，例如说"夫德莫大于和，而道莫正于中。中者，天地之美达理也，……和者，天[地]之正也"、"中者，天地之太极也"、"天下之所终始也。"等等（《春秋繁露·循天之道》）。这和《中庸》已经有了差异。众所周知，佛家有龙树作《中论》（即《中观论》），中土把它和《百论》（提婆著，世亲释）、《十二门论》（龙树著）合称三论（若加上《大智度论》则称四论），立三论宗，以"不二"即"中观"为本，三论所着力阐释的"八不"（不生亦不灭，不常亦不断，不一亦不异，不来亦不去）、"二谛"（世俗谛、第一义谛）、"中观"（诸法非有非空）和"涅槃"（世间和出世间不二），都贯穿着破除偏执、取其中道的思想。固然三论意在解决教内外对色空的执著和邪见，但在提倡两端间不偏不倚，和儒、道的"中和"之说还是相通的。三论宗虽然在其他宗派兴起后即迅速衰落，但其中道思想则已渗透在尔后的各宗派中，影响也很大。《老》、《庄》虽未明言"中和"，但其意已处处洋溢，如"多闻数穷，不如守中"（五章）、"道，中/冲而用之，或不盈。"（四章）至《老子想尔注》、《太平经》则屡见"道贵中和"、"中和之道"、"要在中和"、"中和之气"等说法，并明确"中和"是元气三名之一。显然，在道家这里，"中和"既有本原之意，因而覆盖了自身修德正心，又关涉处理小到琐务，大到治国，与天地共处等一切领域。

儒、道、释所说的"中和"就其内涵和外延则同中有异，虽异犹同，同大于异，形成相辅相成、你中有我，我中有你之势，这本身就是"中和之道"的体现。其同者即其理论基础，是从农耕时代总结的宇宙万物本为一体，人也是宇宙的一个组成部分，一切相应相对的事物间相互依存，既有着相互对立的一面，又有着在一定条件下相互转化的一面，因此需要本着"中和"的原则相待。这在《周易》和《老》、《庄》中都有很充足的体现。

三家在"中和"观上的相通，还有学术发展过程的因素。儒、道两家正式分称是在战国后期至汉代初期，此前大家都是混沌在一起的，即使在稷下学宫里,许多学者属于哪一家至今也难以弄得十分清楚。各方之间界限模糊,其中自有共通之处。至于佛教,传入中国后历经千年已经逐渐对中国文化多有吸收,到四、五世纪之交,龙树的著作引起重视,出现三论宗,也是因为其说和中国固有的"中和"相通,实际上则是中土文化在从佛教众多理论中进行遴选的结果。

由"中和"之所指、所涵,不难看出农耕社会所留下的痕迹。其中特别值得珍惜的,是中华民族的祖先在"青年时代",即长达万年以上的农耕生产生活中所反复体验到的万事万物以中为上,以和为贵。人类现在生活在"发达的"、"先进的"信息化时代,莫以为农耕时代一切都是落后的。农耕落后的只是生产力和生产关系,是技术,而在如何处理身心、人人、人天这些对于人生和世界更为重要的关系上,也就是在解决人类如何才能永远健康地生存发展方面,提出了一系列具有普世价值的观念和理论,应该说是今天的人类所远远不及的。换言之,人类在近几百年里在利用自然为己服务方面的确大大超越了以往任何时代,但是智慧却并没有从农耕的水平上进步,甚至可以说是倒退了。中华民族在农耕时代所积累的经验和认识,弥足珍贵即在于此。而贵中之贵者,即在"中和"之道。

前面说过,当今的世界充满了一个"欲"字。要祛除贪欲之病,关键在于拯救人心。心境中和则社会中和;懂得中和可贵的人多了,才可能世界中和。但是包括"中和"之道在内的农耕文化的精髓显然与现实存在着某种紧张关系。简言之,在科学技术高速发展、经济全球化大势不可逆转、对生活水平快速提高的渴望似乎已经成为理所当然的渴望,成为人们的习惯性思维时,怎样才能让"中和"成为社会追求的境界?对于还并没有真正强大的中国来说,不发展、发展慢了就要吃亏,甚至要挨打;而快速发展也将给我们带来人失本心、价值迷茫、环境惩罚等致命问题。关键在于挽救人心。这期间,怎样通过"中和"的理念帮助人们摄性还元,把握其"度",以求两全其美?

对于"中和",近年来已经引起中外学界、道教界的高度关注,但是和其他有关学界,例如史学界、哲学界、佛学界一样,对于上述的难题似乎也没有给出明确的答案。我希望道教界和研究道学的学者今后能就着这类关乎中国和世界走向的大局问题,以中华传统文化,特别是道家学说为基点,从多种学科的角度开展研究。中华文化的特点之一是重在修德,净化自身,知行合一。而当前我国学术界知与行的脱节是比较普遍的现象。

我们探究人生和宇宙奥秘,需防止"纯学术化"。纯学术的研究是需要的,但就中国道教和整个学术界而言,这种研究也只是百花中的一支。特别是教内人士,本来有着丰富的宗教体验,这是很宝贵的,希望各位高道能把自己对经典的精髓的体验和对文献、义理的研究结合起来。如果其他宗教的研究工作也都能做到这一点,那么,中华民族就可能为世界提供21世纪的中华智慧,促成又一个"轴心时代"的出现。

最后,我想用法国科学院院士汪德迈先生最近(8月31日)刊登在《光明日报》上的一篇文章里的话结束我的发言。汪德迈说:"面对后现代化的挑战,西方反而表现出无能为力,如全球环境的破坏、富国与穷国之间经济差距的扩大、核武器扩散、不同种族之间的地区冲突增多。西方人文主义面对近代社会以降的挑战,迄今无法给出一个正确的答案。那么,为什么不思考一下儒家思想可能指引世界的道路,例如'天人合一'提出的尊重自然的思想、'远神近人'所倡导的拒绝宗教的完整主义以及'四海之内皆兄弟'的博爱精神呢?"汪德迈的话代表了西方学界的主流思想,但他对中国宗教熟悉的程度远不如对儒家、法家的了解,所以只就儒家提出期望。我相信,道教的胸怀是博大的,不但要护国济民,而且要为世界开万世太平。我们应该和儒、释一起,与世界各国思想家合作,经过一段时间的努力,给人类一个正确的答案,我们也一定能够给出一个正确的答案!

对道教界的几点期盼[※]

各位高道大德，各位来宾：

首先，对《中华道藏》线装本的出版表示钦佩和热烈的祝贺。的确如前面各位领导和道长所说，《中华道藏》的出版、《中华道藏》线装本的出版，这是中国文化史上的一件大事，当然中国文化史就包含了中国道教史。我们生在当世，对自己所做的事情感到骄傲，感到振奋，但是它在历史上的意义常常是当世做的人体会不全的。但是我们有参照系，例如，今天我们提到《永乐大典》，提到《四库全书》，乃至后来的书局所出的各种本子，例如《四部备要》、《四部丛刊》，恐怕都是中国文化史上的大事。明朝的《正统藏》，虽然从今天的古籍整理水平及它所流传的范围看，有很大的局限，但是它也毕竟是自唐以来道教文献整理的一件大事。今天，所有关心道教文化、中华文化的高道大德、学者，集中这么多的人力、物力，编出有时代特色的《中华道藏》，又出了线装本，我想，恐怕是由现在起往后看，几百年之间，不会再有一个本子超过它。今后，研究中华文化，研究道教文化，乃至建立具有时代特色的、适应社会主义社会、促进社会和谐的道教教义体系的时候，人们就会不断地提到《中华道藏》。从现在学者有关道教文化研究，以及有些高道的经书、文章看，所引用的权威文字就是来自《中华道藏》，恐怕将来又会注上《中华道藏》线装本。所以我期盼这样一个本子能成为全世界研究道教文化的权威版本，就像是现在的《四库全书》、《永乐大典》，乃至《四部丛刊》，等等。因此，参照过去的古籍整理来看今天我们整理的内容，对它的作用了解得更多。为什么说这部书是有时代特色，我想这也是研究《道藏》

※ 2010年8月8日在"《中华道藏》线装本出版座谈会暨颁赠仪式"上的讲话。

者应该深入思考这样一种论述。所以我希望咱们编书的人虽然不在一起做这项工作，但是作为参与者能就它的时代特色多做点研究和论述。举例来说，这套道藏，把近百年来，我们所发现的敦煌写本，乃至出土文物，例如《老子》的郭店楚简本、汉本帛书本，都把它原文和释文收在里面，这绝对是前无古人。刚才张继禹道长谈到要编《续道藏》，我想这件事情可能还会做下去，但是希望要慎重。选择明以后的经、注、疏，包括一些论著，要慎重。同时要重视从现在起往后我们考古当中再继续发现的新的资料，要收纳进去，一定要精，选择要精，这就是时代特色，这是明代人无法做到的，他没有看到这些资料。众所周知，《正统藏》延续了唐代三洞四辅分类法。拿今天的宗教学、文献学等眼光来看，有很多不太合适，或者使用很不方便的地方。那么现在分得细了，这样的一个分类，很靠近今天的图书分类方法。分类的科学与不科学，表明了一个时代对客观事物的认识水平，我想这都是属于时代特色的。今天的高道大德、学者再使用起来，就比过去用《正统藏》要方便得多。众所周知，当年我们中国道教协会的第一任会长陈撄宁先生，为了求得《道藏》，窥其全豹，为了从当中选取关于养生的资料，他几乎走遍了全中国所有著名的宫观。所以后来他晚年曾经说过，大概全中国读过整部《道藏》的只有我一人。不是别人不勤奋，是没那个条件，没那个毅力。大家都知道，后来他夫人生病，自己又是靠着亲友的资助，为了看《道藏》走遍全国。今天，在受赠《中华道藏》的宫观里就能看到全部《道藏》，甚至比他那时候还要丰富，我想这些都属于时代特色吧。

那么，在这样一个基础上，我由线装书出版想到对道教界的几点期盼。

第一，就像是王作安局长刚才所说的，希望这本书的出版能够在全国形成一个开展读经、研究经书的活动。道教界的朋友们知道，我曾经也是呼吁道教界要读原典。那么《中华道藏》的出版，为我们研究原典提供了非常方便的条件。但是它只是提供了条件，《中华道藏》的出版还不能代替高道大德对道教经典的钻研。

第二，我希望在家的和出家的两支队伍能够很好地配合。现在的趋势是，在家的，不管是高等院校、科研院所，研究成果的数量和水平均高于宫观出家人的成果的数量和水平。我认为这两方面的研究力量是都不可缺的，是相辅相成的。作为学者，他有充裕的时间能够潜心地去钻研经典。

另外，他在研究道教之前已经作了其他方面相关的学术准备，也从年轻到成年过程中受过系统科学研究训练，这是学者的长处。可是今天的学术研究和过去的学术研究有一定差异，就是他的研究和他的信仰是脱节的。而高道是带着自己的信仰去进行研究的，因而在研究过程中，既有在宗教活动中，也有在冥思中所获得的宗教体验。这种体验常常是"名可名，非常名"，用佛教的话说："不可言说"。这是任何书斋里的研究所不能取代的，所以必须两支队伍建立非常好的关系，能够积极地配合。可喜的是这些年这方面进步也很大，我注意到像中国人民大学宗教高等研究院成立的时候，朱维群常务副部长、当时的叶小文局长、王作安局长都亲临到会，实际上党和政府是希望这两支队伍能够亲密无间，互相帮助，互相促进。这是我第二个希望。

第三，尽快建立起21世纪中国道教的教义体系。所谓尽快，不是急功近利，是与遥遥无期比，还指日可待。要建立这种体系，各方面要充分配合。这个体系是整个道教界学术界的共识，但是它又不妨碍"百花齐放，百家争鸣"，继续去争论、辩经，继续去发展、补充。只有这样，我们道教文化才能出现真正的繁荣和进步。为了这个，我还有个想法，不知道在中国道教协会和中央统战部、国家宗教局及各方面善信的支持下，能不能做到，就是把近百年来全国研究道教的论文和著作精选，做一套汇编。现在道教经典方面，五四前后研究道教的内容的杂志早就绝了，当时研究道教的杂志多达几百本，很完整。如果把这些历史资料汇总起来，我想也是一件功德无量的事情。台湾把近百年来佛教研究的论文已经汇集，多达几百本。这是一个大工程，这样的话，就会给我们盛世修典又增添了一块。通过我们搜集、整理、研读这些前代学者高道的研究成果，也就推动了我们对道教问题的思考和研究。要做的事情很多，我们只能一步一步来。

一得之见，可能不合时宜。请大家批评，谢谢大家。

欣逢盛世，道教怎么办？※

各位道长，各位大德，各位道友：

在我正式演讲之前，先讲一个故事，是我小时候的事情。我是1937年生人，北平解放的时候我11岁，已经记事了。解放前，母亲有的时候领着我到寺庙、道观去，别的道观的情景我不记得了，北京的东岳庙的情景还记得。现在东岳庙重修了，成了一个辉煌的重要道场。我儿时所见的东岳庙是残垣断壁、大殿倾斜，没有几个道士，一片凄凉。为什么带我去呢？赶庙会，买东西，道观、寺庙靠着出租摊位过活。与此相近的是佛寺，北京人所熟悉的护国寺、隆福寺、白塔寺比东岳庙更惨。我亲眼看到几位僧人拿小柳条簸箩，挨着摊位伸过去，摊主其实也是小商贩，从腰荷包里拿出钱扔过去，不屑一顾，好像是在施舍。在我11岁上中学以后，两三年里几乎每天回家都要从鼓楼后经过，因为那里有个小市场，有"杂耍"可看。给我留下印象最深的是一位老道士，白髯飘飘，带着道冠，穿着道服，他在做什么呢？卖艺，表演他的软功，能将双脚弯到肩后，然后向大家作揖乞讨。我为什么说这些？这就是60年前中国佛道两教的情况。现在情况发生了翻天覆地的变化，今天我们举行第三届道教文化节，这是在几十年前不可想象的事情。

好，故事讲完了。我想，既然是道教文化节，我也凑进来说一说道教文化的事情。感谢刘长乐主席在前面做了个精彩的演讲，就省去了我很多的时间，刚好我有些东西是给他做注脚的。我想讲这样几个问题：

※ 2010年9月18日在第三届中国（成都）道教文化节"中华之道——道教与中国传统文化"论坛上的演讲。

一　承续道统，从历史和文化的角度看道教

我们常说中华文化博大精深，我想这四个字用在道教身上也是恰当的。但是漫天漫地讲"博大精深"，怎样的"博"？怎样的"深"？很多人并不深思啊，于是难免成了空话，口头禅。大家都知道，老子和孔子是同时代的人，在他们之后出现了百家争鸣，又出现了庄子、孟子、墨子。那个时代老子还没有太被世人重视，包括《南华经》问世之后，也没有受到像后代那样的重视，但是毕竟在中国的思想史上出现了一个世界上最早的哲学性的伟大的著作《老子》，庄子又在老子的基础上有所发展和补充。我曾经设想过这样一个问题：如果春秋时期不出现老子，战国时期不出现庄子，中国的学术会是什么样子？中国的艺术会是什么样子？中国人的思维会是什么样子？

从战国到汉代，唯一能够站得稳的就是儒家，墨家和法家等在学术上都没有太成气候（秦用法家而兴盛，而统一中国，急起急落，也并不是学术的昌盛）。儒家的确关注现世人生、个人的修身以及治国。今天我们读《论语》，读《礼记》，上面的"子曰"，讲的都是很真诚的道理，但是不乏沉闷，全是说教，虽然有些篇章很生动，但更多的是下定论式的、指示性的。而《老子》呢，最大的特征是"超越"，超越具体的事物，超越当下，超越个人，给我们开辟了一个无限想象和推理的空间。接下来是庄子，带着诗人般的气质、哲学家的细密思辨阐释道家的基本思想。他从老子哲学的根蒂出发，张开无限想象的翅膀，所以写出《逍遥游》那样汪洋恣肆的篇章，写出《秋水》那样幽远灵动的文辞，写出《齐物》那样视野宏阔的哲理。可是，当时人们还没有意识到他宝贵的价值。最早把他的一部分思想吸收进儒家的，是不被人重视的汉代的董仲舒。但是董仲舒整个的风格仍然是一种沉闷的说教，整个汉代几乎都是这一风格。此后，经魏晋南北朝何晏、王弼、向秀、郭象等人注释，老庄又碰上那个一统暂停、儒学不振、众说蜂起的时代。王弼等人是为了那个时代而进行阐述，于是老庄在当时的社会地位迅速飙升。王弼等人或援道济儒，或出儒入道，都是想用道家来补儒家之不足，或者实际上起到了这样的作用。这样一来，就给务实的华夏子孙补充进了老庄那种不受任何拘束的、发自内心的想象。这种具有超越性的想象，实际是人类不满足于现世的物质、精

神和境遇，力图进入一个理想世界的愿望的体现和升华。老、庄的这种影响，我们从唐代王维、杜甫、李白的身上可以清晰地看到。王维所写的"空山不见人，但闻人语响"一类的诗都带着佛音禅意；杜甫的诗处处体现了儒家的思想，"致君尧舜上，再使风俗淳"；而李白是信奉道教的，于是有了《梦游天姥吟留别》等大量想象奇特、毫无约束的浪漫诗篇。这三大诗人都对我们的文学、思想起到了极大的影响，而他们正是分别体现了儒、释、道的精神。我想，先秦不出现老庄，后来老庄的思想得不到弘传，他们那种从个人的感悟上透视宇宙奥秘、反观人生、认知天地人关系的境界就不会产生，恐怕也就没有李太白，没有让中国人引为骄傲的唐诗宋词那种绚丽多彩的想象高度。到了宋代文学继续发展，诗也很好，特别是出现了长短句，同样得到了道家思想的润溉。宋代需要大书特书的，是出现了理学。理学之所以有那样了不起的成就，很重要的一个原因是吸收了佛教、道家的营养。可以说，如果没有道家，也就没有后来儒家的辉煌，宋明理学家也不可能把中国人的思想推到当时全世界的唯一的顶峰。至于佛教传入中国后也从道家这里吸取了很多东西，这里就不多说了。所以，道教给中国文化所做的贡献是应该好好研究、好好宣传的，我认为这方面我们做得很不够。

为什么道家的思想从老子一直延续至今，竟有这样强的生命力？我想其中很重要的一点就是兼收并蓄。道家学说里也吸收了佛与儒，道教尤其吸收了佛教很多好的东西。三者互相学习。例如，有人说道藏太杂，在我看来，实际上道藏不仅仅为我们保留了很多典籍，更重要的是很实在地显示了道教的精神领域包罗万象。像传统养生法大部分都在道藏里。刚才长乐先生谈到《太平经》，它也是道藏里的重要典籍，乃至于像《墨子》，也幸亏道藏把它收进去了。这类例子不胜枚举。单这一点就需要感谢道家与《道藏》。

二 关注当下，明白我们的使命

毋庸讳言，道教从明清时代就开始衰落，道观倾圮，文物流失，包括很多法物，到解放的时候已经很难得了，道士或流落为乞丐，或者称霸一方，做着败坏道教的事情。可以说道教（佛教也是一样的）在临近解放的时候已经是奄奄一息，这"一息"就是一些高道大德留下了沉沉一脉呀。60年来，特别是近30年来，的确是道教百年难遇的最佳时期，道观得到了恢复。我到道观去，似乎看到了唐代宋代的辉煌。道教有了自己的组织，不仅有全国道教协会，各省都有道教协会。我这次在香港讲，太虚大师一辈子就盼望着能建立一个全国性的佛教组织，多次上书国民政府，甚至和蒋介石当面谈过，和戴季陶也谈过，但直到他往生都没有实现。一个宗教没有全国性的组织，那就会成一盘散沙，在社会上也就没有地位。所以不要小看了道教协会这样一个组织。再有我们出家人在社会上的地位，除了政治地位（例如担任人大代表、政协委员），社会上对于高道大德也是尊重的，这些都和我小时候的情况形成鲜明的对比。的确，现在是中华民族的盛世，也是我们道家和佛家的盛世。那么，在这样一个时代，我们应该做些什么呢？我提出一点来供大家参考。

如果我们把老庄看成是一个原初的道家，那么可以说他们和他的弟子们有着对人生、对社会、对宇宙的极大关怀，这种关怀是撕心裂肺的痛苦和由这种痛苦所激发出的无限怜悯和热情。所以我始终认为道家不是一个单纯利己的度己者。《道德经》通篇五千言，我们看到它说的是宇宙天地、人生及至治国、用兵并包含了个人修养，同时就像我刚才所说，他们还有着儒家所欠缺的大胆的丰富的想象，以及对于平等、自由、朴素、清净、真诚的追求。我在崂山论道时曾经建议道内外人士深研元典，现在我还是要说，当前所需要的就是重归元典。"重归"不只是读写背诵、查文献做出自己的解释；真正需要的是用心去领会、体验。不论出家在家，都应该沉静下来进行深思，要跟着老庄想象的翅膀飞，要向他们那样，以极大的热情关怀人生，关怀宇宙；以极大的热情、同情甚至是极大的痛苦忍受着社会上那种不好现象对自己的折磨来弘道。

为什么我今天提出这个问题？因为社会需要！自古至今，人们在饱食暖衣之后就要追求人生的真正价值。人生需要解决物质问题，物质是基础，没有物质人不能生存，不能生存想为社会做贡献也不可能。但是，这种需求只是动物性的。人区别于动物的地方就在于有没有信仰，有没有超越自己、超越自己家庭、超越自己家族的那种怀抱，也就是不单为自己，不单为自己的家族，要关怀和自己没有血缘关系甚至不相识的人，把他视为与我同体，这是人生价值所在。这在当今社会尤其需要。我曾经在一篇文章里说过，人生的追求可不可以分为三类：一类是平凡的，这就是追逐衣食住行方面的物质享受。"食、色，性也"，不能说想吃好的，结成圆满的家庭是不当的要求，这种偏颇是不对的。但是这种基本的需求，还是为了人"身"的生存与繁衍。道生一，一生二，阴阳不交合就生不了三，没有三哪来的万物？第二种追求是龌龊的，那就是崇拜物欲，从崇拜物欲又可以衍生出崇拜技术、崇拜"力"、崇拜性，所谓"性解放"其实应归为此类。为追求利益，身高体壮，一拳能打死一个人，可以称霸一方。再一种是高尚的，是对"心"的需求，也就是我所说的超越，不仅仅超越个人、家庭、家族，甚至于超越国家，超越现实。应该追思到过去，瞻望未来。回想自己的父母怎么疼爱自己、呵护自己、教育自己，或者少数的父母做了对不起社会的事情，我们这辈人怎么替他们补偿？要考虑到来世，给孩子们精神上留下什么？给社会留下什么？"死而不亡者寿"，人有博大无疆之爱，尽管他遇到病痛死亡了，但精神还在，已经化进后来人的心里，一代一代传下去。

  现在是经济全球化的时代，中华文化的堤坝已经被冲开了缺口，汹涌澎湃势不可挡啊。不管我们愿不愿意，我们整个社会，甚至社会的思维都被笼罩在西方少数家族、少数跨国集团所设计的陷阱中，物欲横流，道德沦丧，信仰下滑。我不说信仰缺失，因为信仰是个中性词，每个人都有自己的信仰，只不过有平凡、高尚、龌龊之分罢了。如果说"缺失"，那就是指好的缺了，失了。

  这个时候，正需要传统文化中的儒释道充分发挥由老祖宗所留下的宝贵遗产中所蕴藏的巨大能量。在家修行的不说，我们道士其实就是有信仰的、职业的、宗教的弘道者。太虚大师他号召佛教徒，要把当和尚作为一种"职业"改成"志业"，也就是不是靠出家谋生，而是我有这样一个平台、一种身份，我用来实现自我人生伟大的志向，这个志向就是救世救人，普度众生，建设清净的国土。我想是不是对我们每一位道士以及在家修行者的所有善行都应该这样理解。佛、道两家应该率先按照中央的期望，适应社会主义社会，促进社会主义的和谐。我并不是说伊斯兰教、天主教、基督教做不到或走在后边。这三大宗教的经典教义和中华文化主流的思维方法还有需要协调的地方，不像佛家和道家本来就是中华文化的两个支柱，已经融汇在绝大多数老百姓的生活里，做起来更方便容易。从反面说，如果我们自身不能自觉地、主动地、撕心裂肺地、寝食不安地承担起这个社会历史责任，我们就等于把我们的同胞，五十六个民族的无数百姓，让人从狼窝里拉出来，又推进到虎穴里去。这虎穴就是打着救民、救心、救世旗号的奇奇怪怪的"教"。

所以我想提出这样一个命题：我们要回归道教所崇拜的老、庄，道家学说的原创者。当然不排除读道藏里其他经典，但不深入研究体验老、庄当时忧心如焚的内心，就难以把握这些真人大德们所留下的精髓，也就难以济世度人。

三　走向世界，我们怎么做

第一点，加强道观的管理。首先是自我管理，在宗教局的指导下加强道观内部规章制度的建设。在这方面我想提出三个突出的问题。一，重申道教戒律，不管是全真还是正一，大家都一样，如果二者应该有区别，则可以再商量。要用我们的修为，用我们在道教里做人的模范行为破除百年以上城乡社会对道教的误解，恢复道教在高峰时的那种辉煌形象。我小时候道教给我的印象就两条，一条是要饭的，一条是念经超度的。长大了，开始读老、庄了，这才有点明白；改革开放以后，宗教恢复了，我学了宗教政策才真正领会了。但是社会上更多的人并不读这些书呀，自然还留有几十年前的印象，这是很难一时改变的，只有用我们道士们的形象来改变。

二要讲究修行。30年来，不管是哪一派，都有良莠不齐的问题。造成的原因很复杂，解决的办法之一就是在每个人原有的水平上加强修行，其中最重要的一点就是培养自己的心灵。在这里我想借用儒家的概念，在扩大自己知识面的同时，要有"诚意"。如果心不诚，就不会有真正的信仰。所谓信仰，信就是心，仰是一种敬畏。没有诚心，没有敬畏，天不怕地不怕，就会说假话，学历造假、论文造假、品牌造假。这是今天的社会最严重的问题之一。说得严重一点，一个诚字能让道教辉煌起来，反之，一个不诚可以把整个道教毁掉，党和政府再怎么扶持没有用，因为中国人衡量一个事物，就看真不真、假不假。尽管现在各种假充斥社会，但是老百姓心里有杆秤啊。别忘了孔子所说的"人无信不立"！只有信仰笃一，才能够由信而诚，由诚而行，由行得道。修行不只是静坐、斋醮，还要行啊。在当前，结合着戒律，把修行作为一种他律的措施。

三，"去商业化"。应该严格执行宗教局所颁布的《宗教场所财务管理规定》，防止一个"钱"字破坏了我们清净的心，冲掉了我们的信仰，打倒了宫观的神圣。无论佛、道、儒都有这个问题。应该响亮地提出"去商业化"的口号。当然，这个问题比较复杂，以后我会跟道教协会再交换意见，认真地分析一下现状、原因和解决的办法。改革开放初期要恢复道教、佛教，国家处在经济崩溃的边缘，没有钱，于是从社会上聚财，包括卖门票、卖法物、卖经典，是当时的权宜之计。现在国家的财力和宗教自身的力量不一样了，还需要那点钱吗？"钱门"不关，五花八门敛财的手段就会层出不穷，就会社会上有什么，我们宫观里就有什么。这不是诚啊，对钱诚了对人就不诚了，因为市场规则就是要利润最大化。所以我今天大胆地提出来，能不能用"去商业化"来规范道家？

第二点，加强道教人才的培养。我们培养的道人一定要深研经义，而且应该结合今天的时代做出符合元典原意的阐释，能被当代人所接受的新的阐释。不是只根据文献去做考据、解释，而且要把自己真正的感悟写出来。这是对高端道才起码的要求。要关怀社会，超越自己，以极大的关爱来回馈社会。不必隐晦，这一点，香港、台湾的寺观做得比我们好。我们要创新，要做得比他们还要好，大陆才是佛、道的主体呀！

第三点，道教需要走向国际。需要道教思想的不仅仅是中国。是不是我们把道教的"国际化"作为奋斗的目标？不要说现在我们已经国际化了，那是自我安慰。只有我们对经典的研究让国际社会承认了，才证明我们弘扬了道教，道教的说服力强了，为世界上需要道教的人们承认了，不再是我们自娱自乐了。这是一种检验自身的方法。在道才的培养上，要着眼于国际型道人的培养。这样的道人不仅仅通晓道家经典和儒、佛经典，还要精通国外的《圣经》、《古兰经》，还要掌握一到两门外语，能用外语阐述道家的思想。今天看来这似乎是遥不可及的目标，但是我是乐观的，因为中国人太聪明了、太勤奋了，从父母那里接受的文化底蕴也是深厚的，只要创造环境、提供条件，由现在做起，埋头苦干十年，一定可以出现一批年轻的道学家、高道，跨出国门；再奋斗十年，也就是到小平同志所设想的二十一世纪中期，也许在美国、新西兰、澳大利亚、法国都有洋式的道观出现。为什么我强调这点？这就要谈到儒、道在公元前五世纪到三世纪之间，以及佛教进入中国之后，三家不约而同地在世界上提出了一系列首创性的命题，至今这些命题在很多国家还没有领会和把握。人类的语言有很大的局限，当人的感情和思想升华到一定程度的时候，语言就无法表达了，只有靠自己的感悟，只有靠人面对面反复地交流才能帮助对方开悟。儒家说：辞不达意；佛家说：不可言说；道家说：道可道，非常道，名可名，非常名。三家共同的认知是：说出来的不过是"假"道、不过是"假"名①、不过是概念，概念并不等于思想。所以我要特别强调培养道才时要注意着眼于世界的大势。世界，那才是"世"，那是中华本土宗教普济事人的广阔天地！

这就是我昨天夜里所思考的问题，可能有些跟前面高道大德所讲的重复，有些是人所共知的，我不过站在这里再吆喝一声，为振兴道教而吆喝。讲得对不对请大家多多指教。

谢谢。

---

① "假"在古汉语里有"借"的意思。

道教经典的时代性阐释及其意义[※]

尊敬的来自海内外的各位高道大德，同志们，朋友们：

躬逢盛会，不胜荣幸和兴奋。我之所以兴奋，是因为作为中国唯一的本土宗教，以其适合中华民族发展、壮大的高超智慧和包容天下的胸怀，曾经在两千多年孕育、发生、发展的历程中，历尽坎坷，为中华文化的延绵、丰富做出了极其巨大的贡献。现在，道教和道学已经走出中华大地，正在朝着成为国际性宗教的未来稳步前进。2007年在西安和香港成功举行的首届和今天举行的第二届道教国际论坛就是很好的说明。

在25个世纪之前出现了道学；尔后千年诞生了道教——这是中华民族之幸、世界之幸。设想，如果没有了道家道学，中华文化史、思想史、艺术史将会是什么样子？中华民族可能因此而缺少了或将延迟产生丰富的想象力、深邃的思辨力和探究"天人之际"的意志力。我们这次论坛以"尊道重德，和谐共生"为主题，正是这三种能力在当下的施用。尊道即尊天律；重德即遵人道。天人之道本为"一"，二者并称，即人与自然合一的必然。这样的理念正是今日中国之所需，今日世界之所需。因此，道教道学既属于中国，又理应属于人类。

在这里，我不打算就许多高道大德将要深入阐发的道教教理和教义进行论述，只想就道教如何在文化大发展、大繁荣的时代充分发挥应有的作用，以及如何促进道教道学的国际化谈一点意见。

道教的理念，包括它的世界观、价值观、伦理观，至今仍然存在并活跃于亿万中国人的生活中和思维中，同时也和各国学者围绕着对人类未来进行探索而提出的许多真知灼见相近。但是，人们常常日用之而不知；国

※ 2011年10月24日在"国际道教论坛"上的讲话。

际上，真正了解道教的历史、理念的人很少。这就严重影响了道教承担起在当前和以后促进社会和谐与世界和平的伟大使命。

面对这样的形势，怎么办？

首先，我重复一下曾在西安、崂山等地说过的意思，即各位高道和道外学者，深研道教经典，尤其是元典，做出我们这个时代的阐释，是当务之急。

众所周知，自古以来，对于本民族经典的阐释，都是阐释者以他所处时代的观念和需求为出发点和归宿，都有阐释者的创造，即他的主观意图和思考。惟其如此，每一时代的阐释才能为其所处的社会所接受，也才能形成推动社会前进的资粮。虽然现在《道德经》、《南华经》的注释和译为白话的著作不少，但是把这些经典作为信仰的读本或哲学经典而作的并不多，估计能够流传后世的也不多。我们应该让这一领域更加繁荣起来，改变这一状态。

其次，先道先哲已经为后人形成了让人叹为观止的哲学观念，但是它的系统性或者说它的哲学体系是隐性的，潜在的。现在这方面的研究成果也亟待繁荣起来。特别是老君的五千言，不是专靠冥想思辨而写出的，而是在他自己以及他之前的无数人民和哲人对人生、对宇宙、对人自身长久的观察、体验而提炼、归纳、抽象出来的。因此对元典的研究应该用中华民族的思维方法、模式去观察和体验。只有在这类论著层出不穷的时候，在经受了教内外的讨论、争辩、遴选、淘汰之后，才能在21世纪逐步建构起道教哲学体系。

再次，在道教的理念系统里，"神仙道"是很重要的部分。在自然科学经20世纪的急速发展之后，如何理解"长生久视"、"善吾生者乃所以善吾死也"、"奉道诫，积善成功，积精成神，神成仙寿，以此为身宝"以及"生死，常也"、"生死之道，无可无不可"这类论述？又如何解释从《淮南子》到《神仙传》等经典以及史书中"五行"、"方术"等"志"、"传"中关于羽化遐升、怪异奇迹的记述？与此相关的是，从人类蒙昧时期盛行的万物有灵、多神崇拜，今天又需要做怎样的阐释？面对着文化素质越来越高的大众，尤其是知识丰富、思维活跃的青年群体，我们不能回避这些问题，否则将等于把他们拒之于道教的门外，而道教可能将因此而萎缩。在这方面，国内外不少宗教或教派已经积累了不少经验，可供我们参考。

又次，道才的培养是极为重要的课题。我高兴地看到，各大宫观都在这方面着力甚多，一批批虔诚、博学的年轻道士在迅速成长。我希望他们中能够涌现出大量善于运用普通的话语进行道教教义教理的普及工作，善于运用现代技术，创造人民喜闻乐见形式的弘道作品的年轻道人。宗教本是人民创建的，如果社会的主体成员远离了道教，则道教的前途堪忧，能否成为著名的国际性宗教也将堪忧。

道教道学、中华民族和世界都需要越来越多的人深刻明了阴阳和合、刚柔相济、返朴抱一以及上善若水等人类须臾不可离的观念，明了人应共生，人与自然应共生；唯共生方有和谐，唯和谐方能共生的道理，需要越来越多能够平静、科学对待社会和人生、名利和竞争、幸福和苦恼、生存和死亡的人。这样的人多起来了，促进社会和谐与世界和平的人就多起来了，那将是道教之幸、中华民族之幸、世界人民之幸。

预祝论坛成果丰硕，祝各位吉祥如意！

中华文化综论与文化自觉论说

神秘—生疏——中华文化解读※

主席先生，各位贵宾，女士们、先生们：

我相信在座的各位，很多人没有去过中国，即使去过，所停留的时间也很短暂，一个星期，或者10天。因而即使零距离地接触了中国，可是总觉得中国是一个神秘的国家，特别是它的文化。我想今天我的演讲，就是要努力地给大家揭开这个神秘的团。下面，我就来解读一下中华文化。我准备讲这样几个问题：第一，我们感到一件事物很神秘，真正的原因在哪里；第二，觉得中国问题很神秘，那么我们把它解剖一下。我把文化分成不同的层次，既然分成层次我就先从文化的底层说起，说清楚了底层，反过来我们再来说中华文化的表层和中层。最后我要得出自己的结论：神秘和生疏说明不同的文化之间需要对话。这个问题，是当今全世界的普遍性问题。

现在我先讲第一个问题——神秘感的真相。神秘感来自何方？其实是来源于距离远处，或者是由于从未接触过而第一次看见。举例子说，龙卷风对我们来说是神秘的，即使今天可以预测龙卷风形成的大约时间，但龙卷风内部是什么样子，到现在人类还没有解开。那是因为我们没有办法钻到龙卷风的核心里面，现在拍摄龙卷风都要冒很大的风险，恐怕还没有人愿意为了揭开龙卷风的真相，而想办法让自己被龙卷风卷到当中，即使能卷到当中，也无法观察，即使观察了也不能奉献给人类了，因为当他下来的时候可能已经离开人世了。很多中国人信佛教，对于释迦牟尼，以及释迦牟尼所描绘的彼岸世界都抱着一种神秘感，这也是因为我们距离他远。从佛经上看，释迦牟尼的弟子对自己的师父从没有神秘感，这是因为在

※ 2008年5月5日在加拿大埃德蒙顿孔子学院的演讲。

2500年前他们生活在一起,他们离的近。

对于初见的东西第一次看到也会感到神秘,例如我两次去非洲肯尼亚的野生动物公园参观,每次给我开游览车的司机,他对那个动物园丝毫没有神秘感,因为他天天生活在这里。哪里有长颈鹿,哪里有狮子,它们经常活动在哪里,哪里有老虎,老虎喝水在什么地方,他一清二楚。有一次他开着游览车进到野生动物园里边的一个小园子,开开铁门进去了,这时候突然两只豹跳到我们的车顶上——那是一个帆布顶的吉普车,为了让我们观览,所以篷的下面两边没有帆布。这豹子就把它的一只脚耷拉下来,我的头在这里,那只脚就在这里,全车的人都十分的紧张——最紧张的不是我,而是我的警卫员,但司机并不紧张,他跟我说这两只豹子是他的朋友,他每次来都给它们带吃的,所以他一来它们就要欢迎他,还让我去拉拉豹子的脚。这件事对我们是第一次,但对他已经是很熟悉了。下面我们言归正传,神秘本身如果用美学的观点看,它是一种审美中不可少的因素。现在在艺术界,流行一种朦胧美,不知道在座的各位知道不知道这种朦胧美,朦胧就是不清晰,就是神秘,就像中国的黄山、张家界、九寨沟,那里除了山川的奇特、多彩、幽美之外,还有雾气,会让你感到神秘,也就是让你感到一种特殊的美。在座的朋友们如果没有去过这三个地方,希望大家将来一定要去看看。我总结一下,神秘感的神秘真相来源于距离的远、第一次见,而在神秘中有一种审美的欲望和审美中收获的体验。下面我们用这个观点来看中华文化。

在讲第二个问题之前,我给大家看一些图片,右上角的是中国式的释迦牟尼的造像,大家看这个造像,是不是艺术家已经赋予释迦牟尼一种神秘的感觉?比如如果我们去看这尊像,你会发现释迦牟尼的眼睛总在注视着你。我们从这个角度来看,他的眼睛在注视着你,走到另一个角度,他还是在看你。这是中国佛教造像的一种特殊的技法,目的是让你感到神秘,感到一种庄严,感到一种美妙。左下角是一个佛教寺庙里正在进行宗教仪式,披着红袈裟的就是中国佛教协会的副会长,他是我的好朋友。这张照片是他在做法事的过程中被抓拍下来的,他要走到我们图像左边的地方,转过身面对佛像举行仪式。但是,大家看到他的表情是一种肃穆,冥想的,他在想什么,我们不知道,仪式现场再加上佛教音乐就会给人一种神秘感,我想各个宗教的教徒们在宗教的场合举行宗教仪式的时候,都会有这种神秘的体验。中国的道教,右上角三张图片,就是道教所崇拜的最高的三个神，左下角一个道士正在做法事，他们的法事就是宗教的仪式。这位是中国道教协会的会长，和我同岁，但是他比我多了一副漂亮的胡须，他也是我的好朋友。他也是很慈祥，很肃穆，在他的身后坐的都是道士，这种宗教的气氛也让你感到神秘。这是中国伊斯兰教的几张照片，右边的这个照片就是北京的伊斯兰教的教堂。左上角是另外一个地方，左下角这是中国最大的阿訇，伊斯兰教协会的会长陈广元，也是我的好朋友。这是北京的天主教堂，两个都在北京城区的西门。这是北京的基督教的教堂，左边的教堂也在北京的西部，我小的时候大约是10岁或11岁，曾不止一次地到这个教堂参加弥撒和礼拜的仪式。但是，我不知道是不是我的遗憾，我没有接受洗礼，我也在那里领过圣餐，但终于没有成为基督的人。右边这个图是在改革开放过程中，在中国的高科技区域北京海淀区新建的纪念堂。在谈神秘感的时候，我为什么还举出天主教和基督教的宗教场所呢？大家注意没有，佛教、道教、伊斯兰教的图片中都有人像出现，他们都是我的朋友，而天主教与基督教却没有。那是因为中国最大的天主教主教去年不幸去世了，他是我20多年前结交的要好的朋友，新的大主教我不熟悉。基督教的大主教居住在南京，我不敢称他为我的朋友，我应该称他为我的老师，今年他93岁，我不止一次地向他请教基督教的教义，以及对《圣经》的理解，他现在只能靠轮椅生活，时而非常清醒，时而已经不太认识人了。他们两位，一位是刚刚去世的朋友，一位是将不久于人世的老师，我不忍心把他们的照片放在这里。

  在我所见到的中国五大宗教里边，特别是佛教、道教、伊斯兰教，他们的塑像、他们举行的宗教仪式都有一种神秘感。我举出这五个例子要说明什么？我想以我为例子，说明在全世界都非常独特的一种现象，就是我作为一个无神论者，居然在各个宗教当中都有非常要好的朋友，而且我们可以在一起探讨神学、探讨宗教。由这里我给大家介绍一下中国宗教信仰的情况，有一种现象已经引起美国哲学界、神学界的重视，并且正在开展研究，这就是为什么中国人中同一个人可以有多种的信仰。比如，他可以是一个儒家，但是同时他是一个基督徒，甚至他也经常出入佛教的场所。扩大来看，一个家庭，有可能父母亲信主，儿子是儒家，娶进来一个儿媳妇又是信佛的，这三种信仰在一个家庭中和睦相处，到星期天父母亲要到礼拜堂去，那么家务就由儿媳妇完全承担起来，儿媳妇在释迦牟尼的生日那天，要到庙里去朝拜，父母亲替她管孩子、做家务。这就是中国文化的神秘之一。

由这个个体家庭我们再放大来看,又产生第二个神秘,这就是自佛教传入中国,到现在差不多应该是两千多年——据历史记载公元前 2 年佛教传到中国,大约在汉末中国的道教正式形成,公元 7 世纪的时候基督教传入中国,曾经在中国流行了 120 年,以后慢慢地衰微,在这前后,伊斯兰教传入中国——除了局部地区曾经因为居民之间发生过肢体的冲突,就全国范围来说中国从来没有过宗教战争,人们没有因为不同的信仰而付出过鲜血和生命,几大宗教都共同地维护和发展这个社会,都在中华文化成长的过程中做出了自己的贡献,这又是一种神秘。至于有些朋友对中华文化感到神秘,是因为中华文化太丰富了,这不在我讨论之列。因此,归结起来,我想提出的一个问题是:为什么中国人可以多种信仰并存,而且从个人到家庭到整个国家都是如此?答案是什么,我暂且放下来不说,而开始我对第二个问题的讨论。

文化是分层次的,它的最表面的,让人们一看就感觉到的是物质文化,所谓物质文化,就是人们的物质需求以及上面所附加的一些东西;中层是制度和艺术;最核心的、最底下的是一个民族的精神,这些精神概括起来无外乎伦理观、价值观、审美观,现在的哲学其实研究的就是这几个问题。具体来说就是要解决人和人的关系,包括个体的人和群体的关系,群体和群体的关系;人和大自然的关系;现实和未来的关系,也可以说此岸和彼岸的关系。

首先,我们从中华文化的底层说起。中华文化的底层有这样几个最重要的特点:

第一,中国人所有的事情都希望和谐。首先,人的自身要和谐,人自身和谐就是指人体各个部分之间的和谐。这个问题当然各个民族都一样,比如我们强调运动,运动除了给我们带来健康之外,还有一个就是肢体的协调,反应的灵敏。但是中国人所讲的和谐不止这些,最重要的体现在中医身上,下面我们还要涉及到。其次,人与人要和谐,再次,人与自然也要和谐,这个"自然"中国人常常用一个"天"来代表,这里产生了一个翻译的问题。很多西方的著作谈到中国人对天的概念,都用一个 Heaven 来翻译,这样翻译不对,中国说的天既包括大自然也包括宇宙。另外,就是现实和未来、今天和明天要和谐,这个问题其实就是各个宗教的终极关怀问题。

为什么中国人形成这种和谐的观念，请允许我离开我的讲课提纲说点眼前的事情。我今天中午还问一些加拿大的朋友，去过中国吗？对中国的饭菜喜欢不喜欢吃？给我的一致回答是，都非常喜欢。那么，为什么中国菜好吃？因为中国人把人和人的关系，跟吃饭联系起来，中国这个"和"字，原来的意思就是五味调和，酸、甜、苦、辣、咸，搭配在一起就成为美味，后来就把用在食品上的这个词用到人身上。怎么形成的呢？由吃的东西我就要带着大家进入到我的想象当中。根据中国的考古和文献证明，至少在10000年以前中国就进入到了比较发达的农耕生产阶段，中国没有游牧的历史，它是直接从采集和狩猎阶段就进入圈养和驯养的阶段，然后同时发展成农业，不久就产生了手工业。在这样长的农耕社会当中，人深入的体验人和人的关系、人和自然的关系、今天和明天的关系，以及人自身的关系。这种体验从哪里来？它是结合着对大地、天空、森林、河流、家庭的细致观察，比如，什么时候草发芽，发芽之后它是互生的枝叶还是对生的，这种叶子在出生的时候什么味道，长成时候又是什么味道……经过这样的观察就发现，这种植物在它幼小的时候吃了以后对人身体有什么好处，成熟了以后再吃却没有那个好处了，在这样细致的观察中中医就产生了。

　　只有体验，只有观察是不行的，还经过了长期的、一代一代的总结，为了说明这个问题，请大家看几张图，这是浙江省余姚市河姆渡古文明遗址。右上图左边是一个兽骨所做的掘地的工具，那个圆图里面是稻谷，6600年前的稻谷。它下面的圆图是刚刚发现的稻谷的留存的情况，上面这个已经清扫了一些废物，不是三、五粒、十粒，一百粒稻谷，而是一个小小的谷仓，说明6600年前这个地方种植水稻已经成为主要的食物来源，很发达。这是在河南省登封县的一个观星台，也就是古天文台，这个建筑物是正南正北，上面有一个洞，垂直下来在里面有一个长条的石头和砖所砌的东西，怎么观星呢？方法就是白天看中午12点的时候，太阳光穿过这个洞落在地上的长条上，在一年中天天这个时候来观测，于是就发现阳光照在这里，影子是来回移动的。当这个光向最这边的时候记下来。这一天就是冬至，也就是太阳和地球的斜角最小的时候，说通俗一点就是太阳离我们最远的时候，然后继续观察，这个光越来越短到这里了，第二天又回来，最短的时候就是夏至，那一天白天最长，黑夜最短。根据这两个距离，就可以把一年四分，春夏秋冬就定出来了。所以在1000多年前中国人确定春天到来、夏天到来的时候，可以测出是哪一天几点钟，多少分、几秒。当然和今天格林威治天文台以及各国天文台所测的相比还有误差，但是大家要知道古代中国人是靠这个技术观测的，而观测的结果几乎接近现在的结论。

以上我说的是中国人在长期农耕文化中的长期体验，这些体验靠的是细致的观察，接下来是长期的总结。请看这张图片，图片上的这本古书是集中了中国文化精粹的书之一的《史记》，它记录了公元前3000年到公元前122年时候的情况，一直流传到今天。从那以后，每一个时代都有每一个时代的历史著作。孔子就曾经整理过周代的历史，这部历史到现在还完整地保存着，叫做《春秋》，因为在当时的中国文化中一年只有春秋两季，用春秋代表历史。在《春秋》之后，就是这部书《史记》，《史记》的作者司马迁，他是公元前145年出生的，什么时候逝世的没有考证，考证不出来，这是公元前2世纪写的历史。《史记》是中国第一部给重要人物写传记的历史书，也是第一部给当时的朝代写大事记的历史书。从《史记》开始，到1911年清朝帝王统治结束，中国正式写的历史书有25部。我曾经用过13年的努力，组织了200位学者，把从《史记》到明朝的历史，也就是到公元1644年的历史，共4900万字，把它翻译成了现代汉语，翻译完是1.3亿字，前几年已经正式出版了，这25部历史书只有清代历史没有翻译。已经翻译出来的24部历史书就是从公元前2世纪到1644年中国人经验的总结，是长期的、不断的、反复的总结。总结了历史做什么？司马迁这位伟大的史学家，在他《史记》序里说了这样一句话，就是我写这部书我要探究人和天的关系，也就是人和宇宙的关系，我要沟通从古到现在的社会的变化。后来所有的历史，都是本着这两句话来做的，一代的历史有一代历史的任务，有一代历史的局限性，但是探究天和人的关系，打通古代和现在之间的变化则是一贯的。这是我所说的长期总结，总结之后所得出的结论，就是应该把和谐作为个人和社会追求的目标。

中华文化的第二个特点，就是重圣轻神，非常看重圣，对于神不太重视。"圣"是什么？就是一个人的道德修养达到最高的地步，是一种人们不断的追求，但却永远到不了的崇高的道德境界。这个道德的构成首先是"仁"非常不好翻译，具体说"仁"就是要爱他人。"义"也非常不好翻译，我们姑且说就是自己在社会上家庭中是什么地位，就在这个位置上竭尽自己的全力做就是"义"，对妻子，对孩子，对父母，对朋友，对社会，尽自己的力量去做。"礼"是社会生活规范，非成文法，全社会心里达成共识，什么是好的，什么是坏的，在法制上约法是约束社会生活的最低限，犯了法就要受惩罚。这个有的时候人们用道德干预，礼和道德不一样，因为礼是一种道德规范，同时它还有一些形式上的东西，提醒人们要这么做，有的还有一些仪式。"智"就是智慧，当一个人，仁义礼智达到人们最理想的高度的时候就是圣。

孔子学院以孔子命名，这是因为过去的中国人，和现在的中国人都把孔子尊为圣人。但是，孔子不承认，如果孔子活到现在，他一定会在报纸上发表声明，拒绝这个称号。因为在孔子弟子收集他的言论的书《论语》里面就记载着："孔子说，圣和仁我是不敢当的，我只不过是不断的学习，不断的提高，天天做，天天用我的理解去教导人，死的那天才是我这种行为的结束"。所以他认为自己还没有到圣人的地步。但是，我们认为正是因为他意识到这点，而且直到他去世仍然在追求，用这点教育人们，所以他是圣人。中国人对自我的要求，主要是对内心的要求，内心的要求又要体现在实践当中，行为当中。因而中国人给自己提出一生中要立德，树立一个德的榜样，人们去争做榜样；立功要做具体的事情，要为百姓，要为国家建立功勋；还要立言，要留下自己的思考，自己的智慧，把它写下来，一代一代地总结下去。

对于神呢，从孔夫子开始，就不很重视。所以还是那部《论语》上记载的，"敬鬼神而远之"，对鬼神要表达一种虔诚尊敬，但是你不要和它太近，应该远远的，保持着神秘感。这里我要说，鬼与神在中国古代区分的是很严格的，鬼指的是自己先人死后的灵魂，神是指万物的灵魂，比如山有山神，河有河神。中国古代是万物有灵的。《论语》中还特别强调，孔子的学生从孔子的口中没有听到过他谈论奇奇怪怪的事，比如，某一个老太婆通过水晶球可以看到某一个人的未来，这类怪的事情孔子绝不说，暴力他不说，社会上的那种不遵守社会规范、扰乱社会、扰乱政权这样的事情他不说，还有一个，他口中也不提神，因为他敬畏神而远之。

由孔夫子就给人们种下了注重人的事情，社会的事情，而不是十分看中彼岸的事情，这就成为了中国人的文化基因之一。这张图片中的地方是很多朋友，特别是孔子学院的工作人员和我们的教育官员去的地方——山东曲阜的孔府和孔庙。大家看看，右面的图，下面是孔子的像，和庙宇里的佛像格局是一样的，人们对他也进行朝拜，但是在中国人的心里孔子绝不是神，而是伟大的人。他的上方有两块匾，有八个汉字，上面的四个字"万世师表"是说孔子是历史上最伟大的老师和表率，下面"斯文在兹"用了《论语》上的词编撰的，是说中华的文化就在这里，就在孔子这里。这两块匾是历代的皇帝写好以后送到这里挂上的，他们是把孔子当作为人的老师和表率，文化的巨人，而不是神。

中华文化的底层的第三个特点是在哲学上是一元论。正因为不重视神，所以不认为世界上有一个造物者，其他是被造物者，这种二元论的观点，认为造物者和被造物者之间是绝不相通的，因为被造物者成不了造物者，造物者成不了被造物者。而中国文化则是一元的，什么叫一元呢？我举老子的一个典型的话来进行说明，一元就是指人类宇宙最初是一个混沌的东西，时间久了开始分化，分化成两部分，一方叫阴，一方叫阳；这两部分之间是互相转化的，不是一个战胜另一个，而是没有这个另外一个就不存在了，这个增长起来了，那个就消减了，但是过一段时间那个增长起来了，这个就消减下去了，相辅相成。这样说就像夫妻，两个人组成一个家庭，有妻子才有丈夫，有丈夫才有妻子，如果一个未婚的人他既不是丈夫也不是妻子；但是他们可以互相转化，有的时候丈夫忙一些，妻子多做一些家务，妻子忙起来，丈夫就多分担些家务，有的时候丈夫在外面遇到一些事情脾气不好，妻子忍耐，再过一些天，妻子在外面，或者在孩子身上有一些不如意的地方，丈夫忍让一些，此消彼长，但是夫妇一结合，一般都有笑脸。所以混沌的就是一，分成两个就是二，一生出二来，二在一起就生出第三个来，有了三就可以生出万物来。

在中国人看来，一分出两个来，这两个之间有巨大的中间地带。比如我们生活当中，特别是夫妻两个吵架，吵架就是争是还是非，是是一端还是不是是一端。其实世界上的事物，有更多的事情是，是也是，不是也不是，说它是就是，说它不是就不是，没有严重到是与不是对立当中来。所以我的生活经验就是，在家里凡是我太太的意见和我意见一致的时候，就听我的，凡是我们两个不一致的时候我就听我太太的。表面说起来，好像是以我为主，但是大家一听就知道，我的太太也是满意的，我为什么甘于做这个，我认为在家里有的事情是对的和错的的分别，有很多事情说不上对，也说不上错。比如过上几年，大家家里都要重新装修，是用暖色，是用冷色，冷色里是浅蓝的，还是浅绿的，这有什么对和错，你喜欢什么就是什么。你们两个意见一致就听丈夫的，两个意见不一致丈夫不要说明，听妻子的，OK，问题解决了，女士们好像对我的话更为赞成（笑——掌声）。中国人的观念就是一生二，二生出三，三更大，因为两夫妇可以生出八个孩子，八个孩子作为一个整体是第三，正因为有两端，又有中间，就把万物都包含在内了，所以三就生出万事万物。

中国人总是认为天地事物都是混沌一体，合的久了必分，是动态的，分久了一定又合起来，一个事物可以分成两半，这两半还要合起来成为一个，这就是中国人的哲学当中一和多的关系。在座的我相信有很多是对哲学感兴趣的学者和老师，一和多的问题，中国从老子公元前7世纪，一直到今天还在研究，西方从柏拉图开始，到海德格尔尚且都在研究一和多。不要小看我刚才说的这几句话，这是哲学的核心问题，根本问题。说到这里，我们再回想刚才我所说的中国人为什么可以有多重的信仰，因为中国人从不同的宗教中吸取对于能帮助处理人自身各个部分的关系、人和人的关系、人和天的关系、现实和未来的关系的最好的营养，因为他对神轻，因为他更重视的是从宗教中吸取智慧。这个就是中国宗教三大教派——儒、释、道的外观。我表述完中华文化的底层了。

我们现在拿一元论、重圣轻神、和谐这些观点再看看中国的制度、艺术，看看中国的表层文化。首先看制度和艺术。这张图片中是大家都知道的中国书法。最下面的是篆书，是公元前5世纪到公元前3世纪中国战国时期流行的字体。左上角叫隶书，是下层官员写的，流行于公元前2世纪以后到公元5、6世纪。右上角的是楷书，从公元5、6世纪一直使用到现在。左边的这个是清朝的一位著名的诗人、画家、书法家写的词，不是写正规的文章或者给皇帝信件用的，而是平时用书，我们叫行书。右边那个是草书，写的快，文字已经变了形体。这是书法字体的演变情况，现在我们来看一下这些书法作品，是不是无论它是一个圆的，还是一个方的，还是一个扇形的，它的字的安排都是非常匀称的。像左边这幅是刚刚去世的一位北京的书法家写的，他一共写了八个字，他写的是什么呢？写兰花的香气，竹子的筋骨，人的胆和人的心，但是都只用一个词来形容它。兰花的香气随着风吹来，竹子本来是枝干，但是有一节一节的很坚固，就像有骨气的人的筋骨；人的胆略如剑一般的坚强锐利，无坚不克，而自己的心是很宁静、很悠扬的。写的是草、花、竹子，但是写的又是人，他把人和物融合在一起。再看看他的字，八个字，平分这个方纸有九个格，于是书法家又写了过去古代贤人的名言，然后签个名，地方还有空，空下来不好看，用一个印，好了，这样全纸就和谐了。

这幅是元代的国画，是13世纪时期的作品，画的是山水、风景，而画风景的时候，画的山、树和真实的山、树有点距离，比如说左边这棵树长的奇怪，这样的树有没有呢？有，但是很少见到。为什么画家要画它呢？再看看中间一幅山也有点奇怪，这是因为中国的画家在作画的时候，就是在画自己的心。用画来表达自己的抱负、心情和对现实的看法，因而可以说在作画的时候，他把自己和自然融为一体了。刚才我说，我建议大家去九寨沟、黄山、张家界等地方看看，我说你去了这些地方，再看中国画你就看得更明白了。画家是融入了自然，又从自然中出来，有的自然中包含了自己，所以画了自然就画了自己，这就是人和天的关系，人和自然的关系。

下面这幅书法作品是中国最最著名的一幅作品，是公元5世纪的王羲之写的，这个作品已经不在世上了。流传下来的是唐朝的四位大书法家临摹的，那个时候作品还在，后来再也没看见。为什么知道这是王羲之写的呢？因为四个人临摹的是真的，临摹的都大体差不多，就证明大家是照一个模子写的。据说这幅字是唐代的第二个皇帝，也是最有作为的皇帝，非常喜欢书法作品，临死的时候告诉后人，把这幅字和我一起埋到坟墓里，现在他的坟就在陕西省的咸阳市，坟还在，所以很多的书法家、考古学家就希望能够通过考古，把它挖出来，这样一来这幅字就见了天日了。但是，我反对，因为现在我们人类的技术还没有达到这种程度，就是如果真有这个东西在，一挖出来的几毫秒之内就必须采取技术措施，让它不风化，不然只要一见空气，这些东西就都化为灰尘了。与其这样，不如留给我们的子孙，那时候科技更发达了，也可能从100米之上通过地表探测找到它，注射一针就保存了，现在做不到。为什么大家这么看重这幅字？因为后来写的楷书和行书，最初的源头就是这些字。

我现在要说的是这幅字体现了中国人的人和人的关系，人和自然的关系，现实和未来的关系。这幅字是怎么回事呢？浙江绍兴有一个县，在一个山区里有一个风景秀丽的地方，这个山上产中国人非常喜欢的兰花。公元5世纪的时候，文人在那里修了一个亭子，命名这个亭子为兰亭。当时到中国的三月份，也就是相当于现在的4月下旬，这个时候风很轻柔，天气暖，植物复苏，是风景最好的时候，人们脱了古代厚重的衣服，很愉快,就到这里来赏景喝酒,中国古代文人凡是有这种聚会,每人都要现场写一首诗,把这些诗都写好了以后,装订成册。然后推选在这个集会当中,文采最好,年龄最大,道德最好的人写一篇序。这个序就记叙这次的聚会,同时加上自己的评价,这幅字中的文章就是那个序,这个集会本身是人融入大自然,享受大自然,他这篇序就把大自然和人融为一体,把人和人的关系写得非常好,人和自然的关系也写得非常好,同时写的字没有任何的做作。可能大家觉得左边这幅字很好,右面的字也可能不错,下面的字虽然不认识,但知道是中国的字,写得像花一样,可能也不错,但是在我看来这些字都不值钱。因为这些字是写者坐的好好的,在桌子上构思,看纸这么写,然后很严肃认真的一笔一画的写,自己的本性这个时候被掩盖了,是为了写字我才写字,虽然也在表达人和自然的关系,人和人的关系,但表达的不充分。而这幅字是大家已经喝得迷迷糊糊的时候推举这位老前辈写,哪还能想我现在要写了,而且要好好写。自己的一切本性,一切的感受就在他的笔端迅速地流露,来不及做作、处理,所以说书法极品就在这里——当然这要求字写得好。这说明书法在于自然,很自然地写,宝贵就在这里。

中国的戏曲艺术和上面所举的书法、绘画,都属于中层制度和艺术。中国的戏曲是什么时候产生的呢?比莎士比亚稍早一些。这幅图片是当时的一部戏曲,是写一个年轻的女子,非常的贤惠,但是被人冤屈,被丈夫家里人诬告,说她杀死了自己的丈夫,同时又碰上了一个糊涂的法官。这个女子叫窦娥,窦娥相信司法可以给她清白,没想到碰上一个糊涂的法官就判定是她杀的,于是就要判处死刑。冤屈啊,再没有地方可说了,法庭都判了,那么窦娥就寄希望于大自然。中国古代死罪其中一个刑罚就是砍头,就是跟欧洲中世纪斩头一样,与《巴黎圣母院》所写的斩头是一样的。送到刑场即将砍头,她这个时候忽然喊起来,窦娥就说了:我是清白的,如果上天你觉得我是冤屈的,那么就请你这个时候下一场大雪。这个如果在一个月前并不奇怪,但这时候是在六月份中国的南方,已经穿短袖衬衣感到热了,这不是痴人说梦吗?说完以后,刽子手把她的头砍下了。说也奇怪,一砍她很明亮的太阳被云遮住了,天马上像黄昏了一样,接着纷纷扬扬地下起了大雪。

这个戏听起来非常好,因为唱腔设计的非常好,演员表现的也非常真诚,这个我们不去评论。我说这出戏本身就是剧作家、演员把人的道德、诚信提到最高的位置，同时认为人和天是互相感应的，虽然带有神话色彩，但是他这样来处理是利用了中国人天人合为一体的这种思想。所以尽管看的人知道不可能六月下雪，但是明白了窦娥的冤屈，她是清白的，这就是我所说的底层的东西在艺术里的表现。我们刚刚看的是中国戏曲的形象，现在听听它的唱腔。

大家所听到的这首乐曲非常轻快、愉悦，是不是这个感觉？这个戏叫《女驸马》，就是女的做皇帝女儿的丈夫，注意不是"同志"，是中国在古代妇女追求平等，一个女孩子，化装成男孩子读书，同时考试，最后到京城里由皇帝来面试，成绩非常好，就让她做了全国的第一名。皇帝有个女儿没有嫁，正在给她找女婿，既然有这样一个才子，皇帝就问"你结婚了没有？""我没有。""有女朋友没有？"，"没有。""那正好，你就做我的女婿。"就这样要成亲，这就麻烦了，如果一旦被发现她是女人，这是欺骗了皇帝，那是有罪的，这个矛盾非常的突出，但她毕竟是全国第一名——有智慧，最后想了一个办法，解决了这个问题，皇帝满意，皇帝的女儿满意，自己当然也可以找自己理想的丈夫去。

现在我给大家听另外一首曲子，这是另外一种风格，沙哑、而且声调高亢。这是一个将军在唱，大家看我所配的图，右边这个舞着红绸子是在舞蹈，赤膊着就在田地里狂舞，再看看左面的是一层层山峦，赤裸的黄土地，下面这个土就是远看的一层层田地，图左下角是当地人所居住的房子，这种房子是在土上掏个洞，然后用砖把它砌好，叫做窑洞，刚才最后的曲子现在还在中国的陕西流行。陕西的地貌就是如图上显示的，这种荒凉、苍茫造就了当地人的这种奔腾性格，唱出的歌就是这样的。刚才我们听的这首曲子，你看看，女驸马就需要女的来扮演，多秀气，音乐柔和而欢快。这是在安徽省的黄山脚下，就是我开始演讲的时候给大家介绍要去看风景的地方，那里风景也好，山川也好，生活也富裕，不像西北陕西那么贫困，于是造成了两种不同的风格，它们各自的声调、曲调、旋律、乐器都和当地的自然环境有着直接和间接的关系，体现了人和自然之间的沟通。

那么现在请大家听一段著名的乐曲，用二胡演奏的，可能有朋友已经听到过。我现在给大家讲讲这首乐曲的故事，这首曲子叫《二泉映月》。人们不知道，现在很多中国人也不知道，"二泉"不是有两个泉，是"天下第二泉"，在无锡，到现在这个泉还留着，一个池子，泉水从地下涌上来，被古代的文人封为"天下第二泉"。当月亮当空的时候，在水里照出月亮的影子，这首曲子就以此命名，它的作者是一个道教徒，他有自己的爱情，但是，在中国的40年代，一个穷道士，连自己都生活不下去，怎么可能跟自己心爱的人结合呢？两个人没有成为夫妻，而他生活不下去了，平时他是参加道教的音乐表演，二胡拉得非常好，就像昨天我们那位家长演奏得一样好。他自己做的这首曲子，这首曲子诉说的是什么呢？诉说自己坎坷的一生，诉说自己生活的艰难，前途的渺茫和对人生、对艺术、对音乐的酷爱。他后来沦落讨饭，就用二胡拉音乐乞讨人家给一点钱，同时染上了肺结核，身体很虚弱，这首曲子就是他表演向人乞讨的曲子。

1949年中华人民共和国成立，给他生活费用，把他接到北京，给他治疗疾病，同时在他拉自己的《二泉映月》和别的曲子的时候就把它录音，但是他的肺结核太重，当时的科学技术治不了，所以他1951年去世了。这首曲子从此就在中国大地上流传。我告诉大家，我所了解的情况，中国的留学生，到了加拿大、美国、英国等国家留学，时间长了还是思念家乡，思念祖国，他们就用两支曲子不断地听来告慰自己的思念之情。一首曲子是《梁祝协作曲》，一首就是《二泉映月》，因为这两个曲子的旋律最能表达他们留学生此时此刻的奋斗、艰难、但是勇往直前的信心和对父母、兄弟、姐妹的思念，在座有很多的中国留学生，和加拿大的人民一起，为加拿大的发展做了实实在在的事情。我请问一下，在座的留学生朋友们，你们是不是也把这两支曲子作为思乡之曲，请举手。哎呀，太多了，谢谢你们！

这首曲子后来被改编成小提琴协奏曲，著名的指挥家小泽征尔就用了这首曲子。有一次他在北京演出，指挥纽约爱乐团和中国交响乐团合作演出这首曲子，听得很多人流泪了，他自己也是指挥得流泪。然后中央音乐学院的教授们，把他请到中央音乐学院，就给他放了40多年前用钢丝录音机录下的作曲家拉的原始曲子录音。出现一个什么结果呢？小泽征尔听完这首曲子以后，泪流满面，跪倒在地，他说这不是人间的音乐，这是天上的音乐，如果我早听了这原始的录音，我就不敢指挥这个协奏曲。这是因为作曲家阿炳在拉的时候，不但旋律，而且他的力度、颤、功法都是他那个时候的心情的充分体现，这个音乐的效果是不可重复的。这就是他把地上的泉、天上的月、泉旁的我、我心中的不得不分手的爱人、社会的现实，以及自己将死的身体全都融合在里面，这就是中华文化的天人合一论，一元论，重和谐论。但是人们不能永远在哀伤、凄凉和感叹的主题下生活，也需要……（音乐播放中）（笑），这是什么曲子？题目是《春节序曲》，中国最盛大的节日就是中国的新年，这首曲子写的就是中国人过春节的情况，全家团聚了，高高兴兴的一年结束了，要迎来新春，大人笑喝酒，小孩子跳放炮竹，这是把季节，把一家的团圆作为音乐的主题，还是求和谐。

刚才我说的是艺术的意思，现在我说制度。中国第一个统一的大帝国是秦，这是著名的秦始皇的像，他叫始皇就是第一个皇帝，他希望自己的子孙万代都做皇帝。蓝线所圈的下面黄色就是当初秦的疆土，在秦之前是周的一个一个诸侯国，就像是17世纪到18世纪德国的情况，全是城邦国家。秦始皇把它统一了，统一以后中国这么大的土地怎么来管理呢？不能再有诸侯，于是开始设省和市，古代叫郡和县。所以把一个国家自己的国土分为州、分为郡、分为省是从中国开始的。这就是中国文化底层反射到制度上的一个必然，最后要归为一统，合久必分，分久必合，合成是一统，但是这个"一"不是一个声音，一个人，而是大家生活在一个共同体里。这里我要说说长城，很多朋友去看过长城。初去的人只看它的雄伟，想象2000多年前的人民修长城多么地困难，没有起重机，没有汽车，甚至于没有路，都不知道一块几十斤的砖，五十公斤的砖怎么从远处运到山上去。其实很简单，是靠山羊驮和人背的，山羊是没有路可以走的。同时有的认为长城是中国保守的象征，把自己圈起来，与外隔绝，其实不是，因为有了长城中国才能长期的稳定，才能一统，才能够把周边的民族吸引到自己这边来，大家共同建设家园。为什么？因为长城修的时候在隔一段地方就留一个关口，就在长城的两边设立了市场，允许长城外面游牧民族用马匹来交换。如果没有长城，游牧民族过来就把农耕社会给破坏了，社会要倒退，而游牧民族也进步不了，因为抢了就可以有享受，享受完了没有再去抢，他进步不了，他只是消费者，不是创造者，不是生产者。留下关口你去可以买，你羡慕的话可以从我这里招工匠，招老师教你。果然，经过了几百年，长城外的部落、部族也进入了农耕社会，慢慢和长城里面合二为一了。这个也是制度，是艺术。

秦始皇设置了郡县制，那么谁来当省长，谁来做市长，谁来做官吏、教育局长？当时没有选举，没有这种投票选举，2200多年前还没有选举这么一说。那么就只有通过考试，考试正式开始是在秦始皇之后，完善是在公元7世纪唐朝，如何读书，如何考试，如何录取，如何供政府选择人员，派遣，派遣以后对官吏的管理，以及官吏业绩的考核都有完整的一套制度。所以中国在世界上最早实行文官制度，18世纪英国人到了中国，那个时候英国还是贵族统治，虽然天主教逐步的已经退回到意大利和法国，但是英国人发现了中国的文官制度，就把它学去，开始实行文官制度。当然，英国在工业革命之后，把文官制度进一步完善，细密化，又成为现在全世界文官制度最严密，最完善的地方，包括秘书也是英国培养的最好。现在中国又要回过来学习英国的文官制度，来改变我们自己的公务员制度。世界文化就是这样，按照中国人的观点，今天此涨彼消，明天彼涨此消。中国原来文化制度走在前面的，英国人学了，学了以后向全世界推广，越来越比我们先进了，那我们再来学习，争取我们再往前走。

　　孙中山先生，孙逸仙先生，是他率领中国人民结束了帝国的统治，他总结了中国几千年的帝王制度，并向西方各国学习，把它融为一体。他提出了中国新的制度的构想，新的治国的方略，其中很重要的一点，他提出中国的各个民族，要形成一个中华民族，说"民族"这个词在中国有两个含义，一个是中国有56个民族，另一个是56个民族合成一个中华民族。最初提出来的是清末的思想家、保皇派梁启超，但是把中华民族这个词发扬光大使全国人民都知道、让全世界都知道的是孙中山先生。所以现在西方有些媒体说中国民族主义情绪上升，我们中国人看了觉得真是笑话，中国是国家意识、大民族意识，民族主义那就是维吾尔族、回族、纳西族。中国在国际上所表现的是国家意识，因为我们这个民族包含着严格意义上的56个民族。这56个民族是人种上的，中华民族是文化上的聚合体。

　　中国的底层观念在中层体现的最为完善的是中医，中医对人体的观察是整体论，人是一个整体。因此牙疼中医不采取在牙龈上打一针，或者把牙拔掉，而是用针灸，在腿上给你扎一针，不疼啊，因为整体。中国人的耳朵有耳疗，如果大家到中国去旅行，会发现街上有人耳朵上贴了很多小胶布，其实每个胶布下面有一个针，就是医生根据他的疾病在这里找个穴位给他贴上，因为扎在腿上你不能上街。扎在耳朵上要用胶布粘一天两天，扎耳治全身的病。请大家回去之后把耳机摘掉，互相观察，如果谁的耳垂出现了斜的明显的纹路，心脏一定有问题，要注意了。中医讲究动态论，身体是不断发展的。因此，中医问你，这个病最初发病是哪一天，什么时候，他好看是春天、秋天、夏天；在什么地区，是在湖南潮湿的地方，还是北京干燥的地方，根据这个来判断，这就是和谐的，人和自然的一个关系。乃至于中医的药，某味药一定要四川的，某味药一定要云南的，某味药一定要宁夏的，都是有一定地点的。换一个地点也可以，但疗效就不行了，同样一个物种在四川也有，在山西也有，在山东也有，治某一种病要用四川的，治某一种病也是这个药材就要用山西的。这大家感觉很神秘啊，是因为我们远距离地看，学它就不神秘了，我给大家讲一个故事。

中国中医科学研究院院长，是一位中年的医生，但是医术非常高，他给人看病，从来不让病人说你有什么不舒服，不要讲。然后他请病人吐出舌头来看一下，结果什么地方舒服，什么地方有病，全说准了。因为一个人有病在他的面容上，说话上都会表现出来，这些病人得的是常见的病，是我们一年不知道看多少次的。我一看他们的头发，一看他们的眼，一看他们的面色就可以做出判断了。因为中医认为人体是整体，内中的病要反映在其他部分，当然这需要经过认真的学习和摸索。我这里说得很好，哪位朋友想让我看，我看不出来，你还是找医生去。我希望将来加拿大的朋友，多了解中医，首先从针灸多了解一些。

现在我们看文化在表层的体现。大家都知道这个是旗袍，"旗"是清朝按照军队的编制，每一个单位叫一旗，一杆旗。贵族所穿的衣服经过改良形成现在的旗袍，这个旗袍也是体现全身的和谐，衣服和人的和谐，要体现女性曲线的美。现在大家看，我们吃的东西，我不说烹调，左边的三个图是有医疗效果的菜，里面有一些药材，但是绝对好吃，在中国人看来，我们的各种粮食和各种菜，以及各种草都可能成为药，有不同的成分会互相搭配就能治病。但是正式成为药材之后就不再做饭了，现在反而拿来烹调菜肴，吃了以后又可以满足对美味的追求，又对身体有好处，还可能治疗某种病。右面的图片，不是健身的、保养的，是火锅，到中国去一定要吃火锅，下面烧火，上面水沸腾了把各种东西放在里面煮着吃，有调料。白色的是不辣的，红色的是辣的。这两个是水火不相容，但是中国人就想解决全家或者朋友吃饭不同口味的要求，于是就把当中隔开，这个也不是习惯。朋友们可能想，为什么不弄两个锅呢？不，一起吃饭要用同一个锅，但是不会不卫生，因为两边的水是不互通的，分开也可以，一个锅隔开也可以，起名字叫什么名字呢？鸳鸯火锅，鸳鸯这种可爱的小鸟在中国人的眼里是情侣的最好比喻。因为，据说鸳鸯从来成双成对地生活，一旦有一只被别的猛禽吃掉了，那一只是终身不娶，或者是终身不嫁，所以中国人特别喜欢鸳鸯。后来经过科学家的观察，原来鸳鸯也不那么忠实（笑），不仅仅是一个去世之后另一个也在找，这比较符合人性，而且是妻子还窝里呢，这一只就跑出去偷情了。科学是科学，人们对它的感情是人对它的感情。这个火锅起名鸳鸯火锅表示情合意投，哪怕不是男女朋友大家吃了也高兴。这就把食物和人的关系，和动物界联系到一起了。

大家都喜欢吃中国菜，这次来有些朋友讨论中国的菜系，我说中国最著名的五个菜系中淮扬菜最好，为什么？因为就是我的家乡菜；第二山东菜叫鲁菜；第三广东菜；第四川菜；第五湘菜，就是湖南菜；其他小的菜系多得很。不管哪个菜系都是很好吃，合起来中国有多少种菜，全中国最高级的国际大师也说不准，太多了。那么，为什么中国菜好吃？就是我刚才开始讲"和"字的时候说的，五味调和。说老实话，西餐也很好，像今天的牛排等等也很好吃，但是我最吃不惯的是美国和欧洲的鱼，多好的鱼烤熟了，蒸熟了，把刺都去掉，一段肉，端上来，怎么吃？盐、花椒粉等调料放一点，一吃鱼很好，但味道不如我们中国的。中国做鱼不管是五大菜系哪一个菜系，酸、甜、辣、咸，以及其他都要调味，那么有什么区别呢？调味的重点不同，烧的时间不同，味道也就不同。但是每一种菜都是各种味道，糅合到一起来成为新的味道，这就是中国菜的奥妙之处。

衣食住行是表层的，物质的，也是中华文化底层的体现。说到这里，我想中华文化的神秘问题应该不存在了。那么我今天介绍这个是为什么呢？我真正的目的是主张不同的文化之间需要对话。所谓对话第一要尊重对方；第二要反省自己，我有什么不足；第三既然自己有不足，看看对方有没有长处，要学习对方；第四要不同的文化一起合作共同前进。

美国的著名神学家 John Berthrong，我们翻译成白诗朗，他说我同意汉斯·昆的观点"只有宗教之间获得和平，才有国家之间的持续和平"，这句话已经被联合国采纳，已经是自 1989 年以来，世界著名的哲学家、人类学家、史学家、神学家共同讨论的问题。白诗朗还说：通过对话，我们所有的历史文明，可能获得新生。因为在白诗朗他们看来，我们正在丢掉自己的传统，各个民族，各个文明都是如此，通过对话可以唤起我们对自己传统的记忆，让它获得新生。这张图片中是当今美国两位著名的哲学家一个叫戴维·埃拉霍夫，一个沃勒车·胡贝尔安妮斯。他们说，我们生活在一个危机的时代，一个精神分裂的时代，20世纪过去了，20世纪是一个充满大屠杀、血腥、暴力和恐怖的世纪。我们需要一个不同的世界，我们正在经历一场哲学的革命，在这个革命过程中，中国哲学起到了重要的作用。他们还说孔子的思想可以帮助当代西方人更好的理解语言本质和社会实践。语言的本质和社会实践就是哲学研究的内容。美国的狄百瑞教授，可惜他已经故去了，他在1970年和朋友说过这样一段话：越来越多的西方学者，正在认真地学习儒家思想，儒学将从其传统的东亚故乡转移到太平洋和大西洋的两岸。1970年狄百瑞说的，许琳来履行了狄百瑞先生的设想，孔子就从传统的东亚故乡到加拿大来建孔子学院了，为的是发现哲学全球化之一部分的新的生命。美国的科迪亚教授说，儒学是一个超过2500年之久的传统，以往就曾经经历过许多生死存亡的关头，儒学不仅在过去历经多次的考验，当面对社会政治经济和文化的各种形式的挑战的时候，它一直显示出变革和转化自身的丰富的能力。英国著名的历史学家汤因比在他的《历史研究》中说过这样的话："中国有可能自觉地把西方更灵活、也更激烈的火力与自身保守的、稳定的传统文化融为一炉。如果这种有意识、有节制地进行的恰当融合取得成功，其结果可能为文明的人类提供一个全新的文化起点。"合起来就是西方文化有西方文化的优点，中国文化有中国文化的优点，但是我们大家都各自有自己的不足，这是当今社会动荡、不安宁、不安全的根源。现在需要的是不要隔绝，要对话，中国要学习西方人，西方人要从中国的古老智慧里吸取营养，有可能到我们的子孙的时候出现一种全世界的比较共同的新的文化，拯救人类，拯救地球。

我非常赞成刚才这些西方学者所说的意见，于是我就开始从事不同文化之间的对话，上面一幅照片是不久前我在澳门组织的一次对话。有我在上面，我很怕朋友们不能欣赏我的照片，所以我介绍一下，上面这幅画最右面的一个人就是我，然后距我最近的是一位台湾的学者，他在这个对话里代表儒家。穿黄衣服的就是刚才大家看到的，中国佛教协会副会长，我的好朋友；最后这边的，就是那个老道，长胡子老道士的助手，中国道教协会的副会长，也是我的好朋友。我把三种信仰的人叫到台上，由我主持，让他们对话，互相了解，这仅仅是开头，下面就是我们四个人的合影。这仅仅是开始，明年我们想在香港举行，同时我正在筹划明年在山东举办一次国际性的不同信仰的对话。我计划想让儒家首先和基督教的代表人进行对话，基督教的代表人我准备请美国的大主教，这边请著名儒家，两个人对话，促进互相的尊重，互相的学习，深入的合作。由宗教领袖、学术界的精英带头，由这里慢慢地发扬光大，造成广大社会各个层面的交流，各种不同信仰之间的尊重、相互学习。实际上我们孔子学院就是在起这种日常对话的作用。中华文化和不同文明的对话早就开始了，这块石碑就是公元7世纪，刚才我所说的基督教传到中国，在中国流传的时候的一个记载。这个碑是8世纪的，现在保留在西安，当时的基督教叫"景教"。这是在中国土地上保留的犹太人的墓碑，到现在还完好，经常有犹太人亲属、朋友来吊唁。这照片中是七八百年前中国的《古兰经》，《古兰经》也一直在中国流传。

最后我想得出三条结论来，和朋友们研讨：第一条，世界需要不同文化的相互沟通、尊重、学习，文明之间不应该冲突，应该积极的对话，只有这样世界才能和平，人民才能幸福；第二条，中华文化作为世界多元文化的一员，应该参加到这一文明对话的洪流中来，作为一个积极的参与者；第三，2000年来中国成功的和不同的文化对话、交融，在全球化的时代，中国人一定会从各国学到优秀的文化，同时愿意把自己的智慧奉献给各国人民。

我的报告就到这里，谢谢大家！

"自赋"的民族责任心[※]

龙泉义工：许先生您好！人文宗教高等研究院筹备了两年多，现在成立了。我们想请您谈一谈它的缘起和背后鲜为人知的感人故事。

许先生：呵，咱们的龙泉网会提问题！其实哪有什么故事啊！整个就是一个艰难的过程。因缘是什么？因缘是我涉足人文宗教的领域这么多年，深感中国需要。"中国需要"可以分出层次来。

第一个层次是老百姓需要。昨天我在讲话里说了，一个"无所敬、无所畏"的人是可怕的。"敬"不一定都像我们居士或者出家人一样顶礼膜拜，"敬"是心里的事情，"畏"也是心里的事情。人人都应当有信仰，有正当的、高尚的信仰。

第二个层次是学界需要。因为党中央，江总书记、胡总书记再三强调人文社会科学的重要，但是在普通民众中，还是"学好数理化，走遍天下都不怕"。这里就涉及到一个问题——孔子说："古之学者为己，今之学者为人。"这里的"学者"和我们今天所说的"学者"不一样，它是指学习的人。这不是自私吗？不是。"古之学者为己"，是为了提高自己的素质、自己的德，以便为他人服务、为天下太平服务。"今之学者为人"，现在学习的人都是为了别人赏识自己，好谋个一官半职。所以，"古之学者为己"才是为人呢！因为它的第一层次是"为己"，第二层次是"为人"。你什么都不会，怎么"为人"？"今之学者为人"，第一层次就是讨人的赏识、帝王的赏识；第二个层次，最后还是"为己"。现在学经济、学工商管理、学金融，不行的学IT，最吃香，毕业后好找到高薪工作，这样，他们的生活目标就是高薪，高薪不就是钱多吗？就是名和利嘛！到

[※] 2010年12月28日在北京师范大学接受龙泉义工的专访。

这个时候为止,还是一种没有妨碍社会、没有伤害他人的贪欲。

今天上午有同学提出所谓"人欲"的问题。"存天理、灭人欲",这是古话,到了宋代被特别强调。按照原来的意思,"人欲"——古汉语简单呐!——是在满足你的基本生活需要之后,过分的那些欲望是要灭掉的。"食色,性也",我需要吃、我需要穿、我需要房子住、我需要结婚生子,这是天理呀!这本身就是天理!"食色,性也","性者,理也"。到后来理学的末流,就成了假道学了,他们所谓的"灭人欲"就是任何欲望都不能有,那活的欲望也不能有,大家干脆都自杀,因此对社会造成很大的危害,这也是后来儒家受攻击的一点。这些将来都需要从哲学上阐释清楚。我们今天还是应该回到那些古初的智者——古印度的释迦牟尼佛,古希腊的苏格拉底、柏拉图,中国的孔子、老子,中东的亚伯拉罕(犹太教的创始人)——都是要平衡物质的追求与思想境界的需求。现在缺的是这个东西。话又说回来,学界确实是在研究,但由于社会科学没有得到全社会和有关部门真正的重视,大家还处在一个苦苦奋斗、势单力薄的阶段。那怎么办呢?我就想成立人文宗教高等研究院,能让大家合作起来。

龙泉义工:将各方资源汇聚在一起。

许先生:是自愿的、是互相帮助的、是取长补短的。这是第二个层次。

第三个层次,国家、党中央、国务院需要——社会的和谐,道德的提升。因缘就是这个因缘!因为我学界认识人多,我了解大家的情况,了解各个单位的情况,他们都感到需要。再有一点,如果大家继续维持现在的处境,都只能在差不多的一个光谱里面起伏,不能突破,不能达到国际上的高水平。出国需要花钱吧?请外国学者来要花钱吧!买英文、德文、法文原版书要花钱吧!任何一个人文宗教学科在各大学现在都变成副科了!国家给的钱有限。我们为什么要把研究院立足于"三高"呢?[①] 其实我们的水平不高,但我们要把它提高。

[①] 许嘉璐先生在人文宗教高等研究院揭牌典礼上的致辞(全文收于《未央三集》,题目为《献给民族复兴的心中之礼》)中指出:基于世界文化的状况和中华文化的处境,人文宗教高等研究院给自己定位于"三高":培养高端国际型人才;进行高端国际交流;组织开展高端研究及其成果的出版。

龙泉义工：您这个"三高"提得妙！这是一个远景，是一个奋斗目标。

许先生：这个不是所有人都理解。这两年多我累、我的学生们累，都是次要的，不是最大的困难，钱也不是最大的困难，最大的困难是别人的理解。首先一谈到宗教大家就都害怕，好像一沾宗教，别人就有什么看法，其实误会了党中央的政策。学者常常会考虑到不要踩线。昨天我为什么搞得这么红火？按理说，一个大学里有几十个学院是正常，你一个学院的成立费这么大劲干什么？我把两位副委员长请来，把一位政协副主席请来，宗教局长王作安本来要来，有事来不了，副局长齐晓飞代表，统战部部长杜青林本来要来，中央临时找他开会不能来了，黄副部长代表，他一上来就讲："我受杜青林部长的委托，代表中央统战部……"我就是要给那些担惊害怕的人吃定心丸，这就是主要的出发点。坦率地说，之所以耗费两年多时间，我说了，这期间主要是在进行调查研究、反复思考、征求各界意见、确定研究院的宗旨和功能，其实最主要的工作就是——

龙泉义工：赢得大家的理解。

许先生：是的，理解。

龙泉义工：这个工作肯定非常非常不容易做。

许先生：需要等待，不要怪别人。任何一个人的认识都有一个过程。你们也不是天生的、一上小学就皈依了，是不是？也经历了各种坎坷和思考，最后才找到自己的信仰。以咱们的居士们为例，假如一个居士2002年就到龙泉了，2012年来一个居士，你歧视他吗？"哼！我早来十年！"那你就不是信徒。不是一样吗？所以，对有些有疑虑的、担惊害怕的人，我们不要怪他们，认识有先后，因此需要等待，否则就没有地藏菩萨了，是不是啊？他就不必发愿了，地狱早空了，他早成佛了，就不叫菩萨了。

龙泉义工：在等待过程中，许先生肯定是多方奔走，想尽各种办法。

许先生：奔走呢，也就是聊天呗！（笑）等呗！

龙泉义工：需要智慧把他们说服。许先生，咱们研究院的院长团队非常有特色。以儒释道……

许先生：儒释道洋。

龙泉义工：儒释道，洋？

许先生：是这样，我是院长，朱小健副院长是儒家，学诚副院长是佛家，张继禹副院长是道家，儒释道都有了，还加一个洋，洋学。曹卫东副院长是北师大校长助理,是研究西方哲学的。曹教授现在正在讲西方哲学。①

龙泉义工:以儒家为主,释道两家为两翼。

许先生:我们众生平等,呵呵……

龙泉义工:学诚大和尚、张继禹道长担任副院长,这种安排最初出于什么样的考虑?

许先生:六次讲座你们听出来了没有?

龙泉义工:我们全程都参加了。

许先生:昨天下午是两个儒家,今天上午是佛家、道家,下午是洋货——众生平等。

龙泉义工:您在解释"人文"冠名时,提到要重点弘扬中国传统文化。

许先生:那当然!我们要立足于中国,但是,我们同时要学习西方、学习印度,一定要面向世界,向全世界学习。

龙泉义工:就是不仅要弘扬传统文化,我们还要有一种学习的心态。

许先生:不是这么简单的。事物是复杂的,简单化之后常常就不全面。不是简单的学习,根据以后的发展,我这里很可能就有专门研究基督教的。不是一种简单的学习。

龙泉义工:各种宗教都会有专门的人才来研究。

许先生:都会有。今天杨慧林校长讲的就是基督教的问题。今天上午陈鼓应先生讲,总要有自己的根,熟知自己民族的文化,你才能认识别人的文化,认识了别人的反观自己的,又有新的发现,就是这么一个过程。所以我希望咱们的居士——这一点学诚法师与我的意见一样——不要只读佛经,还要读儒家的、要读道家的、要读基督教的。世上没有十全十美的事情,这是一个原因。实际上其中包含着发展的思想,不能要求原来的东西就完全不能动,只有发展才有生命力。

孔子的学说在发展,要发展就要吸收别的文化。唐代以后的儒家吸收了佛家,而六祖以及其他的几宗都吸收了儒和道。当时中国就是天下,现在坐飞机几个小时到欧洲了,一看,哦,这儿还有一个世界呢!他们的好

---

① 当时正在进行北师大人文宗教高等研究院首届人文宗教高端论坛最后一场讲演,曹卫东教授讲《知识与信仰的二元紧张:关于文化的宽容问题》

东西也要吸收啊！从形式到内容，但是这个吸收过程非常慢，可能需要上百年。这是第一个道理。

第二个道理，个人、民族、宗教、学术都需要多面镜，自己的文化只是一面镜。还需要别的文化，需要知道，基督教怎么看待中华文化，婆罗门怎么看待现在的佛教，伊斯兰教怎么看待道教。是参考啊！看的方法和视角都不一样，里面有的是不对的。

大家都在探寻我们从哪里来、要走向哪里，这是人类永恒的课题。

所以我说，佛教最了不起的就是，什么都平等，我佛教徒不歧视伊斯兰教、不歧视基督教、也不歧视不信世尊的。按照陈鼓应先生讲的，极权宗教就不是——你不信我就杀你！所以，我们研究院为什么要包括洋学的部分，就是要多一个视角、多一种方法。他们研究自己宗教的时候，有很多的东西我们是可以吸取的。佛教是无神论。世尊不是神啊！本来是王子嘛！他是活人，是可考的人，是实实在在的人。佛指舍利还在，头顶骨还在，可以证明，有史料证明，出生地还在、涅槃地还在，实实在在的人，出生在人间、得法在人间、涅槃在人间、遗骨还在人间。但是信仰者常常把他当成神，也不要紧，有所敬畏嘛！但是学佛学到一定程度，在拜佛的时候只是塑造很好的慈悲之像，在他面前我有愧！让我冥思。昨天还跟孩子瞪眼呢！你看看一个个佛菩萨，慈眉善目，普度众生，造成自己的反省。不明白这个道理的，到晚上进佛庙，一个人在晚上就害怕。真正信佛的，就不怕，他知道拜的是我心中的偶像，我拜他就是要承接他的思想，做我这个人，为众生。

龙泉义工：您在开幕式时提到，研究院的人才培养将是一个全新的模式，包括知行合一，注重德行等等。

许先生：也不是全新，有所改革吧！

龙泉义工：这种跨学科跨部门的人才培养，未来有哪些计划？

许先生：这得随缘，见机行事。我们得征求一下研究生院的意见，寒假是不是出去。我要求他们至少每年一次，而且一定要下乡，每人回来要给我一个当地的调查报告，也可以是民生问题，民生问题包括普通的民生，也可能是孤寡老人的救济工作，也许是残疾儿童的问题、村民读书难的问题、道路难的问题……这个不限，反正关于民生的要有一个调查报告。剩下的时间，你可以去参观名胜，也可以参访寺庙、道观，也可以游山玩水。为什么？祖国的山川是应该去的。

龙泉义工：都有文化的积淀。

许先生：不是文化！不要什么都提到文化，山长得很漂亮，本身不是文化，文化都是人创造的。受到大自然的陶冶，对祖国的热爱、对美的培养。我给补贴！这恐怕全国没有，是吧？暑期出去玩还给补贴？

另外外语要求高，国际型的学者嘛，至少两门外语。现在孩子们都已经博士了，难，将来要从硕士开始培养，一定要有两门语言。今天讲座的杨校长参加国际会议都用英语演讲，国内这样的人太少了。这个要看学生的情况，看我跟国外联系的情况。读书期间出次国，干嘛去？借这个机会，访问访问大学，访问访问认识的学者，跟博士生交流。

总而言之，大千世界这么大，老是停留在狭小的范围里，连声闻都不如啊！佛教里讲"声闻缘"，没有声闻缘最后哪里有增上缘？要扩大声闻范围。五大洲我都去过，每个国家最有名的风景区我都去过，最后我发现，论自然风光没有一个国家像中国这样齐全、这样多样化，有的秀美，有的粗犷，这个国家可能有这个风格，那个国家可能有那个风格，综合起来，没有我们的好。凡是自然风景秀美的地方，大多数都有人文内涵。什么建筑都没有，但是县志上说了，李白来过这儿了，它就是人文，这个世界上独一无二，所以孩子们去看过了之后会更爱国。

第二，中国出了这么多历史书，出了这么多文化名人，中国的文学成就在世界第一，国人写出这么好的诗，原来是山川的陶冶。这恐怕也是别的文化没有的。

这是我的怪主意，其他的方案大家再讨论。

龙泉义工：这就是一个大的方向。

许先生：所以，高端不仅仅是读书多、论文写得好，那仅仅是最后的结果。你们要来考也都欢迎，和尚、道士都可以来读。

龙泉义工：您为弘扬中国传统文化竭尽全力、呕心沥血，您这种民族的责任心……

许先生：这种责任心，是"自赋"的——这个词儿是我自己发明的，文稿上打出来都是红浪线，告诉我此句不通——"自赋"的，"赋税"的"赋"，是天然的一种责任感。

龙泉义工：这让我们晚辈特别敬重。

许先生：其实也要靠大家，孤掌难鸣啊！要靠大家的支持，包括家里人的支持。没有两位朱老师没日没夜地干，没有这些孩子们，我们是不可能有任何成绩的。

（提到这个话题，许先生把手机拿出来，给我们读了几条短信。中午，先生家人劝他再忙也要休息，在沙发上眯瞪一会……）

龙泉义工：先生，您说完我们好愧疚。

许先生：怎么了？

龙泉义工：我们影响先生中午休息了。请问先生，在创建研究院的过程中，感触最多的、最让您开心的是什么呢？

许先生：处处让我开心、处处给我激励，没有"最"。但是最近，我没想到，我们的讲座受到各校的同学这样热烈的欢迎。今天下午因为题目本身就艰涩，听众稍微少一些。

上午的时候好多人没能进来，昨天也是。好多是学理的，不是学文的，这个出乎我的意料，这证明我们的同学在这方面是饥渴的，孩子们太难得听到一些高层次的讲演，能给自己一点启发。最初我的计划是想对社会开放，一再往后退啊，后来还是曹卫东有经验，校长助理嘛，说，恐怕没那么大地方，来的人一多，秩序啊、安全啊没法保证，所以决定限制在校内，结果在校内都打不住。高兴在哪呢？人们需要它。

第二，证明我们成立人文宗教高等研究院，证明我们办论坛办对了，这是一个验证。这是我、这位朱老师、那位朱老师都完全是不为己的。我们都在思考，今后办论坛，恐怕得找大地方，应该满足社会的需求。知行合一嘛，知而不行不行啊！尽自己的一点力吧！人家讲"老骥伏枥"，我是老牛，用我的余力最后拉一阵犁吧！

龙泉义工：非常感恩！

许先生：谢谢！谢谢！

国学复兴首先要做到耐、领、推、出※

国学版该办，也难办，而敢办确实起到了助澜和领航的意义。

关于中国自身哲学的合法化问题，中国哲学界曾讨论过一段时间，我认为这是伪命题，但需要讨论，经过讨论才明确了这是个伪命题。同样的，国学的合法化问题也是个伪命题，也可以讨论，但最终还是要实践来说话。

开办国学版本身是思想解放的结果。这五年来蹒跚而进也不容易。其中包括梁枢同志（《光明日报》国学版主编）和其他人的付出，包括报社党委、党组的支持和关心。大家都知道办一件事情背后的艰辛和辛苦。

下面我想谈一下关于当前和今后办好《国学》的四点思考和建议。四个字：耐、领、推、出。

第一，耐。要有耐力。五年应该是一瞬间就过去了，而国学的复兴，真正能化为中国的内在实力，我看至少还有几十年的路要走。我始终说国学没热，要说热也只是在中国学术界的一个角落里。例如在哲学界、史学界，特别是中国古代文学界，几乎原状没怎么变化。所以第一是正确估计形势，第二，从事这项工作的朋友，都要有耐力、耐心。为了做到这一点，我觉得应该把国学研究和国学版这件事情放到一个历史背景下去看，或者说放到历史过程中去看。

试想，国学版如果是在06年的五年前、十年前，即上个世纪九十年代，能不能办成？再往后看，十年后国学版应该是个什么样子？五十年后

※ 2011年8月12日在"《光明日报》国学版创刊五周年座谈会暨《国学精华编》《国学访谈录》首发式"上的讲话。

国学版应该是个什么样子？设想我们站在2050年那个时候，回头看2006年，一个中央刊物办了一个国学版，它是什么意义和地位？恐怕跟我们现在研究党史时看待《湘江评论》差不多吧？为什么我说要放在历史过程看？这样看就知道我们的责任是什么了。当初办《新青年》、《湘江评论》的前辈还没想到要建立中华人民共和国，可是现在瞻前顾后去想一想，可能对我们今后办好国学版有一种空灵的，但是又是实在的启发。

第二点，领。不是领导，一个刊物没这个权利。应该引领一代风骚，大家谈了国学版五年来很多成绩、优点，好像说漏了一点——国学版还很活泼。

引领，第一要"深"。这个深不是说我们每天的文章都很深邃、深奥，而是说应该引领去深化。这个深，我想包括了宏观与微观。宏观指文化走向、国学走向，甚至可以再化解到文、史、哲研究中去的走向。微观呢，例如宋明理学观念的探讨，无论是"理"还是"心性"、"良知"，都需要继续深化，做出今天的阐释。这都是比较微观的。这也是办刊的必然、办报的必然。

另外，要有"问题意识"，特别要有对敏感问题的意识。例如，中国的国学能不能生成现代化？是不是一定要靠"西学东渐"？到现在我没看到有分量的回答这个问题的文章，而要回答这个问题就要进行一系列的深入研究。例如从明代起，手工业作坊有了巨大发展，商品经济已经比较繁荣，《金瓶梅》等文学作品、思想家的学术著作都是很重要的例证。从宋代开始的永嘉学派，影响一直延绵到明，甚至到清。如果——虽然历史是不能"如果"的——消除了明朝的海禁，或者进入清代，在满汉融合之后，按照儒学思想的走向，中国能不能生成今天中国所说的现代化？（"现代化"这个词是从西方来的，西方的现代化含义和今天我们所说的现代化不是一回事）这个问题应该给予回答，如果不能够回答，那就不能回答第二个问题：国学能不能支撑中国的现代化持续发展？儒家怎么看待竞争？怎么看待企业第一要务是追求利润、利益？义和利关系的尺度怎么掌握？这是一组两个问题，简言之就是国学能不能生成现代化？能不能支撑现代化？我们所说的"现代化"非彼"现代化"，区别在哪儿？

第二组问题，指导我们思想的理论基础是马克思主义，如果国学版使大家觉得它在引领我们，这个矛盾怎么办？换句话说，中国国学，或者说传统文化，它和马克思主义是什么关系？其中尤其是儒学和马克思主义是什么关系？我个人觉得所谓马克思主义中国化，从毛主席提出这个问题的时代背景和他个人的理论实践与革命实践看，即从当时的主体、客体和语境看，再从后来江泽民同志代表党中央再次重提马克思主义中国化，时隔几十年的主体、客体和语境看，是不是可以说所谓马克思主义中国化，就是马克思主义基本原理和中国的实际情况相结合、和中国的传统文化相结合？现在我们只提第一个："中国的实际情况"。"中国的实际情况"虽然也应该包括了中国文化，但是这个语词已经给人们造成一个定式思维，那就是只指地大物不博、人口众多，教育、科技、文化落后，等等。这都是着眼于物的方面。其实马克思主义中国化，还要并已经和中国的国学、或者说中国传统文化相结合了。如果说中国的国学范围太广，不仅仅包括儒释道还包含着文史哲，以及少数民族的文化等等，那么简而言之，就是马克思主义和儒学相结合，因为儒学是传统文化的主干。我们可不可以响亮地提出"马克思主义与中国传统文化相结合"或"马克思主义和儒学相结合"？在中国共产党的历史上，或者说在新文化运动以来的百年历史上，二者是在分离还是在结合？国学版不是只坐而论道，还要起而行之，即要关注当代。这个问题实际上把文化、意识形态和政治结合起来了，但是却是站在学术的和文化的角度上进行剖析，不是一般的具体的学术问题。

我认为这个问题必须解决，这个问题不解决，国学持久不了，热到一定时候就要冷。研究这个问题必须"跳出三界外"，跳出原来的本行本专业，做历史的思考。比如中国文化，从南北朝以后就是儒释道你中有我、我中有你，又各自保持特性，今天呢？儒释道除了举办活动在一起，实际上儒释道是分家的。今天研究儒学的人对于佛、道的了解远比朱熹时差多了。这是进步还是退步？另外，国学内部文史哲之间的关系，按照洋学堂的办法，文史哲泾渭分明，在文里面、史里面、哲里面古今又壁垒森严；史与论又壁垒森严。如果一时作为研究者的个体做不到"三教"皆通，那么作为群体的文史哲研究队伍总体能不能做到"和而不同"？如果这个问题不能得到较好解决，国学的后劲也就吃紧了。

第三，推。推就是推广，也就是我在《国学精华编》序里所说的"生活化"问题。这也是国学能不能真正更热起来、能不能持续热下去的关键问题。如果在中华大地上仅仅组成了一个哪怕是两万人的学术队伍，也不过就是两万人而已。这等于是个小小的沙龙，因为都在高校和研究所里，走出书斋走到农贸市场就是另外一个境界。只停留在书房里、刊物上，如果来一个什么浪潮，"国学热"就可能灰飞烟灭。因为你不去解决生活中的问题，生活就要抛弃你。在这里我提出十二个字的"目标"：大众化、生活化、进家庭、进学校。何谓大众化、生活化？比如去台湾，在日月潭旁边看看摆摊儿的老婆婆的文化修养；到玉山小吃看看店主和吃客的文化气息。台湾文化气息保留的第一个原因是没断，第二人少。13亿人口要达到台湾那种状况，咱们还需长期努力。现在就应该开始。今年年初台湾"教育部"规定"四书"在高中列为必修课，我们怎么办？似乎还没有人做出反应。

我小学五年级开始读《古文观止》，必修课。现在大学中文系、历史系能不能够开类似的课程？"古代汉语"、"历史文献选读"不能和系统读古选本或专著比啊。我读小学时，校长是位虔诚的基督教徒，但是她要求五、六年级要把《古文观止》读完，一篇一篇读，要求背。国学不推广，其内容成果不进基础教育课堂，中华文化复兴的时间就要往后延。

第四，出。我在序里有一句话，说当只有中国的国学成为世界领域里的显学时，才能说我们热了。现在很多外国人到中国来学中文，大概学国学的不到1%，全是学金融、商贸，也有少数学中医。欧洲汉学家联合会前任会长对我说了这样一句话：在欧洲，我们这些研究中国学问的人，是孤儿；现在中国崛起了，发展了，我们找到家了。在欧美研究汉学的是凤毛麟角，离此学之显早着呢。怎么办？不能光靠人家研究，我们要走出去！这个走出去不是去读博士，或是做一两年访问学者，起码应该在外头十年八年，深入该国传统和学术，深入当地社区。这样才能知道中国"国学"的长短、能给世界贡献和怎么贡献。

每年举行的"大学生汉语桥比赛"，一百多个外国孩子到一百多个中国家庭住上两夜三天，最后难舍难分，两边痛哭。中国人好客啊！有一个孩子说，在我家，我没受到过中国爸爸妈妈对我这样的关心。两三天里，中国家庭展现了母爱、父爱、兄弟姐妹的亲情，和反过来孩子对于父母的尊敬。中国的亲情能够感动外国孩子，是因为孝真是"仁之本"，也就是人性善良的那个性，只不过西方文化及其体制把这种东西压抑扭曲了，而中国一直保持着。所以外国孩子一来就觉得非常温暖。从这样一个角落里反馈的这么一点点信息，给我一个信心——中华民族的智慧是更为适合人类生存和发展的智慧。

要普及和走出去，就要"约"，深入浅出。前人把中国的伦理道德约为"仁义礼智"四个概念，后来加上"信"，到孙中山强调"忠孝仁爱信义和平"。"四端"或五德的含义是什么？我们可以写上千、上万的论著，但到最后落实到老百姓那里也就有那么几个字。因此普及和走出去，还需要我们在广泛、深入的研究之后，"约"它一下，简单明了，易懂易记，约定俗成，成为人人可道可行的纲领。

"汉字叔叔"理查德·希尔斯
——在2011年"泊客中国——世界因你而美丽"颁奖仪式上的颁奖辞※

中国文化独具顽强的连续性。文明的祖先用心的感悟，用刀和笔的临摹，为我们留下了美丽而深邃的汉字。三四千年来，传承、发展、改进、丰富，从未中断。当下，中国绝大多数人在使用简体字，但是我们不会忘记汉字的多样性、复杂性，更加珍惜少数民族的文字。

"汉字叔叔"理查德·希尔斯对原本生疏的汉字钟情无限，用生命去保护和传播汉字。这让无数中国人苏醒了：原来自己的文字如此可爱，原来中华文化如此宝贵！

"汉字叔叔"，谢谢你！

※ "泊客中国"是凤凰卫视和天津卫视举办的表彰为宣传中华文化做出杰出贡献的外国朋友的大型颁奖活动，旨在促进中国和世界各国的文化进行交流。

留下读书的种子[※]

本次会读班可以说是这个时代的小小产物。当前全世界都在思考人类的出路，中国对这个问题思考的起步与欧美相比晚了半个世纪，但却起势凶猛。有人可能会说，中国不是一直在思考未来吗？怎么会晚了半个世纪呢？我所说的未来并不是物质世界，而是精神世界。物质世界按照人类社会的发展规律，自然是一天比一天好。但人类精神的进步又如何呢？可以说自文艺复兴之后，特别是工业化以来，人类的精神没有进步，甚至退步了。法国和德国的学者率先对西方300年来的传统提出质疑，这种质疑后来扩展到美国，涌现出解构主义、女权主义、后现代主义等等诸多的学派，这个过程大家都比较熟悉。那么为什么要解构？为什么要把现实撕成碎片？根源就是在质疑。这些智者、精英透过繁华的表面已经看到了人类精神的堕落，看出既有的所谓启蒙时代所得出的绝对真理并不绝对。但是这些欧美的智者、精英，他们所受的熏陶，他们学术上的基本训练，以及他们进行学术研究的工具仍然是在欧洲中心论的笼罩下，他们自己破解不了，找不到出路，于是把目光转向了东方。西方的一些历史学家们早已经指出：应该重视东方，重视几大古文明中唯一没有中断的、延续了五千年的超稳定的中华文化。他们给人类设计的途径是，单纯的东方文化不能拯救世界，单纯的西方文化只能毁灭世界。因此，应该把内向的、温和的东方文化与激进的、爆炸式的西方文化结合，在未来的世纪中创造人类的新文明。

由于长期封闭，在二战特别是冷战以后，我们对西方这方面的学术发

※ 发表于2011年8月15日《人民政协报》，原文是2011年8月8日在"经典会读·日本古抄本《老子》读书会"开班仪式上的讲话。

展所知甚少。直到 20 世纪 80 年代，大量的中国的学者走出去，外国学者也被大批地请进来。中国人终于发现，原来从二战之后西方已经掀起了这样一股重新反思的浪潮，大量的书籍被翻译过来。在大约 20 年的时间里，我们经历了囫囵吞枣的阶段——把枣皮、枣肉、枣核都吞下去了。例如拿解构主义、后现代主义与中国的东西对接，我举一个例子作为这种对接的折射和反映：有些所谓后现代主义的艺术，看了作品以后不知道画的是什么意思，于是有人告诉你：不知道什么意思，恰恰说明你看懂了，如果你看出了什么意思反而说明你没看懂。这其实折射和反映出了西方文化的枯竭。后现代是对现代的背叛和批判，它带有特定的含义。我们自己平常所说的中国的现代化不同于西方意义上的现代化，如果根据西方的含义，中国还没有现代化。因此，我们现今存在的问题是，我们自己的传统被泯没了，并且也被用来解构。但这是每一种新的东西引进中国所必经的过程，所以不也必阻拦。

从 20 世纪末开始，通过一些学者潜心研究思考中国以及整个人类未来的努力，逐渐形成一种认识：那就是应该回到我们古代的经典中，回到为五千年文明打下牢固基础的古代圣贤那里，去重温他们的教导——这也就是在中国大地上兴起的小小的国学热背景。我们的会读班正是在这样一个背景下举办。

今天的社会是一个精神分裂的社会。一个社会精神分裂，必然导致社会层面人和人的断裂。作为个体的人也是在分裂——自己的所闻、所想和所为之间是不一致的，是矛盾的。疯狂也好、精神分裂也罢，它必然为某种社会风气推波助澜，这个风气是什么呢？浮躁。浮躁之风早已经侵入到我们的大学，侵入到我们的研究所，侵入到我们的教授和同学身上。我们应该让有志者，那些已经意识到再浮躁下去不但自己将一事无成，而且将产生更大社会问题的青年人坐下来好好读书。但仅仅一个人在读是不行的，书籍常常是枯燥的、深奥的，所以我一直在想如何能够恢复中国的私学，也就是书院的学风，但是在目前亟待改革的体制和机制下难以实现，这个时候，日本京都大学的"会读"经验正中我之下怀。

我认为京都大学的会读传统实际上是中国古老的书院传统与今天日本现实情况有机结合的产物。何以言之？从前的书院是不开课的，学生根据自己的喜好研读经典，教授们则讲述自己的研究心得，并与学生讨论，《朱子语类》就是讨论的产物。书院的这种传统一直延续到清末。随后西方的坚船利炮打破了中国的封锁，也打掉了我们的自信心，旧学被废除，一律改成洋学堂，引进西方教育模式，传授西方科学技术。从1906年至今，我们所受的都是以灌输为主的教育，近些年，通过社会各界的呼吁，课堂才有一些互动。京都大学和我们一样，和日本的其他学校一样，也不得不遵守"洋学堂"的规矩。但是他们在规矩之中突破了规矩，那就是在学院里面举行会读，打破了班、系和学院的界限。因为只有相互讨论和彼此争辩才能出火花，才能促进进一步的思考。京都大学的会读全是围绕原典，这也和我多年在中国大陆所提倡的不谋而合。为什么？一部《老子》有多少家注本？谁最可靠？李聃先生自己最可靠，那我们就直接读这个，把这个读透了，再看注本就居高临下了。我们总说中国文化博大精深，源远流长，如何去把握？那就要抓最关键的，纲举目张，纲就是原典。

当今在全世界（包括中国）思考人类未来的时候，年轻人也应该介入其中。按照经过几千年实践考验的，适宜人类生存的东方哲学生活，相信那样会为你带来无穷的收获。

感恩祖国，期盼巨人※

尊敬的罗富和副主席，尊敬的刘川生书记，各位友生，各位朋友：

《礼记》上有四个字"教学相长"，五十年来，我对这四个字有了越来越丰富、越来越深刻的体会，在中国的教育史上，师生之间从来不是单向地输出，教师也从学生那里获得了启示、激励，以及学术的营养。我感谢这几十年来听过我的课，接受过我辅导的同学，他们的学术见解，他们的创新活力以及他们的工作精神给了我很多营养。感谢我的母校，感谢我的恩师们，特别是陆宗达先生，萧璋先生，没有他们就没有我的现在。今天，陆宗达的孙公子、政法大学的教授陆昕也到场了，虽然您的爷爷早已不在，但请你接受我对您爷爷、奶奶几十年没有忘怀的感激之情。

是这些老师让我，一个当年才17岁的少年慢慢地知世、知人。是母校以它质朴、求实、求真所构成的朴学的氛围，使我这一生无论是面对古籍、面对电脑，还是面对国家，面对国际，都关心着社会人生，关心着我所从事的训诂学专业的应用。

感谢母校给了我报效她的机会。首先是文学院中文系请我来做兼职，后来学校又让我做汉语文化学院院长，对我而言，这些都不是我伸展个人的机会，而是报答母校的机会。

我还要感谢自己的祖国，感谢我们的社会，在这五十年中，祖国经历了波澜壮阔的历史，其中有欢乐，有忧愁，有愤怒，有失望。但是，一切的波澜和起伏如同大江里的浪涛，都是向前的。

没有预料到的波澜起伏确实让我荒废了许多光阴，但是也让我得到了磨练，祖国的发展让我在知命之年有了相对稳定与安静的环境，于是我开

※ 2009年7月13日在"从教50周年学术研讨会"上的讲话。

始恶补，想补回失去的光阴、失去的年华。所以，是祖国的发展、祖国的不幸，社会的进步、社会的停滞，从正反两面给了我种种成长、锻炼和提高的契机。我从小受到的教育就是要我知恩、感恩、报恩。既然我的学生们、我的恩师们、我的母校、我的祖国给了我这么多，这么多，我就要报恩。

今年是我的本命年（72岁），早已过了"从心所欲不逾矩"的年龄，我知道按照我现在的生活规律，工作的时间，我是在摧残自己。你们的师母、我的老伴也经常对我说，自己的身体得节约使用，否则一旦坏了，会后悔的。这个我也懂得，但是为了报恩，我必须这样走下去，直到无力可报，我也期盼健康长寿，不是为了活得好，而是为了延长我报恩的时间。

我是一个幸运儿，因缘际会使我在北师大遇到了那么多的好老师，特别是被陆宗达先生、萧璋先生收为入室弟子，我感到非常幸运。凤凰卫视吴小莉曾经在采访我的时候突然提出一个问题。她说，你那么多的头衔，你最喜欢哪一个？我当时脱口而出："先生"。她一愣，因为她以为先生就是"Sir"。我解释说，北师大有一个传统——也许这个传统今天改变了，当时不管男老师还是女老师，学生一律称之为先生，像杨敏如先生，就是杨宪益先生的妹妹，当年教我们外国文学。我把我这一生能做教师当成是我的幸运。

还让我感到幸运的是，我赶上了世态的起伏和转折。人们都把"四清"、反右、"文化大革命"当成是自己的灾难，我想这是两面的，一面是灾难，一面也是机遇。因此特别要感激三十年前伟大的小平同志拨乱反正，给了中国人民三十年的机会，也就给了我很多报效祖国，报效母校的机会。回想过去的五十年，我教过的学生都成长了，许多人学术有成、事业有成，无论是从训诂学的角度还是中华文化传承的大业来说，都像接力棒一样在向下传了，这让我感到欣慰。

最后一点我想说的是我对中华文化的"痛心"的关注。"学然后知不足"。当社会上的刺激、国际上的挑战、中外对比的现状启示我们，中华文化的弘扬已经到了刻不容缓的时候，我发现自己的知识有很多欠缺，需要恶补。因为中华文化的弘扬单靠训诂学、语言学是难以做到的。于是把我的涉猎扩展到了史学、经学、文学、哲学、人类学、民族学、心理学以及宗教学，在我慢慢进入老年的时候快马加鞭，不舍昼夜。先从在国内呼吁弘扬中华文化开始，到现在进入到提倡、促进和亲历跨文化的交流。因为要想使中国的文化和对中国文化的研究成为世界的一流，就必须交流，在交流中打造一流，关着门永远成不了世界一流。

我解释一下刚才用的词——"痛心"，这是种种挑战和刺激的"痛心"。一方面是我们文化的现状。最近我在一个国际哲学研讨会上做报告时说，大西洋文化（盎格鲁·撒克逊文化）像一股洪水已经漫过了我们半坍塌的文化堤坝。今天的中国，我们的文化已经被武艺高强的武林高手逼到了墙角了，必须养足了真气，发足了内功，用出全身的武艺抵挡。——现在只是抵挡，而且这种抵挡又乏力。要想打个平手，真正能够平等地和对方坐在一起对话，还需要几十年。另外一方面是社会上种种令人不能容忍的现象。当下的社会，有钱人陷入到抑郁和精神分裂的状态中。莘莘学子茫然不知道自己生活的意义在哪里，不知道自己是谁。每天不知道有多少触目惊心的案件在发生，这从每年两会的时候最高法院、最高检察院向全国通报的处理案子数字的增长中就可以看出来。我们的社会发生了什么问题？这是一个让我痛心的刺激。

还有一个痛心的刺激是，当我环顾国内、环顾世界的时候发现，我们自引为骄傲的中国文化，无论是儒学（但是也包括经学）、佛学、道家之学，等等，一流顶尖的学者都不在中国，甚至可以说没有一个中国人，虽然其中有华裔，但是早入了人家的国籍。社会的基层是如"彼"，学术的高层是如"此"，作为一个中华文化的受益者、被哺育的文化人，作为一个希望中华民族真正的强大、能够堂堂正正地顶天立地地站在地球上的一个知识分子，想到此能不痛心吗？所以，这是我在知天命之后的二十年来催动我，鞭策我，提醒我不要懈怠的最主要的力量。

我是一个平常人，是一个平平常常的教师，平平常常的知识分子。这几天，我经常想到往事，想到我的恩师。陆颖明先生过世的时候是他执教六十周年，由于当时的环境没有为他举办庆祝会；萧仲珪先生过世的时候，早已经过了执教六十年，他执教六十周年的时候，也是由于当时的环境没有为他举办庆祝会。我作为他们的弟子，一个让他们惭愧的弟子，有什么可庆祝的，所以从一开始我就反对这个庆祝会，因为我认为我不值得纪念，不值得庆祝，无可庆祝，但是大家的热情我不能够制止，只好勉强接受了，把它作为我们师友一次欢聚的机会。我唯一可以告慰我的老师、我母校的就是几十年来我在尽心力而已矣。在我的一生里有很多活生生的事情激励着我去实现我的人生目标，我只说两条。一条就是宋代理学家张载的话,"为天地立心,为生民立命,为往圣继绝学,为万世开太平",我把他称为二十二字箴言。

天地是没有生命的,哪里来的"心"?在宋代理学家的眼里,天地就是大自然。所谓"心"就是"理"。天无言地无语,所以"为天地立心"就需要我来体验,由我把天地的真理规律告诉世人,世人知道这个规律,就知道自己是谁,自己在什么位置上,应该怎么做,也就是"为生民立命"。但是要做到这一点,必须把从"五经"开始的先圣之学延续下去。在宋人看来,经过唐五代以后这种学问断绝了,我们宋人要为它继续,只有这样才有万世的太平,一切读书人应该为之奋斗不止。而我们永远达不到的目标,也就是这二十二箴言中的"圣"字,这是多年来激励我的因素。

另一件事情是关于我的太老师黄侃黄季刚先生。[①] 季刚先生曾经声明50 岁以前不著书,但是就在他将满 50 岁的时候突然去世了。在去世前的那个夜里,因为胃穿孔,他大口大口地喷射性地吐血,等到稍微平静了,在昏迷之前问家里人一句话:"北方的战事如何?"那是 1935 年,正是日本的"铁蹄"蹂躏中国大地的时候。即将告别人生的一代国学大师,没有给家里人留下遗言,却问的是北方战事如何?这就是我们永远学习的楷模,这就是"无我",在他们的面前我是一个很矮的矮子。但是我相信在我之后,在中国学术界、文化界、教育界会立起很多的巨人,让我们期待他们!

谢谢大家!

---

① 黄侃,字季刚。

贺文、杂记、书序

段玉裁与清代学术国际研讨会

"段玉裁与清代学术国际研讨会"组委会暨各位老友新朋，各位同道：

"段玉裁与清代学术国际研讨会"在江苏金坛市隆重召开，海内外学者和各界友人，欢聚一堂，共同研讨清代小学大师段玉裁对中国学术文化的贡献，具有重大的现实意义。

段玉裁作为乾嘉学派的重要代表，其在经学上的杰出成就享誉二百余年，并早已超越国界，段玉裁属于全世界。嘉璐自二十岁即追随恩师颖明先生研治《说文》，段玉裁的《说文解字注》为反复研读之书，然至今尚觉未入于室。1981年中国训诂学研究会成立，嗣后在士复夫子与金坛周县长等共同努力下，修建段玉裁纪念馆，召开段玉裁学术研讨会，并在河南召开许慎学术讨论会，推动了中国训诂学的迅速勃兴。嘉璐曾幸与其事，附骥盛会，所获良多。静言思之，嘉璐深感先哲的精神和成就，同道之间时时坐而论道，是推动学科发展和振兴民族精神的两种重要动力。

段玉裁是金坛人民的骄傲，也是我们全民族、全中国的骄傲。他对中华传统文化所作出的贡献，值得我们深入研究和弘扬。我热忱期望，以这次国际学术研讨会的召开为新的契机，进一步推动段玉裁和中华传统文化研究的创新与深化，加强海内外学术交流，将把包括段玉裁等大师的成就在内的中华优秀文化更全面地推向世界，惠泽人类文明的发展。

这次盛会由金坛市人民政府、南京大学和江苏宏德文化出版基金会三方共同发起和主办，是地方政府、著名学府和社会公益机构在学术研究与文化建设方面的成功合作。我希望能有更多的社会公益组织投入到弘扬和传播中华优秀传统文化的事业中来，共同助推我国学术研究与文化发展的繁荣，为中华文化的伟大复兴贡献力量。

嘉璐本应与会与老友畅叙别情，向诸位请益，现因事冗，不能如愿，憾何如之！谨奉短笺，略摅寸心。

最后预祝大会圆满成功，祝老友们健康长寿，祝全体与会代表事业有成，家庭幸福！

许嘉璐
二〇一〇年六月九日

中国人民大学国学院成立三周年

中国人民大学国学院全体师生：

三年前，也就是2006年10月18日，中国人民大学国学院在满座高朋的一片掌声中成立了。当时，我在大会上致词的时候说，再过6年，国学院的第一届同学就要毕业了，届时我一定来向大家表示祝贺。就在几天前，纪宝成校长跟我说，今年是国学院成立三周年，他邀请我参加三周年的庆典。我原以为可以提前三年再到国学院来，不巧得很，庆典当日我已经出访，不能来和大家一同分享庆典现场的喜悦，非常遗憾，只好临行前写这封短信，表达我的衷心祝贺之意。

有目共睹，人大国学院在短短的三年里已经有了很好的发展，国学院的老师、同学们在科研、学习诸多方面都取得了丰硕的成果。三年来，每当我听到国学院的喜讯，都非常高兴。

借这个机会，我想对人大国学院提几点希望，供学院和老师、同学们参考。

第一，希望国学院把培养国际型人才提到日程上来。当前，我国在世界汉学界的话语权很少。原因之一就是我们缺乏国际型人才。而要成为国际型人才，须打好扎实的国学功底。其次要学好并精通一至两门外语。此外还应该同时熟悉西方的古代典籍和现在学术的动向。在这里我想强调，传统的小学（文字声音训诂）至为重要，它是走进国学宝库的钥匙。

第二，希望国学院尽快成为世界汉学界交流对话的著名的平台。现在国内外的汉学界人士的交流渠道很多、场所不少，但大家的水平、影响相差不多，这其中所缺的就是世界级著名学者希望来、愿意来、常来交流的平台。国学院的建设过程中，硬件固然是必要的，但更重要的是我们的软件，其中尤以学术水平至为重要。环顾全国，我认为目前只有人大国学院最有条件形成这个平台。

第三，希望国学院形成和完善一套使学院可持续发展的体制、机制和措施。目前，国内外对国学的重视和热衷是很可喜的，但任何事物的成长发展的路不会是笔直平坦的。国学院应该在顺境中更好地发展，但是即便遇到逆境也不能停止发展，要可持续。国家的振兴尚有待时日，只有可持续发展，才能促进、加快和迎来振兴、发展的高潮，国学院的发展之路也是如此。同时，我设想，在我国高校的改革、发展中，如果把国学列为一个门类，或曰一个一级学科，这将是对国学院的可持续发展最有力的鞭策和支持。我们要共同为实现这一理想而努力。

以上几点希望仅是一得之见，或有不当，敬希国学院的专家、同学和来宾批评指正。我也深信，再有三年，人大国学院又将有惊人的变化。

老师们，同学们！

中国的现实需要国学，中国的未来需要国学，十三亿人的心灵需要国学，世界需要国学，人大国学院前途无限！

祝贺人大国学院三周年校庆活动圆满成功！

2008 年 10 月 12 日

古淮樓記

海內名樓多矣，大抵依水而建，緣事而興，因人而顯，岳陽、黃鶴、滕王是也。至若大觀、望江、望河、勝棋、甲秀，莫不如是。依水者，以江河之浩浩，啟心扉之豁闊；緣事者，知往者已不諫，示來者尚可追；因人者，既重史以崇賢，由思古而憂今也。古淮樓，雖以古名，乃新築耳，復何所緣、何所因耶？曰：實以旌淮、運之古耳。斯地也，與百川同興衰，共變異，此其事也；淮楚故地，干城文傑，古今迭出，此其人也。事人備，緣因俱，則斯樓之興，良有以也。況大河之侵退，淮運之滄桑，與民命國運興凋如影響；而淮運遷奪，既得見典籍，復可證以四野。設若谷風拂面，攜友登臨，賞漣漪之無際，慨萬象之新茂；旭日和暖，把酒款語，聆嘉鳥之喈鳴，歎盛世之不易。當是時也，天蕩金鼓，聲似貫耳；大江歌罷，容猶在前。鄉梓得無浩然激越，四方賓朋能不羨我淮人哉！烏乎，淮城歷經數千載，迄無名樓；豈前人知後之必興，留待今世起之乎？

樓成，余有幸先登。碧空湛如，萬木勃然，極目環眺，不禁神馳，未知身置何所矣。噫！我即物也，物亦我也，頓悟天地之一體，物我之契合。後之至者，殆亦同感乎！於是援穎以書所思，題曰古淮樓記。

己丑歲末鄉人許嘉璐若石謹記

附：作者致当地执事者信：

承家乡父老错爱，命为《古淮楼记》。近月繁忙，直至昨日方得稍暇。璐才疏文陋，本不当其任，勉而为之，贸然呈上，请予审阅，如有不当，即请示下，以便修改。

现谨将文中之意简叙如下。

1. 大观、望江、望河、胜棋、甲秀,皆名楼。望江在成都,望河在兰州,胜棋在南京莫愁湖畔,为朱元璋胜徐达棋处,甲秀在贵阳。

2. "旌",有标志义,后引申为表彰。

3. "干城",捍卫国家之士。此指韩信、梁红玉、关天培等古志士,实则周总理为最伟大之干城。若用繁体,则"干"字绝不可改为"幹"、"乾",请注意。

4. "良有以",的确有道理、有根据,古代常语。

5. "侵"与下文"夺"义近,指黄河侵夺淮河而改道。"退"指其又回故道。

6. "影响",如影之随形,响之应声。

7. "谷风",即春风,见《诗经》,后人习用。

8. "天荡",指黄天荡,梁红玉擂鼓助夫退金兵处。

9. "大江歌罢",周总理诗首句前四字。"容",总理之音容也。

10. "乡梓",故乡人,即淮安人。

11. "后来",古文常以代"后来人",即今人耳。

12. "殆",恐怕。

13. "援",拿过来。"颖",毛笔,泛指笔。

14. "若石",我的字。名、字连写,是传统习惯。

许嘉璐谨上
2010年元旦

聚砚斋记

砚者,研也,可研墨使之濡者也。① 聚砚斋者,喜藏砚者诸公聚砚以赏,知数人之赏不若万亿人之赏,遂立斋以与社会同赏,乃命其斋曰聚砚也。出此佳议者谁?将军刘红军也。②

或问之曰:何独爱此石物耶?③ 曰:吾国自古崇文重教。④ 先民自知研磨之术,以治麦谷、颜料,继供书写,是由研而砚久矣;⑤ 则砚者,中华文明演进之证也。⑥ 把摩斯物,发思古之幽情,⑦ 念前人之创业,⑧ 图今

---

① 研:在石上磨研;濡:沾湿,浸润,引申为润泽。此句大意是:砚台是研磨的器物,可以用来研磨墨使笔沾湿书写字画。

② 斋:房舍,多指书房、学舍。此句大意是:聚砚斋是喜欢收藏砚台的诸位先生汇聚砚台来观赏的房舍;他们知道几个人的观赏不如亿万人的观赏,于是设立房舍汇聚砚台与全社会的人共同观赏,就命名他们汇聚砚台的房舍叫作"聚砚斋"。出这个好主意的是谁呢?是刘红军将军。

③ 或:有人。此句大意是:有人问道:为什么唯独喜欢这种石制器物呢?

④ 曰:说。此处指回答说。文:文字,文辞;礼乐制度;文化。教:教化,教育。此句大意是:回答说:我国自古以来崇尚文化重视教育。

⑤ 先民:泛指古人。麦谷:粮食。《说文》:"研,磨也。"古所研者,麦谷居多,研磨颜料理应居后,墨则其一耳。继:随后,跟着。此句大意是:古人自从掌握了研磨的技术,用来制作麦谷、颜料,随后就用来写字作画,可见从研磨而到砚台已经很久了。

⑥ 证:证据,凭据,见证。此句大意是:那么砚台就是中华文明演进的见证。

⑦ 把摩:把玩,研究。幽情:深远的感情。此句大意是:把玩鉴赏这些砚台,生发想念古代的深远感情。

⑧ 念:思念,怀念。此句大意是:思念前人的创建伟业。

世之勃兴,① 则砚之于我,非物也,智慧之池、文墨之海也。② 况砚之坚,如我民族之志;③ 砚之润,似华夏之和;④ 砚之腻,可状中华之重情。⑤ 可不与天下共享乎?⑥

璐闻斯语也,复有感焉:⑦ 武之与文,一而二,二而一也;不武文不兴,无文武无魂。⑧ 斯斋即文武合一之征也,故欣然为之记。⑨

中华炎黄文化研究会会长 许嘉璐

岁在辛卯仲秋

---

① 图:谋划。勃兴:勃然兴起,蓬勃发展。此句大意是:谋划今世的旺盛兴起蓬勃发展。

② 文墨:文书辞章,泛指文化知识。此句大意是:那么,砚台对于我来说,就不仅仅是一件器物,而是智慧的深池、文化知识的大海了。

③ 志:志向,志气,志愿,意志。此句大意是:况且砚台的坚硬,正如中华民族坚忍不拔的意志。

④ 润:温润。和:平和,和谐,和睦。此句大意是:砚台的温润,好像中华民族的和平、和睦、和谐。

⑤ 腻:细腻,滑泽。状:类似。重情:注重情谊。此句大意是:砚台的细腻、滑泽,可以形容中华民族的注重情谊。

⑥ 此句大意是:既然如此,可以不和天下的人共同享用吗?

⑦ 感:感触,感慨,感想。此句大意是:我许嘉璐听了上述这些宏论,又有一层深刻的感慨。

⑧ 此句大意是:"武"和"文",是一体两面,两面一体,密不可分的。没有"武","文"就不可能兴盛;没有"文","武"就没有灵魂。

⑨ 征:迹象,象征。此句大意是:这个聚砚斋就是文武合一的象征,所以我很高兴地为它写了这篇记文。

曾国藩嘉联钞序

曾文正之于中国近代，影响至巨，虽于其功过百余年争议未休，然其坚守、履践中华文化，久为世人服膺，且尝为数代革命先驱、英烈、领袖所崇重，至有"孕群集而抱万有"、"独服曾文正"之语。以今视之，或可谓若无其人，则湖湘难有近世文化之辉煌，似不为过。其所著述夥矣，而为世人所熟知者，《经史百家杂钞》、《家书》耳，或有兼及《诗集》、《日记》者。此亦事属必然。曾之为文也，继桐城而为之一变，关时事，重民生，究天理，倡德性，深奇俊瑰，兼承多家，成一代文风，引人入胜。至若其所撰联，或以分散难觅，或以未谙曾氏性情，故措意者鲜。推己及人，余阅曾著即如是，盖人之习性使然耶？则辑录之事，不啻有益于士林，复可药我辈读书之病焉。

今有湘贤刘翰章先生，雅好传统文化，尤重诗词；曾集《长沙百咏》、《故宫百咏》诸书，今复辑曾氏嘉联，且邀书坛大家形之于翰墨，璐未之知也。今夏，忽奉台湾故知唐君明翼札，告以刘君义举，且以序相嘱。余于曾文正，知之读之而已，未尝深研；而书法楹联，尤非我之所长，故初未敢应；未久，娄底领导函告《嘉联钞》即将付梓且将有当代名家书法精品展之举，其意亦在索序也。先贤、旧友、名家、领导，四方命矣，岂得掩拙？孰料嗣后冗务猬集，久之而未及命笔，今会期在届，遂匆匆应命。披览群彦所书，不意竟深泳其中而不可以已。95高龄饶大师宗颐、书法大家周前辈治华、年长于余名家何家壬诸公俱献佳制，诚少长咸集矣，曾公嘉联遂将以雄健、俊逸、古朴、潇洒之风呈于众前，读诸贤所书，与偶见于曾著，信不可同日而语。联也，字也，时也，地也，四美俱矣，余得不一摅所感乎？

曾公喜为联，亦喜以联述志、自箴、论理、警世、摅怀、颂时，且多以常语出之，而其融儒释道于一体，儒之雅、佛之净、道之静，隐然而在，浑然而显。"丈夫当死中图生，祸中求福；古人有困而修德，穷而著书"，"虽贤哲难免过差，愿诸君谠论忠言，常攻吾短；凡堂属略同师弟，使僚友行修名立，乃尽我心"，俨然儒矣；"有意烧香，何必远投南海；真心向善，此处便是灵山"则佛矣；"虚能引和，静能生悟；仰以察古，俯以观今"似佛而实道。然"盛时常做衰时想；上场当念下场时。"佛耶？道耶？"望穷海表天还远，春到江南花自开"，岂非亦儒亦佛？"五千里秦树蜀山，我原过客；一万顷荷花秋水，中有诗人"应属半道半儒。惟其丘壑如此，故其所述志，固可为众人志；其所自箴，俱可为官箴；其所论理，皆为世理也。然则今邀诸名家书之，亦箴世、励志、明理之举矣，璐既知之，不觉慨之叹之矣。

湖湘不邀，余亦偶至，往来汲汲，常怀隐憾；今逢盛会，不得附骥，友朋遥嘱，复之迟迟，憾益深矣；想望之意，倾慕之情，无以达之，谨奉拙见如上，或可补失礼之咎，慰我自谴之怀欤？

2011 年 11 月 4 日
匆序于日读一卷书屋

《象形字大典》序

熊国英先生撰《中国象形字大典》成，邀余序之。余与熊未尝谋面也，乃友生徐征为之绍介。为人作序，非余所愿也——不"学"无"术"，何以序人？故自立私规：非门生不序，非至交不序，非余所涉猎内容者不序。为熊先生序，不合余例者二，而今复为之，何也？以其人其事可敬可感，其书为余所乐见也。唯今岁事冗，数月未得执笔；明日又将南行，仓促间略摅鄙意，既以报徐征之命，复赎迁延日久之过于熊先生。

熊先生尝主管某报社，雅好古文字暨书画，十年间稍获闲暇皆付诸研究，后为得以潜心，竟辞卸公职，伏案十载，始毕其役。嘻！于今浮躁难安、急功近利遍地之时，熊非"业内"，倾心于斯，乃至退居，咀嚼涵泳，乐在其中，实罕见也。《大典》即其所乐为者，其可启人之思者岂仅一字之说、点画之解哉！

观《大典》全稿，非但列象形字形，且以之入画，余前所未见也；然则其书也，载书法、绘画与辨识研究为一体，似未合学术"规范"，而创意或即在其不合耳。

汉字，曾蒙落后蒙昧之名。罪戾之获，象形象意、模糊笼统居首。星移物转，今则斥之者渐稀，赞辞不绝于耳矣。世事竟有如此翻复者！细思其故，盖国力渐强，足见昔日之国弱非干文字，且惯性思维以为一赢则万敝、一强则百好故耳；而何以称好，深究者盖寡。

汉字之始造，"近取诸身，远取诸物"，此天人一体观念显现之一端，象形则尤著。"名可名，非常名"之至理，华夏悟之在先。昔之蔑视象形象意者，渐知万事之进非皆线性；斥贬模糊笼统者，亦觉名物语言莫不如是，"精确"实皆预设与愿望。况象形之可贵、其所富艺术元素之丰富，知之者尚未夥也。然则熊先生之作，岂非大有功哉！

以字入画，非自熊作始，中外书家尝试者不绝。字则字也，画则画也，相关而非一事。字之始，非纯然客观；画之始，亦非纯然主观。以字入画，必涉主客二方，则仁智之异难免。姑无论熊作之得失，足为百家之一，当无可疑矣。故余谨为之序，既贺其苦心已结硕果，复望其取他山之石以为错，取读者之见以为鉴，锤炼砥砺，再出佳作也。

2011 年 7 月 4 日谨序于

日读一卷书屋

詹秀蓉书序

詹女史秀蓉，余初識於己丑歲。陽春三月，風清人爽，三屆海峽兩岸客家高峰論壇於臺北舉行。一如既往，與會踴躍，氣氛熱烈，老友重逢覺日短，新朋一見如故人。會議餘興感人，客家歌舞盡顯中華文化之美妙；情濃處，無論少長，俱登臺一獻身手，即如不善此道者如余，亦被邀合唱。經饒公穎奇紹介，與秀蓉相見。其人也，端莊清秀，凝重幹練，若非穎兄告以"此著名書法家也"，則將以為一中年公職矣。席間，贈其佳作：穎兄所受，為其所書《金剛經》，余亦猥獲一幀，乃一大"福"字，近之，乃知其絕技鏤空細字也。不意蒙錫如此佳製，實出所料，兩岸情篤，瞬間盡現，余一時不知何所措辭焉。會場展有其作品多幅，不及靜讀，倉促間，已覺風格獨樹，去狂放而富內涵；近觀細字，所書皆釋典，知其為在家修行者，則其所內涵，不言而喻矣。其字或隸或楷，俱美而不失其真，俊而亦含其秀，暢則兼顯其雅。其隸，不知魏晉抑唐，而又兼有之；其楷，歐耶？顏耶？柳歟？趙歟？難知其所宗。蓋其以至誠秉筆，心中唯有佛在，故可一脫章法之羈絆，一字一聲，悲智雙運，穎隨心行，法度天成，自為一家。觀其書，尤可歎絕者，字字皆顯非凡定力、腕力。噫！余素未敢一近書壇門牆，然所覽名家書作亦不為尠矣，而如秀蓉傾力於此道以求知信行證者，則未之見也。

去歲，秀蓉女史來京，蒙其枉駕，始得從容接談，知其寫經竟已二十餘載。嗚呼！無怪乎其點捺所蘊，靈秀而兼清空之韻也。若非得乎正知、出於正信，何能如是！嗣後，與大陸書家言及，知其出身清寒，自幼即喜習字。結褵，伉儷極篤；然天不諒良人，愛夫竟罹惡疾。六七年間，家無錙銖之儲，秀蓉獨撐生計，侍藥撫幼，身心兩苦，唯以攝身守意、頌經寫經慰夫安已而已。久之，健者心果得安，不覺其苦；病者未如醫所斷言，竟遠越生命極限，真奇跡也！余聞之，不禁斂裳端坐。《金剛經》不云乎：若復有人聞此經典，信心不逆，其福勝身布施，何況書寫受持讀誦，為人解說！秀蓉所得福德，果不可思議、不可勝記矣！嗟乎，歷朝釋家慣以寫經為修行法門，近世印刷發達，寫經者稀；而社會忙亂嘈雜，即寺觀亦不得免，欲效古之大德，亦不可得矣。秀蓉日日寫經，竟歷二紀，未嘗少輟，恐當世鮮有如秀蓉者。且其寫經也，不循故徑，多以鏤空細字為之，以適今世人之興味，亦俾觀者既得佛法之啟迪，復知寫者之信解敬重果得福報如是，佛說豈虛哉。然則秀蓉之施，似住相實不住相也。其功鉅矣。

　　余嘗反復思之：秀蓉女史可謂命運多舛，聞之者莫不唏噓，亦無不感佩。設若昔日入嫁殷實之家，琴瑟和諧，眾人贊羨，或將安於溫柔，則社會增一相夫教子之賢良女性而已；今與其愛夫相遇相知，真情深情既有之矣，艱難苦恨備嘗之矣，其客家女之堅毅勤儉乃益以佛之定慧矣，於是超越一己之憂傷，胸懷兩岸、念及世界，而成大家。此皆因緣所致也。當其淨手潔案，執穎凝神，色空不異之時，豈異於得見愛夫立於如來之側耶？孰大孰渺？孰有孰空？秀蓉必自知之！毋以往昔悲，毋以今日喜，可也。未知秀蓉以為然否？

　　近日接穎兄函，謂秀蓉將有鴻著面世，以序命我。其時事冗，竟無暇晷，是以遷延數日，實增愧赧。是晚無客，遂草此文，謹攄所感如右，忝稱序耳。

辛卯二月廿二日
时 2011 年 3 月 26 日也
匆就于日读一卷书屋灯下

弘扬传统，期盼大家

——《中国当代书法大典》序

如果按照出现文字即为民族文化起始计算的话，那么中华书法可以说是与中华文明同时开其源了。当然，从器皿上的书写符号到甲骨文，再到钟鼎文（"金文"），质朴、浑厚、匀称、自然的文字都不是书写在纸张上的，也没有留下书写者的名字，因而很多人在潜意识里并没有把它算作"书法"，虽然可能也在学着写甲骨、金文。从石鼓文开始，李斯可谓书法家的第一位了。到汉晋，书家辈出；此后名家更是风起云涌，各领风骚，共续华章。历代书法大家和他们的传世之作以及有关条目的传说，形成了中国书法的优秀传统。纵观三千多年的书法史，每一个时代的书法虽然宗派、风格多样，景象犹如百花园中的争奇斗艳，但如细细品味，总可以感觉到书风与世风总是相谐。

近几十年，中国的书法以前所未有的蓬勃生气发展着，不但普及的规模为历代所不及，而且风格之多样，佳作之蜂出，切磋之频密，也是古人所望尘莫及的。当前，是和世风相应的中华书法黄金时代。中华炎黄文化研究会主编的《中国当代书法大典》意在以文明有限的力量和水平尽量呈现我们这个时代书法世界的繁荣景象。《大典》所收录的作品异彩纷呈，从中可以鲜明地感受到中国书法优秀传统的传承和创新。

自隋唐起，历代书家都很重视临帖，临帖就是对经典的继承；一代又一代的书家又都重视个人的风格，这就包含了创新，在传统基础上的创新。其中优秀者的作品经过社会和历史的检验，又形成新的经典传世，为后人再继承、发展。这就是中国书法艺术两千多年来生生不息的奥妙所在。

改革开放进入新的历史阶段，我国文化体制改革有如春风化雨，从体制和机制上为书法艺术的发展提供了更为广阔的舞台。通过赏析古代书法大家的传世之作，研究当代书法艺术在继承和发展中的不同思潮、不同观点，思考书法艺术的发展现状和发展趋势，用善、美的价值标准发现和展示继承传统、锐意创新的书法家和他们的作品，将对中国书法艺术发展产生积极而深远的影响。

中国书法界有识之士提出弘扬和推崇大家，我很赞成这个观点。中国书画长期形成的优秀传统，既是民族的，也是世界的，毫无疑问应该全面加以继承。坚持以提高艺术水准为中心，强调书法艺术又好又快地发展，反对急功近利的粗制滥造；既要守护书法艺术的传统和经典，又要尊重书法家个性的发挥和张扬；从创作题材到创作方法，都要鼓励艺术家解放思想、推陈出新。艺术的独特性和创造性决定艺术存在的价值，有了这种独特性和创造性，书法艺术的发展才会万紫千红。其实，这就是书法艺术的"科学发展"。我期盼，也相信，在我们这个伟大的时代，一定会出现与古代大家比肩的、作品将流传百世的伟大的书法家！

希望《中国当代书法大典》在弘扬中国书法艺术方面得尽绵薄！

己丑夏至
即 2009 年 6 月 21 日于
日读一卷书屋

《古诗文词义训释十四讲》序

友生汪君少华，酷喜名物训诂，尤长于器物考辨。前此既有《中国古车舆名物考辨》之作（商务印书馆2005版），今复董理教学所得，撰成《古诗文词义训释十四讲》，既已付梓，嘱余序之。

即将命笔，不禁叹曰：吁！汪君信为诚意之人矣！一本学术之传统，一以学生日后所需为指归，务求听者了然，学以致用。训诂之学衰微有年，乃至有弄国学不知训诂为何物者；即有上庠列为选修，亦以概论授之，甚或以"理论性"不及它科为羞。诸生聆之，兴味尚可，听后懵然依旧；及至读书、教学，一赖教辅。汪君则不然。其授课也，重实践，多例证，切时弊，寓原理于剖析正反训例；授人之渔，不玄不拗，明白如画。观其要目，时间观念、空间观念、排比材料、语法制约……且启人发疑，教人抉择，悉由浅近入手，则善学者自可举一反三，用诸日常。呜呼，此非诚其意者而何！昔俞曲园作《古书疑义举例》，后学获益良多；汪君所为，亦其侪与？而其归纳之功、切合社会所需、运用新学，盖犹过之。

汪君之作，名物训诂也。训诂一道，事涉文献之义理与词语之意义，二者密不可分，然亦可假名之曰义理之训诂与名物之训诂。东原析学为三，一义理，二考据，三文章，有以也；其所谓考据，即名物训诂耳。

古来诠释经学、董理古籍者，自汉迄宋，言义理必待名物训诂，求名物训诂必涉义理，此清人所谓"训诂声音明，而小学明；小学明而经学明"（王念孙《说文解字注序》）、"训诂明，六经乃可明"（戴震《六书音均表序》）之所由，亦戴震"以字证经，以经证字"（陈焕《说文解字注跋》）之所据也。观自汉之今古文经、两晋及其后之释《老》《庄》、隋唐之"正义"之学，乃至历朝之注史、子、集，例证俯拾即是，不烦援证。然自"汉唐人解经重名物训诂,宋儒解经重义理性命"之说出,百年蜕变,乃谓汉唐人专言训诂,宋儒专言义理,几成定谳。训诂既经割裂,遂拘拘于技艺而略乎道,乾嘉诸老明六经之宏旨徒空言耳。其破朱子之权威也,有益于后世;然唯斤斤于名物,且以其学既成主流而日见其甚,遂成羁绊;西学东来,以彼土之"科学"评判中国"旧学",赞其为"真正之科学"、"纯粹之科学",名物考订遂似训诂之全部矣,迨及未明乾嘉所长唯拾西学之唾以仿其"理论"之"系统性"为务,亦不为怪矣。今世西方学者或为我诸多学科亦已殖民化而不平,此其一端耶?

今言名物训诂、义理训诂,非以后者为贵而贱名物也。名物之训诂既需为语词求解,复需探明草木虫鱼舟车器皿究为何物、形制若何。不明名物,则必流入空疏,睹今之言中国史学、哲学、经学,"六经注我"(仅限名物言)逞其私意者,非空疏而何?余恐蹈晚明之辙而不自知也,害人害己,可不痛哉!虽然,名物训诂所求者,文本之书面义;义理之训诂所求者,文本暨释者所欲求之真理,亦即道也。二者既为一体,名物训诂则其基础,或曰古学赖以传承之主器,之初阶;复可进而曰,不通训诂,无以言古籍,无以研国学也。视近岁研究、传授国学、儒学、道家、佛学之机构相继而建,而设训诂、音韵、文字课程、课题者盖鲜,自为必然之怪象矣。是以余所望于汪君者,非徒日进其学,复将明三百年训诂嬗变之由,刻苦传人以诚意、笃学,嘱后学莫以效颦为荣。如是,浮躁之风庶几得少敛焉。

2008 年 7 月 13 日序于
日读一卷书屋

《咬文嚼字论文选》序

《老子》归根结蒂是要讲"道"和"德",但一开卷就说:"道可道,非常道;名可名,非常名。"这十二个字等于是全部五千文的"指引",意在告诉读其书的人:我这里用文字进行阐述,但语言文字是有局限性的,在最深奥的智慧面前是"短腿"的,需要读者用自己的经验和"心"去体味。我们是不是可以从这里得到这样的启示呢?——在我们说话和写作的时候,应该十分注意遣词用字,要通顺(也就是符合民族语言习惯),要准确,不要让本来就不是"全能"的语言文字更加阻碍了自己意思的表达。

可是,任何时代、任何国家,人们的文化素质总是有高有低,语言表达能力有强有弱,社会上媒体书刊、广播电视中违背语言规律、思维逻辑,因而影响了思想感情表达的事例在所难免。因此,无论是全社会还是个人,运用语言文字时是否能尽量减少不通顺、不准确这类"自造的障碍",最大限度地抵消语言文字的局限性,也就成了反映该社会或个人文化修养高低的尺度之一。

人病了需要医生诊治,花木有了病虫害需要园林工作者喷药,社会或个人的语言文字运用有了毛病也需要有人指出、纠正。《咬文嚼字》就是一个诊所,广大的读者中为它写稿的,就是医治语言文字病症的医生。这是社会的自我医治。现在,"诊所"把一些典型的病例和医生们对一些带有普遍性问题的看法选出来编辑成这本论文选,我想,对医治和预防社会语言文字毛病肯定是很有意义的。

我曾在一篇文章里说过这样的话:

在长期的文化发展过程中,先民既规范地运用自己的民族语言,又不断发展、创新;这种发展、创新的标准或曰限度,是能够让更多的人听懂

（写出来则是能看懂），从中得到更丰富的信息和启示。相反，语言失范（包括逻辑混乱）则阻碍了语言功能的发挥。

在这里，接在这段话之后，我想补充上这样的意思：在当前经济全球化、科技迅速发展、通讯工具日益发达的时代，语言文字功能发挥的程度和经济建设、社会发展以及集体的、个人的经济利益的关系越来越紧密。如果我们稍稍留心一下就会发现语言文字表达不准确、不清晰（还可以进而提到不精炼），对各个行业工作、生产直接和间接的影响是很大的。举个个人生活中的例子吧，在电话中（无论是座机还是手机）意思表达不清或重复啰嗦、用手机发短信不精炼，自然要增加毫无必要的费用，增加本来可以节省的时间。13亿人的大国，每个人在通讯上所浪费的金钱和时间汇集起来将是一笔多大的数字啊。约20年前我曾在一次海峡两岸语言文字研讨会上说到语言文字将形成一个巨大的产业，当时呼应的人还并不多，现在这一预言已经成为广为人知的事实；而这个问题的另一面，即语言文字应用中还蕴藏着节省（节省了也就等于增加了）的巨大潜力，还没有被更多的人所注意。我相信，用不了多久，随着习惯于"咬文嚼字"的人的增加，这一点也会成为人们的共识，祖国语言文字的纯洁和健康也会相应地得到重视。希望到那时，人们不要忘了《咬文嚼字》和这本"论文选"曾经为此呐喊过、告诫过、引导过，一句话：贡献过！

"论文选"即将出版，编者要我写序，我就说说上面这些心里话，和读者共勉。

2008年8月
北京奥运开幕之第三日于
日读一卷书屋

《孫詒讓全集》序

瑞安孫詒讓先生（1848—1908），字仲容，號籀廎，與德清俞曲園樾、餘姚章太炎炳麟並為清末國學之殿。

先生一生著述甚豐，尤以經學、諸子、金石文字為最。太炎先生贊為"三百年絕等雙"，不過也。

今逢先生謝世百年，其全集面世，同仁屬序於余，敢不承命？勉為略陳每讀先生書之感於後，且簡述全集整理出版之始末云。

> 先生生當末世，華夏板蕩，數試不售，遂淡泊功名，侍父衣言于任所，得請益於當世名儒，繼而靜處鄉里，埋首苦讀撰述。其治學也，博采究極，纖毫不遺；尊古不迷，崇新未癡。其立論也，處高瞻遠，宏通恣肆；折衷允洽，發明中綮。是以其《周禮正義》、《墨子閒詁》、《札迻》諸作，迄無出其右者，雖補之糾之者時現，要皆無傷其為經典之作也。

先生偏居東南一隅，而中年即已名聲鵲起，然其自序《墨子閒詁》則曰：

> 此書最難讀者莫如《經》、《經說》四篇。余前以未見皋文先生《經說解》為憾，一日得如皋冒鶴亭孝廉廣生書，云武進金溎生運判武祥藏有先生稿本，急屬鶴亭馳書求迻錄。金君得書，則自校寫一本寄贈，得之驚喜絫日。余前補定《經下》篇句讀，頗自矜為剙獲，不意張先生已先我得之矣。其解善談名理，雖校讎未窊，不無望文生義之失，然固有精論，足補正余書之闕誤者。金、冒兩君惠我不淺

矣。既又從姻戚張文伯孝廉之綱許，叚得陽湖楊君保彝《經說校注》，亦聞有可取，因與張解並刪簡補錄入冊。凡余舊說與兩家闇合者，皆從改之。蓋深喜一得之愚與前賢冥符遙契，固不敢攘善也。

其求書若渴，謙遜揚善，信古道也。子曰："古之學者為己，今之學者為人。"其是之謂乎？

先生之為學，經世致用，一承古哲之遺風。其謂《周禮》為周公所作固不足信，然其所以疏之者，亦欲救世。其序曰：

復以海疆多故，世變日亟，睠懷時局，撫卷增唶。私念今之大患在於政教未修，而上下之情暌闕不能相通。……而承學之士，顧徒奉周經漢注為考證之淵樞，幾何而不以為已陳之芻狗乎！……

其意雖未出洋務人士體用說之囿，然山河陸沉之痛，學者為考據而考據無益當世之慨，溢於言表，則後之讀其書者得無自省耶？先生嘗贊執教瑞安之算學家林調梅曰：

鄉里有導師，亮節孤忠，曆算專精祇餘事
洞淵昌邃學，通理博藝，艱難宏濟仗奇才

此豈非先生自道歟！其歿之前歲，鄉人擬壽其甲子，先生自為啟以謝之，文曰："竊以世變阽危，既非吾輩酣飲為樂之時"，已則酬宴亦不備"惟略備筵資，寄上海《中外日報》館移充義賑，冀為諸君造福，藉答雅意。"其晚歲，既興團防以禦侮，興新學而育才，復倡實業以濟民，其惟國惟民是憂、知行合一，懇懇之情，於今世豈無謂哉！喜見今時治經學者日增，惟願後來既讀其書兼知其人，既知其人則踐其跡，毋僅句讀、考據為也。

仲容、曲園、太炎三大師，皆浙人也，潤漑中國學壇乃至於今，亦近世奇事。然三人所歷所遇則迥異。太炎嘗游于曲園之門，終以政見而"謝本師"；仲容雖無所師承，復亦何常師之有，其學實本乾嘉，上承漢唐爾。嘗自言："少耽文史，恣意流覽，久之，則知凡治古學，師今人不若師古人，故自出家塾，未嘗師事人，蓋以四部古籍具在，善學者自能得師。"此蓋一生甘苦之言。曲園嘗任朝職近十載，太炎以反清避難東瀛；仲容始則侍父于任所，繼而燕居鄉里數十載。曲園所著《春在堂全書》五百卷，經史子集莫不有所發明，乃至俚曲野說亦有所及；太炎開創現代語言文字之學，汪洋弘闊，蓋得益於其宣導革命、接觸西學、深研佛理也；仲容則埋首經籍，無所不窺，鉤稽剔抉，索隱探賾。殊途同歸，三人俱為一代宗師，蓋以浙東遺風所致歟？然近時稱於世者，似仲容不及太炎，曲園又不若仲容。何以故？豈太炎為革命先驅，知之言之者眾，曲園以保皇而遂隱耶？然今人反可得《春在堂全書》而讀，太炎《章氏叢書》惜未能囊括其所著，仲容固有《周禮正義》、《墨子閒詁》、《札迻》、《名原》、《契文舉例》諸名作通行於世，散見及未刊者亦夥，固可以仲容之壽不永、未得手自輯之，太炎適值西學蜂擁、再傳者不及繼其志釋之乎？

二〇〇〇年，中國訓詁學會舉辦孫詒讓國際學術研討會於瑞安，有感於鄉人遙念之意篤，而治學之風未盡顯於世，著述尚待集成刊行者眾，遂有董理刊印全集之議。幸浙省大倡文化強省戰略，溫州瑞安政府慷慨資助——此亦永嘉以來流韻也——中華書局鼎力承印，璐遂與同仁不揣譾陋，勉為其事，閱數載，終告畢役。參與其事者眾，尤以浙江大學、北京師範大學、復旦大學、上海社會科學院、溫州市圖書館、浙江省委黨校諸公出力為多。董理者、審校者咸揭其名於諸卷，以示後學致力弘揚先賢學術之美耳。

嗚呼，先生之生也，國門已破，無日不有屈辱之約；先生之逝也，光緒、慈禧兩日而終，數十年烽火延綿、國學陵替之日至矣。至先生百誕之歲，曙光已現；今先生冥壽屆百，則國運昌明，學術日興，先生全集亦得問世。百年一瞬，滄桑如此其劇，靜言思之，能不令人撫膺太息哉！

二〇〇八年十二月五日謹敘於
日讀一卷書屋

《国学精华编》与《国学访谈录》序

《光明日报》国学版（以下简称《国学》），今年五岁了。五岁之于人，还是儿童，但语言能力已经接近成人。"国学版"似乎就像一个人：虽然年岁不大，但却很善于表达：叙说了五年来国学的现状，包括国学复苏的态势、趋向、困惑和喜悦。国学版和商务印书馆合作，编辑了《国学精华编》和《国学访谈录》，在我看来，恰似是为贺其"大"寿而准备的鸡蛋或蛋糕①。

两本书里的大部分文章在发表时我就读过，受益多多；为写这篇序，日前又把两本书的样稿通读了一遍，感觉又有所不同：但觉满目琳琅，异彩纷呈，大家云集，新秀蜂出——这是《国学》五年来蹒跚、健步和跨越的浓缩展示。

近年来，"国学"在争辩声中渐渐复兴。这实为势所必然。"国学"——暂且把对它的内涵外延的不同意见放一放，仅就对其认识的最大公约数而言——之复兴，是民族的需要，是追求"非物质"、"非肢体"享受者的需要。因为非物质的精神和信仰，犹如空气和水，人人须臾皆有，时时不得离；而作为民族文化的核心，从来是代代相传，难以中止，又与时俱进的。所以任继愈先生说："这种文化的继生性特点对于一个国家和民族来说是无法否认的。没有传统就没有今天，大家都是在旧文化基础上建设新文化。"（《精华编》，第2页）现在我们正在努力建设社会主义新文化，自然缺少不了传统文化的营养和经验；甚至可以说，如果以"国学"为根本标记的传统文化为中国多数人所生疏，就等于没有牢固的地基却要建造摩天大厦。眼下"国学"之所以在国内微热，不是哪个或

---

① 我家乡的俗语说庆祝生日，"大人一顿饭，小孩一个蛋"，这里即取此意。

哪些人"掀"起来的，而是"当春乃发生"的。

对"国学"以及《国学》有所争议，也是势所必然。从上个世纪初"国学"一词出现之时起，围绕着它就出现了不同声音；尔后曾经消停了很久，那是因为它在中国大地上已经没有了踪迹。现在之复出，是耶，非耶？福与，祸与？此乎，彼乎？都成了研讨争辩的内容。何况"国学"此词此事于此时重现，既是历史的延续，从一定意义上说，又是个新事物，起码对许多年轻人来说是新的概念。凡是新事物，无论其性质、作用，还是应有的方式、方法，都有很多未知，仁智之异自属当然；国学既有重出的一面，则旧有的歧见势必随之被重新拾起。

这是好事。说明人们，至少学术界的人们关注它了，思考它了；所有的意见都对从事这一领域研究以及关心它的社会人士有所启发——便于人们从正反、两侧、上下、古今、内外多个角度审视反思。看看现实，近些年国学不正是在争辩声中前进成长的吗？当前国学之"热"，就是在种种意见的纠结中一点点地探索，一步步地创造着"创造之路"，在磨砺准备异日收割庄稼的镰刀。其间有对过去的回顾，有对当下的深思，有对未来的预测，这从一个侧面体现了中华民族对于文化的自觉、自信和自强。

当今对国学的思考虽然和上个世纪初有许多相似之处，但"语境"却已经有了很大不同。相似者，都有一个中西间的交流、比较和融通，古今间的继承、发展与弘扬以及这两组关系纠缠在一起的问题。不同者，昔日国家积弱积贫、痛感自家落后的舆论为主流，而西学的弊病其时尚未充分显现，因而呼唤树立民族文化主体性的声音微弱；今天的交通和信息传输速度为一个世纪前所不敢想象，内外研究成果和普及读物可称海量，但也优劣真假混杂；当时所谓的传统，专指自先秦以迄明清的文化积淀，百年来，中华儿女已经用汗水和鲜血铸就了近代的传统，另一方面，二十世纪西方对自己文化的反思也成潮流，因而古和今、中和西两组四项的交叉也较昔时复杂得多；研究国学所需要的基本而重要的工具，如"小学"，当年几乎是学人皆备的基础知识和技能，而今早已成了翡翠"手件儿"，不但研究者理解与诠释典籍急需之，而且"小学"本身也急需充实发展；……

过往的五年，是未来的基础和起点。《国学》专刊创办，《光明日报》之功巨矣；瞻念未来，难处不会略少。国学下一步的困难就是《国学》的困难。我相信所有关心它的人们会与之同心，一起知难而进。

在我看来，未来的困难不仅仅在于学术水平的提高需要时日，普及既需从上到下逐级进行，更将旷日持久，而且在于国学身处上述的当代语境需要回答一系列世界性难题。恐怕起码以下几点是未来五年首当其冲的：

1. 国学的发展、弘扬、复兴，一要深入研究，二要生活化，因而只有学者的自觉是远远不够的，最需要的是社会的"自觉"。只有当中华优秀文化内化于全国人民的心里时，国学的力量才能显现出来，为全民所珍惜捍卫，民族才能立于不败之地。一方面，需要学者关注社会，关注普及，关注民心（这也是古昔之"士"的必备品格）。只有学者的自觉才有社会的自觉；只有社会自觉了，方有学者的广阔天地。国学的纯学术化是可怕的，是违背国学的本质特征的。另一方面，国学的一些内容需要逐步进入学校教育体系，此事之难不言而喻。为此，我们再花上十年的力气行不行？

2. 香港中文大学的刘笑敢教授说："中国跟西方接触以来，在很多地方已经西化了。我们的大学体制是西化的，我们的学科分类是西化的，我们的思维方式已经受到了数学、物理、化学的影响。在这个意义上，或在潜意识、无意识的意义上我们实际上没有办法避免用西方的思维方式或西方的思维概念来观察思考中国哲学或中国文化中的问题。"（《访谈录》，第156页）所以有的学者就哲学问题分析道："中西哲学是两个不同形态的哲学。我们不能因为没有西方以知识为中心的哲学就妄自菲薄，认为自家没有哲学，更不能用西方背景下的哲学观念硬套中国固有的哲学。哲学本无固定的形态，不同的文化背景凸现不同的哲学形态，而哲学自身也在发展变化。我们当下的工作是在现有的语境下深入挖掘中国特有的哲学智慧，而不是跟在西方哲学的后面亦步亦趋，随便比附。否则，我们将无法使我们中国传统哲学所蕴含的广大精深的智慧开显出来。"（《精华编》，第393—394页）

这两位先生的话触及到了当前国学研究的关键问题之一。任何民族文化，总是从与异质文化的接触、冲撞和相互吸收中获得前进的动力和营养的。在这过程中关键是要有自身文化的主体性。在几乎完全被动，被强势文化压得抬不起头，因而多少带些盲目性时，如果思维没有浸透自己文化的核心（宇宙观、方法论等）并通观人类历史进程，就难免穿着高跟鞋扭秧歌，按咏叹调的旋律唱《打龙袍》。但是，要做到"避免用西方的思维方式或西方的思维概念来观察思考中国哲学或中国文化中的问题"，不比附，就需真正深入到中国传统文化—国学中去修养心性，而并非把传统文化—国学只当作谋职求生的手段。要走到这一步恐怕也需要若干年吧。

3. 在地球变得越来越小的当代，国学如果只是在中国境内"热"，哪怕已超出了学界范围，恐怕也还不能说是复兴了；我认为，只有在国学真正成为世界学术界显学之一时，才能算是"热"了，也才能说是复兴了。国学必须走出去；因为我们自信"中国特有的哲学智慧"可以成为世界多元文化中重要的一元，可以为世界走向和谐做出贡献。因此在研究和普及国学的过程中，无可回避的几个关系到世界未来发展道路的问题便提到我们面前：

经济发展的速度是不是越快越好？为了保障人类生活得幸福，经济发展需要怎样的速度？

经济的全球化和文化的民族化应该是怎样的关系？与此相关的是，人类的物质享受和精神富足应该是怎样的"比例"？

自然科学发展的速度和人文科学研究的速度如何相称？制度（包括法律）作用于社会的力度和道德力量如何协调？

遍及全球的价值混乱、环境恶化、恃强凌弱、贫富差距拉大、社会动荡不安、国际冲突不断等问题的根源是什么？国学研究的成果怎样才能转化为促使世界安宁的力量，人类怎样才能幸福？

国学的研究一向基本着眼于中华民族自身的现在和未来，所以对这类问题很少涉及，而它一旦与世界其他一些文化相遇，就不能仅限于自我介绍、一般论说，必须针对当代世界的种种危机做出我们的回答。

4. 国学要走向世界，还有一个话语习惯转换的问题。不同民族、不同文化的表述方式、方法是有很大差异的，有时相差还比较大。到现在为止，中国人看外国人的著作（原文的和翻译的）远远多于外国人看中国人的著作，欧美之不关心、不理解中华文化尤其严重，因此或许中国人看外国叙事在某种程度上已经比较习惯了，而对方则尚未习惯我们的话语。这虽然是思想表达问题，并不完全涉及文化的内涵，但是却是这些年来中外交流中时时遇到、迄今还没解决的难题。人们常说中国学术在世界上的话语权太小，这除了政治、历史等原因外，话语习惯隔膜的影响也不可小觑。须知，愿意接受"喜闻乐见"形式的表达，是人类的共性。

5. 工欲善其事，必先利其器。前面所提到的"小学"是国学各个领域都必须具备的。如果说国学一些内涵的生活化需要相关内容进入学校体系，那么，在大学的人文社会学科的教学中则应该把文字、音韵、训诂、版本、校勘以及出土文物和文献的运用列为必修。这样，再过二三十年，国学领域的年轻学者在掌握研究的"工具"方面可以登上一层楼，从而对经典诠释的准确和开掘的深度必有巨大的提高。

　　《国学》五岁，于其"华诞"本应只说些恭喜恭喜之类的话，我却说了一堆前方的坎坷甚或泥泞，这并非担忧它的命运多舛，而是期望它眼界再宽些，想得更远些，和众多作者、学者、支持者一道，在未来，至少在今后五年做出更大的成绩。我对国学和《国学》是有信心的。